中国古典哲学名著研读书系

学术顾问 陈 来 总主编 孙熙国 张加才

U0443170

礼法并举的方略

《荀 子》

朱 岚 ◎著

中国出版集团
研究出版社

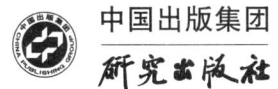

图书在版编目(CIP)数据

礼法并举的方略：《荀子》/ 朱岚著. -- 北京：研究出版社，2022.4
ISBN 978-7-5199-1105-8

Ⅰ.①礼… Ⅱ.①朱… Ⅲ.①儒家②《荀子》–研究 Ⅳ.①B222.65

中国版本图书馆CIP数据核字(2021)第239561号

出 品 人：赵卜慧
出版统筹：张高里　丁　波
责任编辑：范存刚

礼法并举的方略：《荀子》
LIFA BINGJU DE FANGLUE：XUNZI

朱岚　著

研究出版社 出版发行

（100006　北京市东城区灯市口大街100号华腾商务楼）
北京中科印刷有限公司印刷　新华书店经销
2022年4月第1版　2022年4月第1次印刷
开本：710毫米×1000毫米　1/16　印张：27
字数：345千字
ISBN 978-7-5199-1105-8　定价：78.00元
电话（010）64217619　64217612（发行部）

版权所有·侵权必究
凡购买本社图书，如有印制质量问题，我社负责调换。

中国古典哲学名著研读书系
编委会名单

学术顾问：陈　来

总 主 编：孙熙国　张加才

编　　委（以姓氏笔画为序）：

　　　　　　王英杰　化　涛　白　奚　朱　岚　刘成有

　　　　　　李　琳　李良田　李道湘　肖　雁　宋立卿

　　　　　　张旭平　张艳清　林存光　董　艺

总序

 著名哲学家、哲学史家
清华大学国学研究院院长

中华优秀传统文化是中华民族的"根"和"魂",是中华民族的精神命脉,是涵养社会主义核心价值观的重要源泉,也是我们在世界文化激荡中站稳脚跟的坚实根基。在这一意义上说,丢弃了中华优秀传统文化就等于割断了我们的精神命脉。党的十八大以来,习近平总书记多次强调中华优秀传统文化之于中华民族的重要意义,强调中华优秀传统文化积淀着中华民族最深沉的精神追求,包含着中华民族根本的精神基因,代表着中华民族独特的精神标识。

"文以载道,文以化人。当代中国是历史中国的延续和发展,当代中国思想文化也是中国传统思想文化的传承和升华,要认识今天的中国、今天的中国人,就要深入了解中国的文化血脉,准确把握滋养中国人的文化土壤。"这是 2014 年 9 月 24 日习近平总书记在纪念孔子诞辰 2565 周年国际学术研讨会暨国际儒学联合会第五届会员大会开幕会上的讲话中提出的一个重要论断。千百年来,中华优秀传统文化已深深地植根在中国人的内心和血液之中,潜移默化地影响着中国人的思想方式和行为方式。因此,要了解中国,做

一个真正意义上的中国人，必须学习中华优秀传统文化，明白我们从哪里来，将来要到哪里去。

学习中华优秀传统文化，最有效的方式就是读中华文化经典，学中华文化原文，悟中华文化原理。但是，中华文化典籍浩如烟海，究竟应该读哪些典籍，从哪些典籍入手学习中华优秀传统文化呢？德国哲学家雅斯贝尔斯在《历史的起源与目标》一书中提出，公元前800年至公元前200年是人类文明的"轴心时代"，是人类文明精神的重大突破时期。这一时期产生于古代希腊、古代中国、古代印度等国的伟大思想家的著述和思想塑造了人类文化的不同传统，直到今天还影响着人类的生活和实践。因此，本丛书选取了中华文明"轴心时代"具有重要代表意义的典籍《易经》《老子》《论语》《孙子兵法》《墨子》《大学·中庸》《孟子》《庄子》《荀子》《韩非子》，请相关专家进行注释、梳理和阐释，最后形成了《中华文化的源头：〈易经〉》《道法自然的境界：〈老子〉》《儒家思想的奠基：〈论语〉》《兵家圣典的智慧：〈孙子兵法〉》《兼爱天下的情怀：〈墨子〉》《止于至善的诠释：〈大学·中庸〉》《内圣外王的追寻：〈孟子〉》《天地精神的融通：〈庄子〉》《礼法并举的方略：〈荀子〉》《经世治国的谋略：〈韩非子〉》等十项成果。

我理解，本套丛书所做的这一工作，不仅仅是让读者读懂和了解中国先秦时期的思想和文化，还希望读者在学习和阅读的过程中，领会中华优秀传统文化的主要内容和独特创造，思考中华优秀传统文化的价值理念和鲜明特色，把握中华文化的历史渊源、发展脉络、基本走向。正如恩格斯所说："在希腊哲学的多种多样的形式中，差不多可以找到以后各种观点的胚胎、萌芽。"中国也是一样。在中国先秦哲学的多种多样的形式中，差不多可以找到后来中

国哲学演变发展的各种观点的胚胎、萌芽。只有学习了解和把握了先秦哲学，才能进一步了解和把握汉唐以来的中国哲学乃至整个中华文化的演变和发展。

参加本套丛书撰写的作者都是中国哲学专业的博士、有多年教学和研究经验的专家学者。我在阅读他们的初稿时，感受到他们有强烈的社会责任感、民族自信心和文化自豪感。他们的工作力图达到两个目的，一是让读者通过阅读中国古典哲学名著学习中华优秀传统文化，了解中华优秀传统文化是我们这个古老民族的"根"和"魂"，二是力图用当代中国的生活和实践激活中国古典哲学名著中所蕴含的思想智慧与合理内容，实现中华优秀传统文化的创造性转化和创新性发展，从而服务于当代中国的文化建设和文化发展。

不忘本来才能开辟未来，善于继承才能更好创新。我愿意向各位读者郑重推荐本套丛书，并期待着本套丛书能够为各位读者了解中华优秀传统文化，增强文化自觉和文化自信，坚定道路自信、理论自信、制度自信，发挥应有的作用。

2022 年 3 月于清华园

目　录

导　言 ... 01

第一章　劝学篇 ... 001
博学而日参省乎己　则知明而行无过矣 ... 002

第二章　修身篇 ... 017
君子役物　小人役于物 ... 018

第三章　不苟篇 ... 033
畏患而不避义死　欲利而不为所非 ... 034

第四章　荣辱篇 ... 045
先义而后利者荣　先利而后义者辱 ... 046

第五章　非相篇 ... 061
相形不如论心　论心不如择术 ... 062

第六章　非十二子篇 ... 073
贵贤仁也　贱不肖亦仁也 ... 074

第七章　仲尼篇 ... 085
君子时诎则诎　时伸则伸也 ... 086

第八章　儒效篇 ... 093
通则一天下　穷则独立贵名 ... 094

第九章　王制篇　107

公平者听之衡也　中和者听之绳也　108

第十章　富国篇　135

节用以礼　裕民以政　136

第十一章　王霸篇　153

兴天下同利　除天下同害　154

第十二章　君道篇　173

论德而定次　量能而授官　174

第十三章　臣道篇　197

谏争辅拂之人　社稷之臣也　198

第十四章　致士篇　211

刑政平而百姓归之　礼义备而君子归之　212

第十五章　议兵篇　219

彼兵者所以禁暴除害也　非争夺也　220

第十六章　强国篇　237

隆礼尊贤而王　重法爱民而霸　238

第十七章　天论篇　247

从天而颂之　孰与制天命而用之　248

第十八章　正论篇 261
主道莫恶乎难知　莫危乎使下畏己 262

第十九章　礼论篇 269
君子既得其养　又好其别 270

第二十章　乐论篇 279
乐也者　和之不可变者也 280

第二十一章　解蔽篇 289
凡人之患　蔽于一曲而闇于大理 290

第二十二章　正名篇 305
名定而实辨　道行而志通 306

第二十三章　性恶篇 315
人之性恶　其善者伪也 316

第二十四章　君子篇 329
刑罚不怒罪　爵赏不逾德 330

第二十五章　大略篇 337
学者非必为仕　而仕者必如学 338

第二十六章　宥坐篇 355
居不隐者思不远　身不佚者志不广 356

第二十七章　子道篇 369
从道不从君　从义不从父 370

第二十八章　法行篇 377
夫玉者　君子比德焉 378

第二十九章　哀公篇 387
明主任计不信怒　暗主信怒不任计 388

第三十章　尧问篇 397
自为谋而莫己若者亡 398

参考书目 407
后记 409

导言

春秋战国时期，诸侯竞相争霸，是一个王道衰微、礼乐崩坏的时代，也是一个百废待举、百家争鸣的时代。为振衰起弊、重整纲纪，诸子蜂拥而起，或奔走列国游说诸侯，或著书立说各出妙策，创造了一系列丰富而深刻的思想理论，成就了中国历史上第一次轰轰烈烈的思想大解放、学术大繁荣局面。战国后期的荀子生逢其时，以其睿智与才学熔铸古今，博采众说之长，力避各家之蔽，成为这一时期思想理论的集大成者。

一、荀子其人

荀子，名况，字卿，称荀卿、孙卿[①]，战国后期赵国人，是先秦儒家学派的最后一位大师。关于荀子的事迹，《史记·孟子荀卿列传》上只有寥寥不足二百字的记载：

> 荀卿，赵人。年五十始来游学于齐。……齐襄王时，而荀卿最为老师。齐尚修列大夫之缺，而荀卿三为祭酒焉。齐人或谗荀卿，荀卿乃适楚，而春申君以为兰陵令。春申君死而荀卿废，因

[①] 一说是因为荀、孙读音相似，也有说是汉代人为避汉宣帝刘询之讳而改称孙卿，如颜师古注曰："本曰荀卿，避宣帝讳，故曰孙。"两种说法都能成立。

家兰陵。李斯尝为弟子,已而相秦。荀卿嫉浊世之政,亡国乱君相属,不遂大道而营于巫祝,信禨祥,鄙儒小拘,如庄周等又猾稽乱俗,于是推儒、墨、道德之行事兴坏,序列著数万言而卒。因葬兰陵。

《史记》所载的荀子事迹甚为简约,我们还可以参考汉代刘向《孙卿书录》等相关史籍,大致勾勒出荀子的生平。

齐威王、宣王当政期间,为富国强兵、称霸天下而招贤纳士。四海学者云集于齐,位于齐国都城的"稷下学宫"就是当时人才荟萃、学派争锋的地方。荀子五十岁左右游学于齐,至齐襄王时,以其渊博学识、崇高威望而三次被推举为稷下学宫的"祭酒"①,后因人诽谤而前往楚国,两度被楚春申君任为兰陵令。其间,他还曾到秦国、赵国游历,与秦昭王谈论王霸之道,与孙膑议兵。秦昭王、赵孝成王虽被其精辟见解折服,但荀子本人却始终未受到重用。春申君死后,荀子被罢官。荀子晚年居于兰陵,授徒讲学,著书数万言。死后葬于兰陵。法家代表人物韩非、李斯等皆出自荀子门下。

荀子命途多舛,一生"道守礼义,行应绳墨,安贫贱"(刘向《孙卿书录》)。面对狼烟四起、"邪说"泛滥的混乱局势,愤世嫉俗的荀子忧心忡忡而无能为力,惟有激扬文字、指点江山,为后世留下了一笔弥足宝贵的精神财富。刘向在整理《荀子》时,为安邦济世之作埋没于世、经天纬地之才不见用于诸侯而痛心疾首:"观孙卿之书,其陈王道甚易行,疾世莫能用,其言凄怆,甚可痛也。""如人君能用孙卿,庶几于王,然世终莫能用,而六国之君残灭。秦国大乱,卒以亡。"他痛惜不已地叹道:"使斯人卒终于闾巷,而功业不得见于世,哀哉,可为陨涕。"荀子博学深思,

---

① 祭酒:古代饮食祭祀时,一般会推举席间年长位尊、德高望重者一人为"祭酒"。这里指学宫之长。

其思想学说以儒家为本,与孔孟一脉相承,但又不为前圣之说所蔽,兼采诸子之长,独成一家之说。清代学者汪中著《荀卿子通论》,把荀子与周公、孔子并列,视之为儒学正传第一人:"六艺之传赖以不绝者,荀卿也。周公作之,孔子述之,荀卿子传之,其揆一也。"清代学者谢墉也对荀子予以高度评价:"愚窃尝读其全书,而知荀子之学之醇正,文之博达,自四子而下,洵足冠冕群儒,非一切名法诸家所可同类共观也。"(谢墉《荀子笺释序》)《荀子》一书是我们研究荀子思想的主要参考资料。

二、《荀子》其书

荀子逝世后,门人弟子在其著述和讲学记录的基础上,对其思想加以整理,编撰成《荀子》,其中也包含了部分弟子的言谈记录。西汉刘向奉命整理内阁藏书,荀子的著述经其校录整理,定为十二卷三十二篇,名为《孙卿新书》,班固在《汉书·艺文志》中称之为《孙卿子》。唐代杨倞对三十二篇重新编排次序,并首次为之作注,称《荀卿子》,这就是我们今天所见到的《荀子》一书。

《荀子》一书绝大部分出自荀子,少数篇章是荀子弟子记录荀子的思想,如《儒效》《议兵》等,还有几篇是荀子弟子后学所记录的杂事,如《哀公》等。《荀子》有些文字内容与大小戴《礼记》及先秦其他典籍相同或相似。据清代学者谢墉《荀子笺释序》考证,大小戴《礼记》上与荀子相同的篇章皆出自《荀子》。或是或非,其间情况甚为复杂,此不赘述。① 但若仅仅从内容来看,这些篇章与《荀子》一以贯之的思想主张是

---

① 清华大学廖明春先生在其《荀子新探》中对此进行了详尽考辨,将《荀子》一分为三:第一类是荀子所著,为《劝学》等22篇,并分成三个时期;第二类是荀子弟子所记述的荀子言行,为《儒效》等5篇;第三类是荀子所整理、收集的资料,其中也插入了弟子之作,为《尧问》等5篇。

一致的。宋明学者对《荀子》颇多诟病，《性恶》《非十二子》两篇更是备受指责，所以历史上注《荀子》者，较之于儒家其他经典要少得多。

《荀子》一书有以下几个突出特点：

体系宏大，内容精深，这是《荀子》一书的最大特点。作为知识广博、思维活跃、眼光敏锐的思想家，荀子厚积薄发，贯通古今，融会诸子，建立了一个博大深邃的思想体系，研究涵盖哲学、政治、经济、军事、文化、教育、逻辑等众多领域，而且在各个领域都有独到精辟的见解，高屋建瓴、惊世骇俗之论俯拾皆是，达到了当时学术思想上前所未有的广度和深度。

逻辑缜密，结构严谨，论证鞭辟入里，这是《荀子》一书的又一特点。荀子提出"君子必辩"的观点，认为"君子之言，涉然而精，俛然而类，差差然而齐"（《荀子·正名》）。作为论辩大师，荀子对每一个问题都作了深入的阐释发挥，观点犀利而说理中肯，内容精深而语言浅显，旁征博引而条理清晰，环环相叩，层层深入，一气呵成，令人目不暇接、思不暇想，富有逻辑力量，闪耀着理性思维的光辉。

文辞优美流畅，语言铿锵激越，气势恢宏壮阔，这是《荀子》一书的第三大特点。《荀子》长于运用比喻、排比等修辞手法，"文貌情用，相为内外表里"（《荀子·大略》），通篇充满节奏感、韵律感，情与智两相呼应，善与美相得益彰，读来酣畅淋漓、欲罢不能。众多古今人物事例穿插文中，显示了作者厚重的知识积累，增强了论证的说服力，也增加了文章的生动性、可读性。

另外，《荀子》中的五篇短赋，以四言韵语为主，骈散错落有致，读来朗朗上口。书中还有以北方民歌形式写就的《成相》篇，该篇运用说唱形式来表达自己的政治、学术思想，文字通俗易懂，对后世也有一定影响。

三、荀子思想概略

作为百科全书式的学者，作为百家争鸣的总结者、先秦诸子学说的集大成者，荀子名副其实，当之无愧。

荀子所处的时代，正是战国七雄争霸最为激烈的时期，也是新旧交替、社会变革加剧的时期，处于上升阶段的新兴地主阶级如日中天，整个社会洋溢着锐意进取、积极向上的氛围。荀子在对先秦诸子思想进行批判取舍的同时，沿袭孔子以来儒家思想的发展脉络，并顺应时代潮流将其发扬光大，为汉代儒学独尊地位的确立奠定了理论基础，在思想史上具有承先启后的意义。

（一）天道观：从天而颂之，孰与制天命而用之

"明于天人之分""制天命而用之"（《荀子·天论》），这是荀子天道观中最具特色的主张。

对于天命、鬼神，先秦诸子态度各异、看法不一。孔子认为"死生有命，富贵在天"（《论语·颜渊》），肯定天命的存在，却又主张对鬼神"敬鬼神而远之"（《论语·雍也》）；墨子笃信天命，主张"明鬼"，带有浓厚的神秘主义色彩；庄子提出"六合之外，圣人存而不论"（《庄子·齐物论》），干脆回避了这个问题。唯有荀子主动出击，对天人关系进行了积极有益的探讨，把先秦唯物主义思想提升到一个新的高度。

荀子首先明确肯定了世界的物质性，认为物质世界是阴阳二气相互作用的结果，"天地合而万物生，阴阳接而变化起"（《荀子·礼论》）。"天"就是客观存在的自然界："列星随旋，日月递照，四时代御，阴阳大化，风雨博施，万物各得其和以生，各得其养以成。"（《荀子·天论》）荀子充分肯定事物发展变化的规律性，认为"天有常道矣，地有常数

矣""天行有常，不为尧存，不为桀亡"(《荀子·天论》)，自然万物有自己运动发展的客观规律，不以人的意志为转移。

从承认自然界的客观性、规律性出发，荀子进一步指出，天和人各有自己的职分，决定人类社会祸福吉凶的不是天，而是人类自己。社会的治乱、国家的兴亡，都是人自己作为的结果。自然界的"木鸣""星坠"等异常现象乃是"天地之变，阴阳之化"的结果，与人事无关，"怪之可也，而畏之非也"(《荀子·天论》)。这就是荀子"明于天人之分"的著名观点。

> 强本而节用，则天不能贫；养备而动时，则天不能病；循道而不贰，则天不能祸；……故明于天人之分，则可谓至人矣。(《荀子·天论》)

"明于天人之分"之说，直视天人关系，第一次从理论上明确把人与神、人类社会与自然界区分开来，高扬了理性的精神，是对天命论的有力批判。

在"明于天人之分"的基础上，荀子进一步提出要"制天命而用之"。他用一连串的排比展开了响亮的诘问：

> 大天而思之，孰与物畜而制之？从天而颂之，孰与制天命而用之？望时而待之，孰与应时而使之？因物而多之，孰与骋能而化之？(《荀子·天论》)

荀子强调在尊重自然的基础上利用和改造自然，肯定了人的主观能动性，表现了人定胜天的大无畏气魄。荀子这一系列富于唯物主义性质的思想，在先秦诸子关于天道的争辩中独树一帜，体现了新兴地主阶级乐观进取、勇往直前的精神风貌。

（二）人性论：人之性恶，其善者伪也

人性善恶的问题，在孟子的时代已成为思想家关注的一个焦点。与

孟子的性善论截然相反，荀子明确指出："人之性恶，其善者伪也。"（《荀子·性恶》）

孟子是以人的社会道德属性为立足点去构筑其性善论大厦的。孟子认为，人生而具有恻隐之心、羞恶之心、辞让之心、是非之心，孟子称之为"善端"，即善的萌芽、发展为善的潜在可能性，所以"人皆可以为尧舜"。孟子强调，"善端"虽然是天赋的、是人心固有的，但还必须通过加强教育和自我学习去加以扩充完善，"四端"才能发展为仁、义、礼、智四种善德。因而，孟子极为强调自我修养和道德教育的意义。

不同于孟子，人的生理欲望、自然本性是荀子审视人性的着眼点。荀子认为，人"生而有耳目之欲，有好声色焉"，"生而有好利焉""生而有疾恶焉"（《荀子·性恶》）。若是依顺人的情欲、放纵人的本性，则必然产生争夺、淫乱，辞让忠信、礼义廉耻将丧失殆尽，社会也将陷入混乱、崩溃。荀子由此得出结论：人性是恶的，善是后天人为的。

对人性恶的论证本身并不是荀子人性论的理论内的，而只是为其"化性起伪"说所作的铺垫。荀子强调"性伪之分"。在荀子看来，性是人与生俱来的一种自然属性，"凡性者，天之就也"，是"不可学，不可事"的，而"可学而能、可事而成之在人者，谓之伪"（《荀子·性恶》）。他认为，"性"和"伪"是对立统一的："无性则伪之无所加，无伪则性不能自美。"（《荀子·礼论》）要协调先天赋予之"性"和后天学事之"伪"的矛盾，就必须"化性起伪"，即以礼义法度的教化和引导来改造人性，使性伪相合。

荀子认为，善就是"化性起伪"的结果。圣人与凡人在人性上并无二致，圣人之善是通过不断学习积累而来的，从这个意义上说，"涂之人可以为禹"。由此，荀子强调环境和后天努力的重要性，强调礼义法度的重要性，强调君子自我修养的道德自觉和对百姓实施道德教化的重要性。

孟子、荀子同为儒学大家，一个言性善，一个道性恶，出发点迥然相反，结论却惊人地一致，都肯定人人可以成为圣贤，都强调后天学习和道德教育的意义。这可以说是对司马迁所谓"天下一致而百虑，殊途而同归"的绝好诠释。

性恶论既是荀子哲学思想的重要组成部分，也是荀子阐发其政治思想、道德修养理论的理论出发点。

（三）社会政治思想：隆礼尊贤而王，重法爱民而霸

作为儒家思想的传承者，荀子继承了孔孟"仁政""王道"等主张，同时吸收了前期法家"法治""势治"等观点，提出了礼义与法度互补、王道与霸道并用的治国理政模式。

"礼"是荀子政治思想的核心。与孔子仅强调"礼"作为西周以来典章制度、礼节和行为规范意义上的重要性不同，荀子由对"礼"的起源的追溯而进一步挖掘了"礼"的本质。荀子认为，"礼"起源于节制人的欲望、整饬社会秩序、维持社会稳定的需要，既是为了"养人之欲，给人之求"（《荀子·礼论》），更是为了使"贵贱有等，长幼有差，贫富轻重皆有称者"（《荀子·礼论》），建立一个尊卑贵贱有等、亲疏远近有别、长幼上下有序的等级社会，使人人各居其位、各循其道、各司其职、各得其宜。在荀子这里，"礼"兼有道德与法度的双重内涵，小到个人的行为规范，中到婚丧嫁娶等具体事务，大到等级秩序的维系，无不待礼而后成："人无礼则不生，事无礼则不成，国家无礼则不宁。"（《荀子·修身》）

"礼义生而制法度。"（《荀子·性恶》）以礼为依据，荀子融合礼法、杂糅王霸，把礼义法度并立为判断是非之准绳、治国理政之根本："治之经，礼与刑，君子以修百姓宁，明德慎刑，国家既治四海平"（《荀子·成相》），提出了"隆礼至法"（《荀子·王霸》）的治国方略。

荀子继承儒家德刑并用、德主刑辅的思想，但在主张恩威同施、猛相相济的同时，更突出刑赏的威严。他提出了"无功不赏，无罪不罚"（《荀子·王制》）的刑赏原则，并强调刑赏的公正性，强调"刑不过罪""刑当罪则威，不当罪则侮"（《荀子·君子》）。

隆礼敬士、尚贤使能，是王霸天下的首要选择。在选贤任能方面，荀子提出要"论德而定次，量能而授官"（《荀子·王霸》）、"德必称位，位必称禄，禄必称用"（《荀子·富国》），主张不恤亲疏、不恤贵贱，不拘一格地选拔人才，"贤能不待次而举"（《荀子·王制》），认为"朝无幸位，民无幸生"（《荀子·王制》），国家才能大治。

爱民、恤民、裕民、惠民，这也是荀子政治思想的重要内容。荀子汲取了儒家传统的民本思想，强调人心向背是国家治乱、社稷存亡的决定力量，认为百姓安居乐业，国家才能富强。由此，他提出了"王者富民"的理论，倡导"裕民以政"，即在发展生产的基础上实现"上下俱富"（《荀子·富国》）。

一言以蔽之，在荀子看来，隆礼尊贤，重法爱民，"修礼以齐朝，正法以齐官，平政以齐民"（《荀子·富国》），是一统天下的必由之路。

（四）认识论：凡以知，人之性也；可以知，物之理也

荀子在认识论上的贡献主要在以下几个方面：

第一，肯定了人的认识能力和物质世界的可知性。荀子指出："凡以知，人之性也；可以知，物之理也。"（《荀子·解蔽》）他认为人具有认识客观事物的能力，客观事物也是可以被认识的，所以要"以可以知人之性，求可以知物之理"（《荀子·解蔽》）。

第二，考察了认识的来源和获取认识的途径。荀子认为认识源于主客体的结合，感性认识是认识的开端，先由"天官"即感觉器官接触外界事物，再由"天君"即思维器官对所获取的资料进行理性加工，"所以

知之在人者，谓之知；知有所合，谓之智"(《荀子·正名》)。这就是认识形成的过程。

第三，揭示了人们思想认识上"蔽于一曲而暗于大理"的危害，提出了"虚壹而静"的认识方法。荀子把认识的主观性、片面性称为"蔽"，认为"蔽"妨碍了对真理的认识，是"心术之公患也"(《荀子·解蔽》)。为此他提出了"虚壹而静"的"解蔽"方法，主张发挥"心"的"征知"作用，也就是理性认识的概括、判断、推理作用，力求透过纷乱复杂的现象，实现对事物本质的全面认识和把握。

第四，在知行关系上，荀子认为行高于知。"不闻不若闻之，闻之不若见之，见之不若知之，知之不若行之，学至于行之而止矣。"(《荀子·儒效》)荀子强调实践的重要性，认为"道虽迩，不行不至；事虽小，不为不成"(《荀子·修身》)。

荀子的认识论已经达到了先秦认识论的最高水平。

（五）教育思想：博学而日参省乎己，则知明而行无过矣

荀子在潜心著书立说的同时，也在授徒讲学，在长期的教育实践中积累了丰富的经验，形成了较为系统的教育理论和教学原则，对教育的意义、治学方法、道德修养都有精辟的阐述。

重视学习和教育，是荀子"化性起伪"人性论的逻辑延伸。在荀子那里，"伪"即道德礼义是可学而能、可事而成的，"化性起伪"的途径就是学习。学与不学，是人与禽兽的分水岭；学得好与不好，是君子与小人的分水岭。因而学无止境，"学，不可以已"(《荀子·劝学》)。

荀子所说的"学"有两层含义，一是学习知识，二是修养道德。荀子说"圣可积而致"(《荀子·性恶》)，这里的"积"，指德业并进，要"博学而日参省乎己"(《荀子·劝学》)，而且是以德育为首要目标的德业并进。所以，教育除了学习"六艺"以增长才干外，更多是指向道德境

界的提升、道德人格的完善。荀子认为儒家经典应该成为教学的主要内容，而成为士人、贤人、圣人则是修德进学的目标。"学恶乎始？恶乎终？曰：其数则始乎诵经，终乎读《礼》；其义则始乎为士，终乎为圣人。"《荀子·劝学》）

学习原则和学习方法是荀子教育思想中最为精彩的内容。荀子借用大量比喻，强调学习和修养都必须循序渐进、专心致志、持之以恒，以积微成著、积善成德。另外，他还提出了举一反三、以一知万、强学力行、学思兼顾等治学方法，以及参验反省、择善而从、见贤思齐等修养方法。

荀子还特别重视教育环境的耳濡目染作用，"蓬生麻中，不扶而直；白沙在涅，与之俱黑"（《荀子·劝学》）。荀子重视良师益友的言传身教，主张"君子隆师而亲友"（《荀子·修身》），要求"君子居必择乡，游必就士"（《荀子·劝学》），为的是"防邪辟而近中正也"（《荀子·劝学》）。

荀子的教育思想至今仍焕发着耀眼的光彩。

四、本书写作体例及原则

《荀子》全书共三十二章，计九万余字。除《成相》《赋》两个篇章未选外，本书按照《荀子》一书的顺序，对各章内容进行了节选、注释、翻译，并对其中的精华语句以"品评"的形式予以进一步阐释和发挥。

本书共分三十章，每章又分为五块内容：其一为题解，其二为原著，其三为注释，其四为译文，其五为品评。

在内容的节选及精华语句的赏读方面，本书谨守以下几个原则：

第一，展现荀子思想的全貌。《荀子》一书内容广博，虽然个别章节内容上有重复，但各章都有自己的主题和重点，共同组成一个庞大的思想体系。为了客观地展现荀子思想的全貌，本书对各章内容都有节选，内容覆盖了哲学、政治、经济、教育、军事、逻辑等众多领域。

第二，突出荀子思想的精华。荀子是一个哲学家、教育家，更是一个思想家、政治家。虽然荀子在各个领域都颇有建树，但相比之下，荀子关于为学、为政、为人方面的论述更别有见地，本书在内容的节选和品评上，也更侧重这三个方面。倘若想用较少的时间从荀子那里得到较多的关于为学、为政、为人方面的教益或启迪，本书也许可以成为一个不错的"导读"。

第三，以言简意赅、语近旨远、意味隽永的名言警句为品评重点。《荀子》一书妙语连珠，名言警句层出迭现。本书以这种名言警句为品评重点，既是因其最能体现荀子的语言风格、体现汉语言韵律之美，也是因为其辞约意丰、言短味长，让人乐读、易记、难忘。

最后想强调的是，《荀子》不仅思想深刻，而且文采斐然，《荀子》中的不少篇章都堪称散文杰作，即使仅仅从文学欣赏的角度阅读，也让人叹为观止。

本书采珠撷玉，诚愿读者在领略中华文化之灿烂、体会先哲思想之精深、感受汉语言魅力之不朽的同时，能够学得宝贵的为学、为政、为人之道，获得深邃的人生智慧。

第一章

劝学篇

　　本篇是荀子学习理论和教育思想的集中体现,旨在劝勉学习,在我国教育史上具有久远的影响,至今仍不失其借鉴价值。荀子的学习理论和教育思想中有这样几点特别值得我们关注:一是强调学习的重要性,认为人必须终生学习,这是君子与小人的分水岭;二是把知识和道德视为同等重要的学习内容,认为学习的目标应当是德业并进、以德为主;三是在学习方法上主张日积月累、循序渐进,同时还要专心致志、持之以恒;四是提出必须慎重选择良好的学习环境,亲近良师益友。

博学而日参省乎己
则知明而行无过矣

【原文】

　　学，不可以已①。青，取之于蓝，而青于蓝②；冰，水为之，而寒于水。木直中绳，𫐓以为轮，其曲中规，虽有槁暴，不复挺者，𫐓使之然也③。故木受绳则直，金就砺则利④，君子博学而日参省乎己⑤，则知明而行无过矣⑥。故不登高山，不知天之高也；不临深溪，不知地之厚也；不闻先王之遗言，不知学问之大也。

　　吾尝终日而思矣，不如须臾之所学也。吾尝跂而望矣⑦，不如登高之博见也。登高而招，臂非加长也，而见者远；顺风而呼，声非加疾也，而闻者彰⑧。假舆马者⑨，非利足也，而致千里；假舟楫者，非能水也，而绝江河⑩。君子生非异也⑪，善假于物也。

　　蓬生麻中⑫，不扶而直；白沙在涅⑬，与之俱黑。兰槐之根是为芷⑭，其渐之滫⑮，君子不近，庶人不服。其质非不美也，所渐者然也。故君子居必择乡，游必就士，所以防邪僻而近中正也。

【注释】

　　① 已：停止，终止。

② 青：靛青。蓝：蓼蓝，一年生草本植物，叶子可以提取蓝色染料。
③ 中：符合。绳：木匠用的墨线。规：量圆的工具。槁：通"熇"，用火烤。暴：通"曝"，用太阳晒。挺：直。輮：通"煣"，使弯曲。
④ 砺：一种磨刀石。
⑤ 参：通"三"。省：察。
⑥ 知：通"智"。
⑦ 跂：抬起脚跟。
⑧ 彰：清楚。
⑨ 假：凭借，借助。
⑩ 绝：渡过。
⑪ 生：通"性"。
⑫ 蓬：蓬草，一种草本植物。
⑬ 涅：黑土。
⑭ 兰槐：一种香草，其根为芷。
⑮ 滫（xiū）：臭水。

【译文】

学习是不能停止的。譬如青颜料是从蓼蓝中提取的，却比蓼蓝的颜色更深；冰是由水凝结而成的，却比水更寒冷。木材很直，符合墨线的标准，经过加工做成车轮，其弯曲度与圆规相合，即使再经过暴晒，也不能伸直了，这是因为经过加工的缘故。木材经过木匠墨线的加工就能变得笔直，刀剑经过磨砺就会变得锋利，君子博览群书，每天多次省察自己的言行举止，就能通达睿智、鲜有过失了。所以，不登高山，就不知道天有多高；不临深涧，就不知道地有多厚；不聆听先王的遗言，就不知道学问有多广博。

我曾经整天苦思冥想，却还不如片刻的学习收获大；我曾经踮着脚跟往远处看，却远不如站到高处看得更广更远。登到高处招手，手臂并没有变长，但很远的人都能够看到；顺着风向呼喊，声音并没有提高，但别人却听得更清楚。乘坐马车的人，并非自己走得快，却能够行至千里；乘船的人，并非自己善于游泳，却能够横渡江河。君子本性上与一般人并无二致，只是更善于利用外物罢了。

蓬草生在麻丛中，不需扶持自然挺直；白沙撒落在黑泥中，就会变得与黑泥同黑了。兰槐的根本来是香气四溢的白芷，但浸在浊臭的水中之后，君子对之退避三舍，百姓也不再佩戴它了。这并非因为其本质不好，而是被臭水熏染坏了。所以，君子居住一定要选择良乡善邻，游学一定要结交贤士益友，就是为了接受美德懿行的熏陶而防止邪恶品行的浸染。

【品鉴】

学，不可以已

学海无涯，学无止境。

狭义的学习是求知，即荀子所谓"习其句读者"；广义的学习则是对真理的求索，它是一种对世界、对人生的好奇，是探索未知的欲望，是一种永不满足的执着，也是人对完美的一种追求。

山东大学的校训"气有浩然，学无止境"，以其恢宏和大气营造着催人奋发向上的精神境界，堪为"学，不可以已"的最好注脚。

青，取之于蓝，而青于蓝；冰，水为之，而寒于水

荀子本意是人通过学习可以增长才干，后用来比喻学生可以胜过老师或后人可以胜过前人。这两个方面至今对我们依然有很强的借鉴意义。

一是每个人都要勇于超越自我，要善于在前人的基础上有所创新，有所进步。二是要不遗余力地提携晚辈。孔子说："后生可畏，焉知来者之不如今也？"(《论语·子罕》)长江后浪推前浪，后来者居上，这是历史发展的规律。历史上有许多人以伯乐的敏锐发现人才、以宽广的胸襟主动让贤。耻食周粟、逃隐于首阳山的伯夷、叔齐即以"夷齐让贤"之佳话，赢得了后人的敬仰，孔子称伯夷为"古之贤人也"(《论语·述而》)。

博学而日参省乎己，则知明而行无过矣

荀子把"博学"与"自省"结合起来，作为增长智慧的途径。《中庸》概括了学习依次递进的五个层次："博学之，审问之，慎思之，明辨之，笃行之。"孙中山先生为中山大学亲笔题写了"博学、审问、慎思、明辨、笃行"的校训。

诸葛亮告诫子孙"夫学须静也，才须学也。非学无以广才，非志无以成学"(《诸葛亮诫子书》)；葛洪说"博见而善择，偏修一事，不足必赖也"(葛洪《抱朴子·微旨》)；欧阳修言"多识由博学"(欧阳修《和圣俞》)；苏轼讲自己的创作体会是"退笔如山未足珍，读书万卷始通神"，所以他主张"博观而约取，厚积而薄发"(苏轼《稼说送张琥》)。

毛泽东主席就是一个博学的典范。主席一生爱好读书，即使在戎马倥偬的战争年代，他也常常手不释卷。解放后日理万机，仍读书不辍，他的床上、办公桌上、会客室里，到处都堆放着书。据不完全统计，从1949年至1966年9月，他先后从北京各大图书馆借阅的图书二千余种、五千余册。

现代著名历史学家、人称"教授之教授"的陈寅恪也是一个博学的典范。陈寅恪少年时代就熟读经书、史书，后来留学日本、欧美，精通英、德、法、日文，还掌握了拉丁文、希腊文、梵文、巴利文、波斯文等19种文字。著名学者吴宓评价他:"合中西新旧各种学问统论之,吾以寅恪为全中国最博学之人。"

自省即自我反省,这是孔子提出的一种自我道德修养的方法:"见贤思齐焉,见不贤而内自省也。"(《论语·里仁》)说的就是通过自我意识来省察自己的言行,其目的正如朱熹所言"日省其身,有则改之,无则加勉"(《四书集注·论语集注》)。所以《中庸》曰:"君子内省不疚,无恶于志。"孔子的学生曾子身体力行"自省"这一主张,他"日三省吾身",反思、检查自己"为人谋而不忠乎?与朋友交而不信乎?传不习乎?"(《论语·学而》)从而改过迁善,不断提升自己的学问和道德境界。

不登高山,不知天之高也;不临深溪,不知地之厚也

所谓天外有天,山外有山。"坐井而观天,曰天小者,非天小也"(韩愈《原道》),而是因为自己乃井底之蛙,孤陋寡闻却还夜郎自大。读书越多、见识越广,越会有自知之明,如王充所谓:"人不博览者,不闻古今,不见事类,不知然否,犹目盲、耳聋、鼻痈者也。""涉浅水者见虾,其颇深者察鱼鳖,其尤甚者观蛟龙。足行迹殊,故所见之物异也。人道浅深,其犹此也,……故人道弥探,所见弥大。"(《论衡·别通》)与荀子一样,王充也强调学习不应当一鳞半爪、浅尝辄止,而应做到全面、深入:"骨曰切,象曰磋,玉曰琢,切磋琢磨,乃成宝器。人之学问知能成就,犹骨象玉石切磋琢磨也。"(《论衡·量知》)

胡适先生在其《读书》一文中曾经说过:"理想中的学者,既能博大,又能精深。博大的方面,是他的旁搜博览;精深的方面,是他的专门学问。博大的几乎要无所不知,精深的几乎要唯他独尊、无人能及。"在胡适看来,"这样的人,对社会是极有用的人才,对自己也能充分享受人生的趣味。"

吾尝终日而思矣，不如须臾之所学也。吾尝跂而望矣，不如登高之博见也

与其临池慕鱼，不如退而结网。荀子这里强调的是不要好高骛远，只沉湎于幻想、空想，要付诸行动，踏踏实实地学习、修养。

关于思与学的关系，孔子与荀子有一样的体验："吾尝终日不食，终夜不寝，以思，无益，不如学也。"(《论语·卫灵公》)由此孔子对学思关系作了这样精当的概括："学而不思则罔，思而不学则殆。"(《论语·为政》)朱熹解释道："不求诸心，故缗而无得；不习其事，故危而不安。"(《四书集注·论语集注》)不潜心思考，就会陷入迷惘而无所收获；不学习不实践，理论与实践就会产生偏差，这样就会误入歧途而事与愿违、南辕北辙。二程也说："不深思则不能造其学。""学非有碍于思，而学愈博则思愈远；思正有功于学，而思之困则学必勤。"(《二程全书·粹言·论学》)

西哲康德说过"感性无知性则盲，知性无感性则空"，与孔子、荀子之言有异曲同工之妙。

君子生非异也，善假于物也

一件事情的成功往往取决于三个方面，即天时、地利、人和，一个人的成功也往往取决于三个方面，即天赋、个人努力和机遇。从天赋这一点来说，人与人并无太大悬殊，关键在于是否善于充分利用外在条件，这一点无论是在个人努力还是在及时发现机遇方面都显得特别重要。在科技发展日新月异的现代社会，一个人如果只知埋头干活而不抬头看路，不懂得充分利用外在的有利条件，精神虽可嘉但成效往往不佳。领导干部的"善假于物"，主要表现在要善于调动大家的积极性，群策群力解决问题上。

蓬生麻中，不扶而直；白沙在涅，与之俱黑

物以类聚，人以群分，环境对人成长的影响是巨大的。所谓"近朱者赤，近墨者黑"说的也是这个道理。

君子居必择乡，游必就士

"居必择乡"强调的是居住环境的影响，"游必就士"强调的是良师益友的作用，"择乡""就士"的目的是"防邪僻而近中正也"，即受到良好的道德熏陶。

孔子也讲智者会择仁而处："里仁为美。择不处仁，焉得知？"(《论语·里仁》)他强调人必须"慎其所处"。据《孔子家语》记载：

> 孔子曰："吾死之后，则商也日益，赐也日损。"曾子曰："何谓也？"子曰："商也好与贤己者处，赐也好说不若己者。不知其子，视其父；不知其人，视其友；不知其君，视其所使；不识其地，视其草木。故曰与善人居，如入芝兰之室，久而不闻其香，即与之化矣；与不善人居，如入鲍鱼之肆，久而不闻其臭，亦与之化矣。丹之所藏者赤，漆之所藏者黑。是以君子必慎其所处者焉。"

这里的"所处"既包括所处的环境，也包括所交往的人，目的就是在良好环境的熏染和贤师益友的激励下，改过迁善而日臻完美。实际上，没有"孟母三迁"的故事，中国思想史上也许就不会有"亚圣"孟子。

【原文】

物类之起，必有所始。荣辱之来，必象其德。肉腐出虫，鱼枯生蠹①。怠慢忘身，祸灾乃作。强自取柱②，柔自取束。邪秽在身，怨之所构。施薪若一，火就燥也；平地若一，水就湿也。草木畴生③，禽兽群焉，物各从其类也。是故质的张而弓矢至焉，林木

茂而斧斤至焉，树成荫而众鸟息焉，醯酸而蜹聚焉。故言有召祸也，行有招辱也，君子慎其所立乎！

积土成山，风雨兴焉；积水成渊，蛟龙生焉；积善成德，而神明自得，圣心备焉。故不积跬步④，无以致千里；不积小流，无以成江海。骐骥一跃⑤，不能十步⑥；驽马十驾⑦，功在不舍。锲而舍之⑧，朽木不折；锲而不舍，金石可镂。螾无爪牙之利，筋骨之强，上食埃土，下饮黄泉，用心一也。蟹八跪而二螯，非蛇蟺之穴，无可寄托者，用心躁也。是故无冥冥之志者，无昭昭之明；无惛惛之事者，无赫赫之功⑨。行衢道者不至⑩，事两君者不容。目不能两视而明，耳不能两听而聪。

故声无小而不闻，行无隐而不形⑪。玉在山而草木润，渊生珠而崖不枯。为善不积邪，安有不闻者乎？

学恶乎始？恶乎终？曰：其数则始乎诵经，终乎读《礼》；其义则始乎为士，终乎为圣人。真积力久则入，学至乎没而后止也。故学数有终，若其义则不可须臾舍也。为之，人也，舍之，禽兽也。故《书》者，政事之纪也；《诗》者，中声之所止也；《礼》者，法之大分，类之纲纪也。故学至乎《礼》而止矣。夫是之谓道德之极。《礼》之敬文也，《乐》之中和也，《诗》《书》之博也，《春秋》之微也，在天地之间者毕矣。

古之学者为己，今之学者为人。君子之学也，以美其身；小人之学也，以为禽犊⑫。

【注释】

① 蠹：蛀虫。

② 柱：通"祝"，折断。

③ 畴：通"俦"，同类。

④ 跬：半步。步：一步。

⑤ 骐骥：骏马，千里马。

⑥ 步：古代六尺为一步。

⑦ 十驾：套十次车，指用马驾车走十天的行程。

⑧ 锲：用刀刻。

⑨ 冥冥、惛惛：昏暗不明的样子，形容专心致志、埋头苦干。昭昭、赫赫：显著、显赫、巨大。

⑩ 衢道：岔路，歧路。

⑪ 隐：隐蔽，不为人知。行：显形、显露，为人所知。

⑫ 禽犊：家禽和小牛，古代用来馈赠的礼品。

【译文】

事物的发生都是有起因的。个人的荣辱与其德行是相称的。肉腐烂了就会生蛆，鱼枯死了就会生虫。人若是懈怠散漫、忘乎所以，必然要灾祸缠身。过于刚强则自致折断，过于柔弱则自致约束。一个人若是品行邪恶不端，必然招致众怨。柴草同样堆放着，火总是从干柴燃起；地面同样铺展着，水总是往低湿处流淌。草木丛集而生，禽兽结群而居，万物是各归其本类的。只要竖起靶子，就会有箭射来；林木茂盛，就会有人来砍伐；绿树成荫，就会引来众鸟栖息；醋变质腐坏，蚊虫就会聚生。可见，言语不慎会招祸，行为不慎会招辱，君子一定要谨言慎行啊！

积土成为高山，风雨从这里兴起；积水成为深渊，蛟龙在这里长成；积善成为高尚的品德，就能聪明睿智，具备圣人的心志。所以，不一步一步地积累，就达不到千里之远；不一点一滴地汇聚，就成不了大江大河。骏马跑得再快，一跃也超不过十步；劣马跑得再慢，十天也能走得很远，关键在于坚持不懈。用刀雕刻东西，刻一下停一下，连朽木也不能刻断；如果一直不放弃，就是石头和金属也能雕刻出花纹来。蚯蚓没有锋利的爪牙、强劲的筋骨，但却能够上食黄土、下饮黄泉，原因就是用心专一。螃蟹八足两钳，却只能以蛇和鳝鱼的洞为安身之所，原因就是用心浮躁。所以，没有高远的志向和追求，就不会获得智慧；没有埋头苦干的辛劳，就不会取得显赫的成就。误入歧途就不可能达到目的地，同时侍奉两个君主就会为两方都不容。眼睛不可能同时把两个东西看清楚，耳朵不可能把两个声音同时听清楚。

声音无论多么细微，都会被听见；行为无论多么隐秘，都会显露出来。宝玉藏在深山，草木就会滋润；珍珠潜在深渊，崖石也会增彩。只怕是没有积累善行吧，哪里会有行善积德而长久不为人所知的呢？

学习从哪儿开始、到哪儿结束呢？回答是：学习从读《诗经》《尚书》开始，到《礼记》结束；学习的原则是从学做有修养的士人开始，到成为圣人结束。学习日积月累，才能够深入，要活到老，学到老。学习内容虽有顺序上的先后，但学习的原则是时刻都要牢记的。不坚持这一点，人就与禽兽无异了。《尚书》是记载古代政事的，《诗经》是中正之声的集大成，《礼经》是规范之总要。所以，明晓《礼经》也就学有所成了，因为这就是道德修养的顶峰。《礼经》讲规范，《乐经》讲和谐，《诗经》《尚书》包含广博的知识，《春秋》论治国之奥妙，这些经典已把天地万物的事理都涵盖殆尽了。

古人学习是为了修己，今人学习是为了做样子给别人看。君子学习是为了完善自身，小人学习是以此为工具取悦于人。

【品鉴】

不积跬步，无以致千里；不积小流，无以成江海

这是荀子的劝学名言，说明学习没有量的积累，就没有质的飞跃。不仅对于治学，这句话对于我们的工作、我们的人生同样有借鉴意义。

成功之路都是一步一个脚印走出来的，目标的实现不是一蹴而就的。只有拥有一丝不苟地做小事的态度，拥有踏踏实实做小事的决心和恒心，才能做成大事。眼高手低者最终只能一事无成。愚公移山的精神在任何时代都不过时。

锲而舍之，朽木不折；锲而不舍，金石可镂

这也是荀子的劝学名言。这句话强调的是一种治学精神，也是一种铁杵磨针、百折不挠的韧劲。

唐代名臣魏征在《谏太宗十思书》中有"善始者实繁，克终者盖寡"之说，细细思量，深感说得有道理。原因就在于，无论做大事还是小事，难事还是易事，能够锲而不舍、坚持到底者属凤毛麟角。《尚书》讲"为山九仞，功亏一篑"。孟子也说："有为者譬若掘井，掘井九仞而不及泉，犹为弃井也。"做学问、干事业，贵在目标专一、矢志不移，最忌三心二意、见异思迁，贵在持之以恒、永不懈怠，最忌浅尝辄止、一曝十寒。

无冥冥之志者，无昭昭之明；无惛惛之事者，无赫赫之功

有志者事竟成。古人把立志视为成功的第一级阶梯。

孔子自述其人生是从"吾十有五而志于学"(《论语·为政》)开始的；墨子讲"志不强者智不达"(《墨子·修身》)；诸葛亮在《诫子书》中告诫子孙学习才能增加才智，立志才能成就学业，"非学无以广才，非志无以成学"；苏轼说"古之成大事者，不惟有超世之才，亦必有坚忍不拔之志"(《晁错论》);谢良佐说"人须先立志,志立则有根本。譬如树木,须先有个根本,然后培养,能成合抱之木"(《上蔡语录》);朱熹认为,"书不记,熟读可记;义不精,细思可精;惟有志不立,直是无着力处"(《性理精义》卷七);王阳明也认为不立志就犹如无舵之船、无衔之马:"志不立,如无舵之舟,无衔之马,漂荡奔逸,终亦何所底乎?"因而"志不立,天下无可成之事"(《教条示龙场诸生·立志》);抗倭英雄戚继光也深有感触地说:"未有不立志之人,便能做得事业。"(《练兵实纪·练将·志立向》)正因为"立志"对人生有如此重大的意义,所以,孔子才说"三军可夺帅也,匹夫不可夺志也"(《论语·子罕》),冯梦龙才说"不可以一时之失意而自坠其志"(《警世通言》第十七卷《钝秀才一朝交泰》),甚至连《三国演义》也是这样定义英雄的:"夫英雄者,胸怀大志,腹有良策,有包藏宇宙之机,吞吐天地之志者也。"王船山正是以"身可辱,生可捐,国可亡,而志不可夺"(《船山遗书·续春秋左氏传博议》)自勉,才隐于山野之间,一心做藏之名山、以待来世的文化事业,为民族精神的传承贡献了全部的精力、智慧乃到生命。

当然,立志仅仅是第一步,高远的志向若不化为脚踏实地的行动,还是空谈。一分辛苦一分收获,显赫成就的背后,都是辛勤的付出。

目不能两视而明,耳不能两听而聪

这就是俗话常说的"一心不能二用"。

学习成效与注意力的集中程度是成正比的,只有集中注意力,才能确保知识、信息源源不断地输入大脑。孟子以两人拜同一围棋高手为师而学习效果迥异为例,劝诫人们学习必须专心致志:

> 弈秋,通国之善弈者也。使弈秋诲二人弈,其一人专心致志,惟弈秋之为听;一人虽听之,一心以为有鸿鹄将至,思援弓缴而射之,虽与

之俱学，弗若之矣。为是其智弗若与？曰：非然也。(《孟子·告子上》)

学习知识如此，道德修养同样也是这样："专心"才能致志，"宁静"方可致远。

声无小而不闻，行无隐而不形

生活中有许多俗语，例如："桃李不言，下自成蹊"；"酒香不怕巷子深"；"要想人不知，除非己莫为"；"不做亏心事，不怕鬼敲门"。荀子所谓"声无小而不闻，行无隐而不形"表达了与以上俗语相同的意思，也带给我们许多启示。

积沙成塔，聚溪为河。刘备白帝城托孤时谆谆告诫刘禅："勿以恶小而为之，勿以善小而不为。"不要以为坏事小就去做，不要以为好事小就不去做。佛经上也讲："勿轻小罪，以为无殃；水滴虽微，渐盈大器。"(《梵网经》)

正因为"声无小而不闻，行无隐而不形"，所以"慎独"成为古人极为推崇的一种修养方法。曾国藩在遗嘱中告诫家人的第一条就是慎独。他说：

慎独则心安。自修之道，莫难于养心；养心之难，又在慎独。能慎独，则内省不疚，可以对天地质鬼神。人无一内愧之事，则天君泰然，此心常快足宽平，是人生第一自强之道，第一寻乐之方，守身之先务也。(《曾国藩诫子书》)

东汉清官杨震以实际行动阐释了"慎独"。杨震去东莱上任，路过昌邑，昌邑县令王密是他以前荐举的官员。听说杨震到来，夜深人静之时，王密怀揣十金前往馆驿拜访，一是对杨震过去的举荐之恩表示感谢，二是想请他以后多加关照。杨震严辞拒绝了这份礼物，并质问道："故人知君，君不知故人，何也？"王密道："幕夜无知者。"杨震严厉地说："天知、地知、你知、我知，怎说无知？"王密羞惭难当，带着礼物狼狈而返。这就是"天知、地知、你知、我知"的由来。

慎独则心安，慎独则无疚。孟子认为"君子有三乐"，其中之一便是"仰不愧于天，俯不怍于人。"(《孟子·尽心上》)刘少奇对"慎独"作了更通俗的解释：一个人独立工作、无人监督时，有做各种坏事的可能，而不做坏事。

慎独是一种修养方法，更是一种道德境界。

玉在山而草木润，渊生珠而崖不枯

宝玉藏在深山，草木自然会滋润；珍珠潜在深渊，崖石也会增彩。所以，在荀子看来，"君子耻不修，不耻见污；耻不信，不耻不见信；耻不能，不耻不见用。"(《荀子·非十二子》)

学至乎没而后止也

学习知识、修养道德是没有止境的。我们要活到老，学到老。

君子之学也，以美其身；小人之学也，以为禽犊

孔子也曾经说："古之学者为己，今之学者为人。"(《论语·宪问》)荀子以"小人之学也，以为禽犊"，对孔子之语作了进一步的解释和发挥。

中国传统文化一向有厚古薄今、借古喻今的崇古倾向，常常以古圣人为标杆，以古人之言为今人之垂教。孔子在礼教上尊古，在学问上敬古，他这里以"古之学者"讽"今之学者"即是一例。朱子《论语集注》中引程子的话说："为己，欲得之于己也；为人，欲见知于人也。"也就是说，君子学习是为了自己，是为了进德修业、成就自己完美的人格；

小人学习却是为了炫耀于人、取悦于人，为了装点门面、给自己贴金。这就是朱熹所说的："古之君子如抱美玉而深藏不市，后之人则以石为玉而又炫之也。"（朱熹《刘甥瑾字序》）

荀子对"小人之学"的批评更加犀利。在荀子看来，小人学习不仅仅是为了矜能伐善、炫耀媚俗，更是在名望上、利益上有所求，为自己加官进爵增添砝码。

虽时隔数千年之久，现在闻之如醍醐灌顶，令人感叹不已。但诚如朱子在《论语集注》中引程子所言："古之学者为己，其终至于成物；今之学者为人，其终至于丧己。"为增进知识、完善道德而学，最终能成己、成人、成物；为名闻利禄而学，最终则迷失自我，一事无成。

第二章

修身篇

　　本文是荀子对于如何磨砺意志、涵养德行的认识，主要有四个方面：一是强调"礼"是修身的标准，"礼者，所以正身也"；二是强调"自存""内省"等修身方法，"见善，修然必以自存也；见不善，愀然必以自省也"；三是重视师友在个人进德修业中的作用，强调"隆师而亲友"；四是强调重内省而轻外物，追求内在精神生活的充实与丰盈，尤其强调不能因对权势名利的过分追求而迷失了自我、丧失了独立人格，即所谓"君子役物，小人役于物"。

君子役物
小人役于物

【原文】

　　见善，修然必以自存也①；见不善，愀然必以自省也②。善在身，介然必以自好也③；不善在身，菑然必以自恶也④。故非我而当者，吾师也；是我而当者，吾友也；谄谀我者，吾贼也。故君子隆师而亲友，以致恶其贼。好善无厌，受谏而能诫，虽欲无进，得乎哉！

　　扁善之度⑤：以治气养生则后彭祖⑥；以修身自名则配尧禹。宜于时通，利以处穷，礼信是也。凡用血气、志意、知虑，由礼则治通，不由礼则勃乱提僈⑦；食饮、衣服、居处、动静，由礼则和节，不由礼则触陷生疾⑧；容貌、态度、进退、趋行，由礼则雅，不由礼则夷固僻违⑨，庸众而野⑩。故人无礼则不生，事无礼则不成，国家无礼则不宁。

【注释】

　　① 修然：整饬的样子。存：省察。
　　② 愀（qiǎo）然：忧虑恐惧的样子。

③ 介然：坚定自信的样子。

④ 菑（zāi）然：灾害在身的样子。菑：同"灾"。

⑤ 扁：通"遍"，普遍。

⑥ 彭祖：传说中最长寿的人，被封于彭，故称彭祖。据说他善于养生，活到八百岁高龄。

⑦ 勃：通"悖"，昏乱。提：通"偍"，舒缓，松弛。僈：缓慢。

⑧ 触陷：遇到坎坷。

⑨ 夷固：傲慢，倨傲。僻违：乖僻邪恶。

⑩ 庸众：一般人，常人。

【译文】

见到好的品行，一定要省察对照自己是否具有；见到不好的品行，一定要心怀忧惧检讨自己。如果自己有好的品行，就要愈发自重自爱；如果自己有不好的品行，则要像受到灾害似的痛绝之。中肯地指出我的不足的人，是我的老师；诚恳地肯定、赞扬我的人，是我的朋友；对我一味迎合、阿谀奉承的人，是我的敌人。所以，君子要尊师而重友，远离谄谀之人。一个人若是一心向善，虚心接受批评建议，及时改过迁善，想不进步都不可能。

无往而不善的法度是：调和血气保养身体，就能寿比彭祖；修心养性洁身自爱，就能名配尧禹。无论顺境还是逆境都适宜用的，就是礼仪诚信。但凡在血气、意志、知虑上循礼而思的，就会通达顺畅，否则就会悖乱废弛；但凡在吃饭、穿衣、居住、言行举止上守礼而动的，就会和谐协调，否则就会惹麻烦、出乱子；但凡在容貌、态度、进退出入方面依礼而为的，就会优雅有风度，否则就会倨傲乖僻、平庸粗俗。所以，做人没有礼就无以立足，做事没有礼就不能成功，国家没有礼就不会安宁。

【品鉴】

见善，修然必以自存也；见不善，愀然必以自省也

见贤则思齐，见不贤则自省，这是儒家修身养德的座右铭。

"我欲仁，斯仁至矣"（《论语·述而》），重视道德主体的能动性，强调自省、自律，这是儒家一以贯之的思想。孔子曾说："见贤思齐，见不贤而内自省也。"（《论语·里仁》）即看到贤德的人，就以他为榜样，向他看齐；看到不贤的人，就自我反省，看自己有没有像他那样不善的行为。无论见善见恶，都要反省自己，"三人行，必有我师焉。择其善者而从之，其不善者而改之"（《论语·公冶长》）。

善在身，介然必以自好也；不善在身，菑然必以自恶也

善在身就坚定地愈加自重自爱、发扬光大，不善在身就像被玷污一样自惭形秽、深恶痛绝。对此，孔子有一个很形象的比喻说："见善如不及，见不善如探汤。"（《论语·季氏》）见善迫不及待地趋之，见不善则唯恐避之不及。

非我而当者，吾师也；是我而当者，吾友也；谄谀我者，吾贼也

如何选择良师益友呢？荀子认为，标准之一就是看对方如何对待自己。中肯地指出我的不足的人，是我的老师；诚恳地肯定、赞扬我的人，是我的朋友；对我一味迎合、阿谀奉承的人，是我的敌人。

对于师友的选择，朱熹有与荀子类似的见解。朱熹把朋友分为益友和损友两种："大凡敦厚忠信、能攻吾过者，益友也；其谄媚轻薄、傲慢亵狎、导人为恶者，损友也。"（《朱子文集》卷八）

明代学者苏浚在其《鸡鸣偶记》中把朋友分为四类："道义相砥、过失相规，畏友也；缓急可共、生死可托，密友也；其言如饴、游戏征逐，昵友也；利则相攘、患财相倾，贼友也。"志同道合、直言规劝的是畏友；患难与共、生死相依的是密友；以甜言蜜语奉承人、吃喝玩乐在一起的是昵友，也就是人们常说的酒肉朋友；明争暗斗、相互倾轧的是贼友。

荀子所谓的"非我而当者"，也就是朱熹所说的益友，苏浚所说的畏友，这是最难得的朋友。《五种遗规·世范》中说："人有过失，非其父兄，谁肯毁责？非其契爱，孰肯谏谕？泛然相识，不过背后窃议之耳！"人非圣贤，孰能无过？有过而不自知，则需朋友指点迷津，所以古人说："士有诤友，则身不离于令名。"（《孝经·谏诤章》）即一个人有直言相谏的朋友，才能保持好的名声。陈毅同志的一首诗道出了诤友之可贵："难得是诤友，当面敢批评。有时难忍耐，猝然发雷霆。继思不大妥，道歉亲上门。于是又合作，相谅心气平。"（《六十三岁生日述怀》）

君子隆师而亲友

《礼记·学记》上说："独学而无友，则孤陋而寡闻。"荀子特别强调师友在个人进德修业中的作用，并把"隆师亲友"视为"隆礼"的重要内容。

好善无厌

"玉不琢，不成器；人不学，不知道。"（《礼记·学记》）荀子所谓"好善无厌"与孔子所谓"学而不厌"表达的是同一个意思，都是对真、善、美的不懈追求。

孔子平生谦虚谨慎，对自己评价的向来低调，但惟独对自己的"好学"深为自信。孔子称"我非生而知之者"（《论语·述而》），只是一般人"不如丘之好学"（《论语·公冶长》）而已。可以说，"学而不厌"既是孔子一生的信念，也是其一生的实践。孔子所谓的"学"不只是学知识，也是学"道"、学"礼"、学"德"，即所谓"朝闻道，夕死可矣"（《论语·里仁》），所谓"好仁不好学，其蔽也愚；好知不好学，其蔽也荡；好信不好学，其蔽也贼；好直不好学，其蔽也绞；好勇不好学，其蔽也乱；好刚不好学，其蔽也狂"（《论语·阳货》）。

学无止境，对美好道德的追求也无止境。

人无礼则不生，事无礼则不成，国家无礼则不宁

礼是荀子政治思想的核心。在荀子这里，礼不仅指自西周以来的典章制度、礼仪规范，更指治国理政的纲领，兼有道德与法度双重内涵。所以，小到个人视听言行的规范，中到婚丧嫁娶等具体事务的要求，大到尊卑上下的等级秩序，都离不开"礼"。这里荀子以"人无礼则不生，事无礼则不成，国家无礼则不宁"概括了礼于人、于事、于国家至关重要的意义。

【原文】

以善先人者谓之教，以善和人者谓之顺；以不善先人者谓之谄，以不善和人者谓之谀。是是、非非谓之知，非是、是非谓之愚。伤良曰谗、害良曰贼。是谓是、非谓非曰直。窃货曰盗，匿行曰诈，易言曰诞，趣舍无定谓之无常，保利弃义谓之至贼。多闻曰博，少闻曰浅；多见曰闲，少见曰陋；难进曰偍，易忘曰漏。少而理曰治，多而乱曰秏。

治气养心之术：血气刚强，则柔之以调和；知虑渐深，则一之以易良[①]；勇胆猛戾，则辅之以道顺；齐给便利[②]，则节之以动止；狭隘褊小，则廓之以广大；卑湿重迟贪利，则抗之以高志[③]；

庸众驽散，则劫之以师友；怠慢僄弃④，则炤之以祸灾；愚款端悫，则合之以礼乐，通之以思索。凡治气养心之术，莫径由礼，莫要得师，莫神一好。夫是之谓治气养心之术也。

志意修则骄富贵⑤，道义重则轻王公，内省而外物轻矣。传曰："君子役物，小人役于物。"此之谓矣。身劳而心安，为之；利少而义多，为之。事乱君而通，不如事穷君而顺焉。故良农不为水旱不耕，良贾不为折阅不市⑥，士君子不为贫穷怠乎道。

【注释】

① 知虑：指人的思想。知：通"智"。易良：坦诚忠实。

② 齐给便利：迅疾快捷，这里指做事急躁、慌张。

③ 卑湿：意志消沉。重迟：迟钝。抗：激励。

④ 僄弃：轻浮的样子。

⑤ 修：美好。骄：轻视。

⑥ 折（shé）阅：减价出售，贱卖。

【译文】

以善开导人的称教诲，以善协调人的称和顺；以不善引导人的称谄佞，以不善附和人的称阿谀。肯定正确的、否定错误的称明智，肯定错误的、否定正确的称愚昧。中伤贤良称陷害、迫害贤良称奸贼。对的说对、错的说错称正直。偷别人财物的称盗，隐瞒自己言行的称诡诈，说话轻率称放诞，取舍没有标准称无常，为个人利益而舍弃道义称至贼。多闻者称广博，少闻者称浅薄；多见者称博识，少见者称鄙陋；进展艰难称迟缓，容易忘记称疏漏；简要而有条理称治，繁杂而杂乱称耗。

调和性情、颐养心神的方法是：性格刚烈，则调之以心平气和；思虑深沉，则纠之以坦诚忠直；乖张暴烈，则辅之以训导顺从；急躁冒进，则节之以动静有止；心胸狭隘，则劝之以宽宏大量；萎靡不振，则激之以高尚情志；平庸不成器，则助之以良师益友；轻浮懒散，则警之以祸灾忧患；愚笨鲁钝，则教之以礼乐、导之以思考。其中最重要的是礼义的引导、老师的教诲和自己的用心专一。这就是调和性情、颐养心神之道。

志意美好则足以傲视富贵，道义深厚者蔑视王公贵族，注重内心修养就会看轻身外之物。古语说："君子支配身外之物，小人被身外之物所支配。"说的就是这种情况。劳苦但心安的事情，可以做；利益少却合乎道义的事情，可以做。侍奉乱君而飞黄腾达，不如侍奉困境中的国君而顺应道义。好的农人不会因为水旱灾害而不耕种，好的商人不会因为一次亏本而放弃经商，士人君子也不会因为贫困而不守道义。

【品鉴】

志意修则骄富贵，道义重则轻王公

"志不行，顾禄位如锱铢；道不同，视富贵如土芥。"(《宋史·隐逸列传》)儒家注重精神生活，把对道德和道义的追求置于对荣华富贵的追求之上，"不义而富且贵，于我如浮云"(《论语·述而》)，视道德境界的提升、自我人格的完善为人生目标，认为道德美好则足以傲视富贵，道义深厚则足以蔑视贵族，"尊于位而无德者黜，富于财而无义者刑。贱而好德者尊，贫而有义者荣。"(陆贾《新语·本行》)

内省而外物轻矣

一个人如果经常反躬自省，注重内在的精神追求，心灵充实，则必然会看轻外在的功名利禄，"不汲汲于荣名，不戚戚于卑位"(《骆宾王文集·上吏部裴侍郎书》),"毁誉不干其守,饥寒不累其心"(《欧阳修全集·居士集》卷四十三《送秘书丞宋君归太学序》)。反过来,一个人如果过于看重外物,甚至被外物所役,则必然带来内在精神生活的贫乏,甚至给自己带来祸患。对此,曾国藩深有体悟:"做人念头重,做官念头轻,则祸福不足动心;做官念头重,做人念头轻,则毁誉常足骦志。"古人认为,人之所以被物所役,往往是因为贪欲太重,所以司马光在《训俭示康》中教导人们"寡欲则不役于物,可直道而行",朱熹在《近思录》中也警示人们"有欲则无刚"。清朝李惺更是明确地说:"不以外至者为荣辱,极有受用处,然须是里面分数足始得。今人见敬、慢则有喜、愠心,皆外重者也。此迷不破,胸中冰炭一生。"(李惺《西沤全集·药言》)

君子役物,小人役于物

这是最早的"役物论"。作者认为作为主体的人与作为客体的物应该是役使与被役使的关系,并以此作为君子与小人的区别之一。

人与物之间役使与被役使的关系包括物质和精神两个层面。

从物质层面上说,荀子主张充分发挥人的主观能动性,在尊重自然的基础上,积极地利用和改造自然,"制天命而用之"(《荀子·天论》),而不是消极被动地屈服于自然。

君子、小人是古人道德意义上的称谓,因而"君子役物,小人役于物"主要是从道德意义上而言的。也就是说,君子支配外物而不为外物所支配,不受现实关系的规定、束缚、限制,无挂无碍、悠然自在。如白居易所言:"闻毁勿戚戚,闻誉勿欣欣。自顾行何如,毁誉安足论?"(《白氏长庆集》卷二十二《续座右铭》)小人则不然。小人被外物所累,在五光十色、物欲横流的世界里,身陷各种贪欲烦恼的纠缠之中,为了追求功名利禄而迷失了自己的本性,失去了自我,成为权势、金钱、名声的奴隶，最终"以文徼名名必隳，以货徇身身必亡"（宋濂《潜溪邃言》）。追求遗世独立、精神逍遥的庄子也呼吁人要做自己的主人，"物物而不为物所物"（《庄子·外篇·山木》）。

是谓是，非谓非，曰直

在荀子看来，"直"的根本要求就是实事求是，对的就说是对的，错的就说是错的，绝不颠倒是非、混淆黑白，这就叫正直。荀子关于师、友、贼的判断标准其实就是"直"："非我而当者，吾师也；是我而当者，吾友也；谄谀我者，吾贼也。"

良农不为水旱不耕，良贾不为折阅不市，士君子不为贫穷怠乎道

《论语》记载，孔子及众弟子"在陈绝粮"，寒馁疾病交加，子路怒气冲冲地质问孔子："君子亦有穷乎？"孔子答道："君子固穷，小人穷斯滥矣。"（《论语·卫灵公》）君子虽陷入困境，但不坠其青云之志，小人处逆境便肆无忌惮、无所不为。"君子固穷"也就是荀子所谓的"士君子不为贫穷怠乎道"。《庄子》载有两个"不为贫穷怠乎道"的典范：

一个是曾子。曾子在卫国时穷困潦倒，"手足胼胝，三日不举火，十年不制衣，正冠而缨绝，捉衿而肘见"，但仍然坚守其志而自得其乐："曳纵而歌《商颂》，声满天地，若出金石。"（《庄子·让王》）

一个是原宪。原宪住在陋巷中，茅屋蓬户，破窗贯风，却弦歌乐志："上漏下湿，匡坐而弦。"学友子贡见他满脸菜色，问他是否病了，原宪慨然答道："无财谓之贫，学而不能行谓之病；今宪，贫也，非病也。"（《庄子·让王》）

东汉应劭在追述先秦这种独特士风时说："君子厄穷而悯，劳辱而不苟，乐天知命，无怨尤焉。"（《风俗通义·穷通篇》）

【原文】

夫骥一日而千里，驽马十驾，则亦及之矣。将以穷无穷，逐无极与？其折骨绝筋，终身不可以相及也。将有所止之，则千里虽远，亦或迟、或速、或先、或后，胡为乎其不可以相及也！……故跬步而不休，跛鳖千里；累土而不辍，丘山崇成。厌其源，开其渎①，江河可竭；一进一退，一左一右，六骥不致。彼人之才性之相县也②，岂若跛鳖之与六骥足哉？然而跛鳖致之，六骥不致，是无他故焉，或为之，或不为尔。道虽迩，不行不至；事虽小，不为不成。其为人也多暇日者，其出入不远矣。

好法而行，士也；笃志而体，君子也；齐明而不竭③，圣人也。人无法，则伥伥然；有法而无志其义，则渠渠然；依乎法，而又深其类，然后温温然④。

礼者，所以正身也；师者，所以正礼也。无礼，何以正身？无师，吾安知礼之为是也？礼然而然，则是情安礼也；师云而云，则是知若师也。情安礼，知若师，则是圣人也。故非礼，是无法也；非师，是无师也。不是师法而好自用，譬之是犹以盲辨色、以聋辨声也，舍乱妄无为也。故学也者，礼法也。夫师以身为正仪而贵自安者也。《诗》云："不识不知，顺帝之则。"此之谓也。

君子之求利也略，其远害也早，其避辱也惧，其行道理也勇。君子贫穷而志广，富贵而体恭，安燕而血气不惰，劳倦而容貌不枯，怒不过夺，喜不过予。君子贫穷而志广，隆仁也；富贵而体恭，杀势也；安燕而血气不衰，柬理也；劳倦而容貌不枯，好交也⑤；怒不过夺，喜不过予，是法胜私也。《书》曰："无有作好，遵王之道。无有作恶，遵王之路。"此言君子之能以公义胜私欲也。

【注释】

① 厌：堵塞。渎：小沟渠，支流。
② 县：通"悬"，悬殊，差别。
③ 齐明：思虑明智敏捷。
④ 伥伥然：无所适从的样子。志：同"识"。渠渠然：忐忑不安的样子。温温然：平和从容的样子。
⑤ 交：当作"文"字。王念孙注："好交二字，与容貌不枯无涉。交当为文。"

【译文】

骏马一日千里，劣马走上十天也同样能到达目的地。你想要走的是没有尽头的路、追逐的是没有终点的目标吗？如果是这样，那么即使累得筋骨断损，终其一生也达不到目的。若有明确的目标，无论路途多么遥远，或快或慢、或早或晚，总是能到达的。……所以，只要一步接一步不停地走下去，跛足的鳖鱼也能行千里之远；只要不断地堆积，最终会形成山丘。堵住源头而掘开支渠，大江大河也会枯竭；时进时退，时左时右，六匹骏马拉车也到不了目的地。人与人之间才性的差别，难道有跛足之鳖与六匹骏马之间的差别大吗？但前者到达了目的地，后者却没有，不是因为别的缘故，区别仅仅在于走还是不走、做还是不做。路途再近，不走也到不了；事情再小，不做也完不成。那些有很多空闲时间的人，超出平常人也不会很远。

依据法度做事，这是士人；志向坚定且身体力行，这是君子；睿智敏捷且追求不懈，这是圣人。人没有法度可依，就会无所适从；虽有法度可依，但不明其所以然，就会局促不安；有法度可依，又能够深明就里，举一反三，才能够从容不迫、得心应手。

礼，是用来端正身心的；老师，是用来明晓礼法的。没有礼，用什么来修正自己的行为呢？没有老师，怎么知道礼呢？按礼的规定去做，这就是天性安于礼；按老师的教导去做，智慧就像老师一样。情安于礼，智同于师，就是圣人了。所以，违背礼，就是违背法度，违背老师，就没有可师法的。没有礼义法度可循，自行其是，就像让盲人辨别颜色、让聋人辨别声音，必然陷入悖乱狂妄。所以，学习的根本在于礼法。老师则是人们的表率，最可贵的是自己安心这样做。《诗经》上说："不明白为何这样做，但却符合上天的准则。"说的就是这种情况。

君子不汲汲于求取利益，而是及早地远离祸害，诚惶诚恐地避免耻辱，勇往直前地奉行道义。君子虽然贫困但志向高远，虽然富贵但举止恭敬，虽然安逸但血气通畅，虽然辛苦但神采奕奕，不因恼怒而滥罚，也不因喜悦而滥赏。君子虽然贫困但志向高远，是为了弘扬仁道；虽然富贵但举止恭敬，是因为不以势凌人；虽然安逸但血气通畅，是因为顺乎礼义；虽然辛苦但神采奕奕，是因为注重礼节；不因恼怒而滥罚，也不因喜悦而滥赏，是因为用法度克制了私欲。《尚书》道："不凭一己之爱好做事，要遵守圣王制定的礼义法度；不凭一己之憎恶做事，要遵守圣王制定的礼义法度。"这讲的就是君子能够以公义战胜私欲。

【品鉴】

夫骥一日而千里，驽马十驾，则亦及之矣

只要锲而不舍、持之以恒地朝着目标努力，即使不具备先天的优势，也能够在力所能及的范围内实现自己的目标。

跬步而不休，跛鳖千里；累土而不辍，丘山崇成

荀子此语很容易让人想起龟兔赛跑以及愚公移山的故事。勤能补拙，熟能生巧。只要有理想、有毅力，只要持之以恒地去做，就能够到达目的地。

道虽迩，不行不至；事虽小，不为不成

宋代理学家程颢说："病学者厌卑近而骛高远，卒无成焉。"(《宋史·道学传一·程颢传》)其实，好高骛远、眼高手低不仅是学者的毛病，也是一般人的通病。

汉代王符在《潜夫论》中说："大人不华，君子务实。"临渊羡鱼，不如退而结网。与其不度德、不量力地好高骛远、好大喜功，不如把理想放得低一些却孜孜不倦地追求，把目标定得近一些却一步一步地去接近。清代申涵光在《荆园小语》中说："终日抄药方而不能疗一疾，终日写路程而不能行一步。"意思是连篇累牍地抄写药方而不用药，什么病也治不好；挖空心思地设计行程而不上路，一步也不能前进。

集近成远，集小成大。成功之路就在自己脚下，即使理想再辉煌、目标再高远，如果不脚踏实地去走，终究会一事无成。明代有两位先生，一位叫文嘉的写了一则《今日歌》，一位叫钱福的写了一则《明日歌》，都是劝人要珍惜时间，从当下做起。抄录于下：

今日歌

今日复今日，今日何其少！今日又不为，此事何时了？人生百年几今日，今日不为真可惜。若言姑待明朝至，明朝又有明朝事。为君聊赋《今日诗》，努力请从今日始。

明日歌

明日复明日，明日何其多！日日待明日，万事成蹉跎。世人皆被明日累，明日无穷老将至。晨昏滚滚水东流，今古悠悠日西坠。百年明日能几何？请君听我《明日歌》。

礼者，所以正身也；师者，所以正礼也

礼是用来规范人的行为的，人必须循礼而动："非礼勿视，非礼勿听，非礼勿言，非礼勿动。"（《论语·颜渊》）老师则是遵礼循礼的表率。正因为如此，荀子把"师"看得很重，不仅要求尊师而隆礼，而且把"师"与天、地、君、亲相提并论。

怒不过夺，喜不过予，是法胜私也

荀子主张刚柔并济、刑赏兼用，强调要刑赏公正、刑赏有度，主张不能以自己的情感好恶、情绪好坏影响执法的公正，不因恼怒而滥罚，也不因喜悦而滥赏，这就是以法度克制了私欲。

君子之能以公义胜私欲也

儒学的"义"亦指公利，"利"亦指私利或私欲。孟子把对待私利与公利的态度，视为道德至善的仁人与唯利是图的小人之间的差别："欲知舜与蹠之分，无他，利与善之间也。"（《孟子·尽心上》）荀子更注重义与利之间的平衡，认为"义与利者，人之所两有也"（《荀子·大略》）。但荀子同样也认识到，人若私欲膨胀，势必会损害他人、群体乃至国家和社会的利益，"故法度行则国治，私意行则国乱"（《管子·明法解》），所以他把"君子之能以公义胜私欲也"作为处理公私关系的原则。

第三章

不苟篇

本篇阐述立身行事必须遵循的礼义,堪称《修身》篇的姊妹篇。所谓"不苟",就是任何时候都必须坚持道义原则,不能苟且敷衍,"以义屈信变应""畏患而不避义死,欲利而不为所非""公生明",《荀子》中的这几个字后来成为中国封建社会的官箴,这也是本篇中的一个亮点。

畏患而不避义死
欲利而不为所非

【原文】

　　君子易知而难狎①，易惧而难胁，畏患而不避义死，欲利而不为所非，交亲而不比，言辩而不辞。荡荡乎！其有以殊于世也。

　　君子能亦好，不能亦好；小人能亦丑，不能亦丑。君子能则宽容易直以开道人，不能则恭敬缚绌以畏事人②；小人能则倨傲僻违以骄溢人，不能则妒嫉怨诽以倾覆人。故曰：君子能则人荣学焉，不能则人乐告之；小人能则人贱学焉，不能则人羞告之。是君子小人之分也。

　　君子宽而不僈，廉而不刿③，辩而不争，察而不激，寡立而不胜④，坚强而不暴，柔从而不流，恭敬谨慎而容，夫是之谓至文。《诗》曰："温温恭人，惟德之基。"此之谓也。

　　君子崇人之德，扬人之美，非谄谀也；正义直指⑤，举人之过，非毁疵也；言己之光美，拟于舜禹，参于天地⑥，非夸诞也⑦；与时屈伸，柔从若蒲苇，非慑怯也；刚强猛毅，靡所不信⑧，非骄暴也。以义变应，知当曲直故也。《诗》曰："左之左之，君子宜之；右之右之，君子有之。"此言君子能以义屈信变应故也。

【注释】

① 狎：态度不庄重地亲近。

② 开道：即开导。繎绌：谦虚退让。绌：同"屈"。

③ 廉：棱角，比喻人的秉性刚正。刿：伤，割。

④ 寡立：意为鹤立鸡群。寡：独特、出众。

⑤ 正义：公证地评价。义：同"议"。直指：坦率地批评。指：斥责、批评。

⑥ 参：并列。

⑦ 夸诞：言辞夸大虚妄，不合实际。

⑧ 靡：无。信：通"伸"，屈伸。

【译文】

君子易于接近但不容狎昵，胆小怕事但难以胁迫，畏惧祸患但为道义而不惜生命，想得到利益但绝不会为非作歹，交接朋友但不结党营私，口才出众但不玩弄辞藻。君子的胸怀多么坦荡宽广啊！这就是君子殊胜于常人之处。

君子有才美好，没有才也美好；小人有才丑恶，没有才也丑恶。君子有才会宽厚平易，谆谆开导启发别人，没有才也会恭敬谦虚地侍奉别人；小人有才会骄横邪僻欺凌别人，没有才则会心怀妒嫉、诽谤诋毁别人。所以说：君子有才，则人们以从之为师为荣，君子不懂的事情人们也乐于教之；小人有才，人们也以从之为师为贱，小人不懂的事情人们羞于教之。这就是君子、小人的不同之处。

君子宽容平和而不散漫懈怠，刚正不阿而不尖刻伤人，能言善辩而不强词夺理，明察秋毫而不过于激切，卓尔不群而不盛气凌人，刚毅坚强而不凶残暴虐，柔弱温顺而不随波逐流，恭敬谨慎而又宽容大度，这就是所谓的完美无瑕。《诗经》中说:"温和谦恭的人啊,以道德为根基。"说的就是这种人。

君子尊崇、赞扬别人的美德,这不是阿谀奉承;公正地评价批评,直率地指出别人的过错,这不是非议毁谤;宣传自己的美德,将自己与舜禹相拟媲美,与天地并立同论,这不是妄自夸耀;应时而屈伸,柔顺得如蒲草一样,这不是胆小怕事;顽强刚毅,所向披靡,这不是骄横凶暴。这都是因为君子深谙应当循礼依义、适时屈伸的道理。《诗经》上说:"该向左就向左,该向右就向右,君子都能适应。"这说的就是君子能够应时而变、进退自如。

【品鉴】

畏患而不避义死,欲利而不为所非

义利关系在传统伦理思想中始终占据着至关重要的地位,诚如朱熹所言:"义利之说,乃儒家第一意。"(《朱子文集》卷二十四)

概括地说,古代关于义利关系的思想可分为三种:一是孔子、孟子重义而轻利的观点;二是墨家的以公义为利,崇义利合一的思想;三是荀子等尚义而不轻利、兼重义利的思想。义利合一说随墨学的中绝而成为末流,而孔、孟虽然也说"富与贵,是人之所欲也"(《论语·里仁》),甚至"富而可求也,虽执鞭之士,吾亦为之"(《论语·述而》),但他们更强调的是"君子喻于义,小人喻于利"(《论语·里仁》)、"君子义以为上"(《论语·阳货》)、"何必曰利,亦有仁义而已矣"(《孟子·梁惠王上》)。这就是孔子所谓的"见利思义"(《论语·宪问》)、"见得思义"(《论语·季氏》)、"志士仁人,无求生以害仁,有杀身以成仁"(《论语·卫灵公》),也就是孟子所谓的"生,亦我所欲也,义,亦我所欲也。二者不可得兼,舍生而取义者也"(《孟子·告子上》)。

与孔、孟相比，荀子更强调义与利的兼得并重。荀子反复强调，求利与求义一样，也具有合理性和正当性，"义与利者，人之所两有也。虽尧舜不能去民之欲利"（《荀子·大略》），这一点也为后儒所继承。例如，董仲舒说："天之生人也，使人生义与利。义者，心之养也；利者，体之养也。"（《春秋繁露·身之养重于义》）程颐说："人无利，真是生不得。"（《河南程氏遗书》卷十八）；朱熹说："圣人岂不言利？……若说全不言利，又不成特地去利而就害。"（《朱子语类》卷三十六）但与此同时，在义与利相冲突时，荀子毫不含糊地主张弃利而就义，"先义而后利"（《荀子·荣辱》）、"无以利害义"（《荀子·法行》），即使为此而牺牲生命也在所不辞，绝不苟且偷生、胡作非为。这就是荀子所谓的"畏患而不避义死，欲利而不为所非"。在这一点上，儒家的立场始终是鲜明的，由此而养就了传统社会杀身成仁、舍生取义的浩然正气。

君子宽而不僈，廉而不刿，辩而不争，察而不激，寡立而不胜，坚强而不暴，柔从而不流，恭敬谨慎而容

传统文化以中庸为"至德"（"中庸之为德也，其至矣乎！民鲜久矣。"），也推崇中庸的君子人格，"质胜文则野，文胜质则史。文质彬彬，然后君子"（《论语·雍也》）。这种君子人格表现为《尚书》所谓的"刚而无虐""简而无傲"，《论语》所谓的"惠而不费，劳而不怨，欲而不贪，泰而不骄，威而不猛"，《中庸》所谓的"和而不流"。《论语》中用"三变"来形容君子的修养："望之俨然，即之也温，听其言也厉。"（《论语·子张》）倒恰恰应了弟子眼中孔子的形象："子温而厉，威而不猛，恭而安。"（《论语·述而》）

荀子这里所描绘的，正是"中立而不倚"（《中庸》）的君子人格。

君子崇人之德，扬人之美，非谄谀也；正义直指，举人之过，非毁疵也

古人推崇"讷于言而敏于行"(《论语·里仁》)，对花言巧语的谄媚者深恶痛绝，认为"巧言令色，鲜矣仁"(《论语·述而》)，认为"言之大甘，其中必苦"(《国语·晋语一》)。有格言道："面谀之词，有识者未必悦心；背后之议，受憾者常若刻骨。"因而，君子既不会花言巧语地赞美别人、言不由衷地奉承别人，也不会别有用心地诽谤诋毁甚至恶意中伤别人，而是客观公正地看待别人，既不虚夸其美，也不讳饰其恶。"美曰美，不一毫虚美；过曰过，不一毫讳过。"(海瑞《治安疏》)甚至主张"宁有求全之毁，不可有过情之誉"(洪应明《菜根谭》)。

在荀子看来，"是谓是，非谓非"，才堪称正直，而实事求是地"崇人之德，扬人之美"，实事求是地"正义直指，举人之过"，正是君子"直"的表现。

【原文】

君子位尊而志恭，心小而道大；所听视者近，而所闻见者远。是何邪？则操术然也①。故千人万人之情，一人之情是也；天地始者，今日是也；百王之道，后王是也。君子审后王之道，而论于百王之前，若端拜而议②。推礼义之统，分是非之分，总天下之要，治海内之众，若使一人。故操弥约，而事弥大。五寸之矩③，尽天下之方也。故君子不下室堂而海内之情举积此者，则操术然也。

有通士者，有公士者，有直士者，有悫士者，有小人者。上则能尊君，下则能爱民，物至而应，事起而辨，若是，则可谓通士矣。不下比以暗上，不上同以疾下，分争于中，不以私害之，若是，则可谓公士矣。身之所长，上虽不知，不以悖君；身之所短，上虽不知，不以取赏；长短不饰，以情自竭，若是，则可谓直士矣。庸言必信之，庸行必慎之，畏法流俗而不敢以其所独甚，若是则可谓悫士矣。言无常信，行无常贞，唯利所在，无所不倾，若是，则可谓小人矣。

公生明，偏生暗④，端悫生通⑤，诈伪生塞，诚信生神，夸诞生惑。此六生者，君子慎之，而禹桀所以分也。

欲恶取舍之权：见其可欲也，则必前后虑其可恶也者；见其可利也，则必前后虑其可害也者，而兼权之，孰计之，然后定其欲恶取舍。如是则常不失陷矣。凡人之患，偏伤之也。见其可欲也，则不虑其可恶也者；见其可利也，则不顾其可害也者。是以动则必陷，为则必辱，是偏伤之患也。

人之所恶者，吾亦恶之。夫富贵者，则类傲之⑥；夫贫贱者，则求柔之⑦。是非仁人之情也，是奸人将以盗名于晻世者也⑧，险莫大焉。故曰：盗名不如盗货。田仲、史鰌不如盗也⑨。

【译文】

① 操术：指君子所掌握的处事方式。

② 端拜：正身拱手。

③ 矩：画方形的一种工具。

④ 偏：偏见，私心。

⑤ 端悫：正直忠厚。

⑥ 类：都，皆。傲：傲视。

⑦ 求柔：谋求安抚。

⑧ 晻世：昏暗无道之世。

⑨ 田仲：又叫陈仲子，战国时齐国人，其兄为高官，他认为兄之禄

为不义之禄，便离兄独居，以编草鞋为生，故以廉洁清高著称。史鰌（qiǔ）：字子鱼，又叫史鱼，春秋时卫国大夫，官至大夫，曾多次劝说卫灵公罢免弥子瑕，灵公没有采纳，临死时叫儿子不要入殓，以"尸谏"灵公。荀子认为这两人是欺世盗名的典型。

【译文】

君子地位尊贵却谦虚恭敬，心只有方寸大小但志向高远；所闻所见都是身边的事，但所思所虑的却很远。这是为什么呢？原因就在于君子掌握了为人处事之道。千人万人的性情，可以从一个人的身上显现出来；开天辟地时如此，今日仍然是这样；上古百代帝王的统治之道，与后代帝王是一样的。君子审察了后世的统治之道，再去讨论上古百代的治国之术，自然会轻松从容。推究礼义的纲领，分清是非曲直，总揽治国之要领，统治天下就像使唤一个人一样容易。使用的方法越简约，成就的事业越大，就像一个五寸的矩尺能够画尽天下的方形一样。所以，君子足不出户而尽知天下之事，就是因为他掌握了这样一个处事之道。

有通达事理之士，有公正无私之士，有耿直爽快之士，有忠厚老实之士，还有小人。上能尊敬君主，下能爱抚民众，能够随机应变，灵活处理各种复杂情况，如此则堪称通达事理之士。下不结党营私愚弄君主，上不迎合君主去残害臣民，有分歧争端时不因一己私利去陷害对方，如此则堪称公正无私之士。即使君主对自己的长处、短处不了解，也不欺瞒君主、沽名钓誉，而是率性而为、长处短处都不加掩饰，如此则堪称耿直爽快之士。老老实实地说话，谨谨慎慎地做事，不随波逐流，也不自以为是，如此则堪称忠厚老实之士；说话不老实，行为不忠贞，唯利是图，如此则堪称小人。

公正才能清明，偏私必然昏乱，忠厚正直才能通达顺畅，虚伪欺诈必然寸步难行，虔诚忠信则灵验，虚夸荒诞则惑乱。君子要小心谨慎地对待这六种情况，这也正是禹与桀之所以泾渭分明之处。

喜恶取舍的标准是：看到自己喜爱的东西，必须前思后想一下它可憎的方面；看到事物有利的一面，还要考虑到它可能带来的危害，权衡比较、深思熟虑之后再做决定。这样就可以避免失误了。一般人所遇到的祸患，都是片面性造成的，也就是只看到事物好的一面，而忽视了坏的一面；只看到有利的一面，而忽视了有害的一面，其结果必然是动辄得咎，行则取辱，这都是片面性带来的祸害。

别人所憎恶的，我也憎恶。对富贵者都嗤之以鼻，对贫贱者都安抚屈就，这不是仁者的情感，而是奸诈虚伪的人欺世盗名的手段，其居心险恶莫测。所以说：欺世盗名者比偷盗财物者更可恶。田仲、史䲡就属于这类连盗贼都不如的欺世盗名之徒。

【品鉴】

治海内之众，若使一人

荀子认为，礼义法度是治国之总纲，纲举则目张。所以，遵循礼义法度，则可以以不变应万变，"治海内之众，若使一人"。

公生明，偏生暗

"公生明"，这几个字作为中国封建社会的官箴，遍见于全国郡县衙门的"公生明"牌坊、牌匾、碑刻等上。清代朱象贤在《闻见偶录》里记述说：

> 今凡府、州、县衙署，于大堂之前正中立一石，南向刻"公生明"三字，北向刻"尔俸尔禄，民膏民脂，下民易虐，上天难欺"十六字。官每升堂，即对此石也。予考旧典，此名戒石。所

刻十六字，乃宋太宗赐郡国以戒官吏，立石堂前，欲令时时在目，不敢忽忘之意。先是后蜀孟昶撰戒官僚二十四句，至宋太宗表出四句，元明以至国朝，未有更易。

这样的记载也见于其他典籍。据宋代李心传《建年以来系年要录》记载，宋太宗赵光义亲自制定"尔俸尔禄，民膏民脂，下民易虐，上天难欺"十六个字，并"颁黄庭坚书太宗御制《戒石铭》于郡县"，把《戒石铭》刻成石碑，立于全国郡县衙府之中，警诫地方官员。此铭文直到清代仍在沿用，不过是把石碑改成了牌坊，立在府衙大堂外面，使审案或办理公务的官员抬头可见，牌坊的另一面刻有"公生明"三字，所以又称"公生明"牌坊。

戒石碑演变为牌坊，清代俞樾认为其中原委是碑石立在那里多有不便，官员们"或恶其中立，出入必须旁行，意欲去之而不敢擅动，欲驾言禀于上台，又难措词"。把碑石改成一座牌坊，既方便，也壮观。在号称"清代第一衙"的保定直隶总督署，"公生明"牌坊掩映在树丛中，牌坊上"公生明"及黄庭坚手笔"尔俸尔禄，民膏民脂，下民易虐，上天难欺"十六个大字，历经千年风吹雨打仍赫然在目。

"公则民不敢慢，廉则吏不敢欺。公生明，廉生威。"明朝嘉靖年间无极县令郭允礼将"公生明，廉生威"六个字刻成石碑，镶嵌在县衙大堂的墙壁上，作为自己的座右铭，提醒自己为官做事一定要公正廉明。明代山东巡抚年富为官清正廉明，刚正不阿，以"吏，不畏吾严而畏吾廉；民，不服吾能而服吾公。公生明，廉生威"作为自己的座右铭。

见其可利也，则必前后虑其可害也者

塞翁失马，焉知非福？

事物都有两面性，"有荣则必有辱，有得则必有失，有进则必有退，

有亲则必有疏",在看到事物有利一面的同时,还要考虑到它可能带来的危害。若只是盯着利这一个方面,势必动辄得咎,做则取辱。故有格言道:"论人当节取其长,曲谅其短;做事必先审其害,后计其利。"

盗名不如盗货

荀子认为,欺世盗名之徒虚伪奸诈、矫情作伪、瞒天过海、奸言惑众,比明火执仗的强盗更可恨、更可鄙、更险恶。这里,荀子的愤世嫉俗之情溢于言表。

庸言必信之,庸行必慎之

老老实实地说话,谨谨慎慎地做事,不随波逐流,也不自以为是。荀子称这样的人为忠厚老实之人。

庸言必信之,庸行必慎之,看似简单,却并不容易做到。

言无常信,行无常贞,唯利所在,无所不倾,若是则可谓小人矣

与君子的"庸言必信之,庸行必慎之"相反,小人不仅"言无常信,行无常贞",而且"唯利所在,无所不倾",廖廖数语描绘了世间唯利是图者的贪婪像。

虽然人本质上是一种逐利的动物,"天下熙熙,皆为利来;天下攘攘,皆为利往"(《史记·货殖列传》),但君子虽爱财,都应取之有道。古人强调"见利思义""见得思义",旨在提醒人们不能在利益面前昏了头脑,置礼义道德、行为规范于不顾,要得之有道、取之有度,而不能像小人那样"唯利所在,无所不倾"。

第四章

荣辱篇

荀子在本文中阐述了自己的荣辱观。荀子以义利作为荣辱的标准，提出"先义而后利者荣，先利而后义者辱"。荀子认为，人的本性是相同的，循礼由义，以仁人君子为目标，在良师的教诲下，加强自身的修养，就能够获得荣誉；反之，不守礼义，好勇斗狠，逞一时之忿，就会咎由自取，自致其辱。

先义而后利者荣
先利而后义者辱

【原文】

　　悁泄者①，人之殃也；恭俭者，偋五兵也②。虽有戈矛之刺，不如恭俭之利也。故与人善言，暖于布帛③；伤人之言，深于矛戟。故薄薄之地④，不得履之，非地不安也，危足无所履者⑤，凡在言也。巨涂则让，小涂则殆⑥，虽欲不谨，若云不使。

　　快快而亡者⑦，怒也；察察而残者，忮也⑧；博而穷者，訾也⑨；清之而俞浊者⑩，口也；豢之而俞瘠者，交也；辩而不说者⑪，争也；直立而不见知者，胜也；廉而不见贵者，刿也⑫；勇而不见惮者，贪也；信而不见敬者，好剸行也⑬。此小人之所务而君子之所不为也。

　　斗者，忘其身者也，忘其亲者也，忘其君者也。行其少顷之怒而丧终身之躯，然且为之，是忘其身也；室家立残，亲戚不免乎刑戮，然且为之，是忘其亲也；君上之所恶也，刑法之所大禁也，然且为之，是忘其君也。忧忘其身，内忘其亲，上忘其君，是刑法之所不舍也，圣王之所不畜也。乳彘不触虎，乳狗不远游，不忘其亲也。人也，忧忘其身，内忘其亲，上忘其君，则是人也而曾狗彘之不若也。

有狗彘之勇者，有贾盗之勇者，有小人之勇者，有士君子之勇者。争饮食，无廉耻，不知是非，不辟死伤⑭，不畏众强，恈恈然唯利饮食之见⑮，是狗彘之勇也；为事利，争货财，无辞让，果敢而振，猛贪而戾，恈恈然唯利之见，是贾盗之勇也；轻死而暴，是小人之勇也；义之所在，不倾于权，不顾其利，举国而与之不为改视，重死持义而不桡，是士君子之勇也。

鲦鲏者，浮阳之鱼也⑯，胠于沙而思水，则无逮矣⑰。挂于患而欲谨⑱，则无益矣。自知者不怨人，知命者不怨天；怨人者穷，怨天者无志。失之己，反之人，岂不迂乎哉⑲！

荣辱之大分，安危利害之常体：先义而后利者荣，先利而后义者辱；荣者常通，辱者常穷；通者常制人，穷者常制于人，是荣辱之大分也。材悫者常安利，荡悍者常危害；安利者常乐易，危害者常忧险；乐易者常寿长，忧险者常夭折，是安危利害之常体也。

【注释】

① 侨：同"骄"，自高自大。泄：通"媟"（xiè），轻慢，不庄重。

② 俾：通"屏"，摒除，排除。五兵：五种兵器，古代所指不一，或指刀、剑、矛、戟、箭，或指矛、戟、钺、盾、弓箭，这里泛指兵器。

③ 布帛：棉布和丝织品，这里泛指衣服。

④ 薄薄：广阔的样子。

⑤ 危足：把脚跷起来。危："使……高"。

⑥ 涂：通"途"。让：同"攘"，拥挤。殆：危险。

⑦ 快快：肆意，为所欲为。

⑧ 忮：嫉妒。

⑨ 訾：诋毁。

⑩ 俞：通"愈"。

⑪ 说：通"悦"。

⑫ 刿：刺伤。

⑬ 剸：通"专"，专断。

⑭ 辟：同"避"，躲避。

⑮ 悻悻然：贪婪的样子。

⑯ 浮阳：游到水面上晒太阳。

⑰ 胠：通"阹"，阻隔遮拦。无逮：不及。

⑱ 挂：通"絓"，牵绊，阻碍。

⑲ 迂：远，不着边际。

【译文】

骄傲轻慢，常常招致祸殃；恭敬谦逊，可以避免杀身之祸。即使拥有锐利的长矛，也不如谦虚恭敬地对待别人。所以，用好言善语称颂人，比送人衣物还温暖；用恶语秽言伤害人，比矛戟刺得更深更痛。因而，世界之大，之所以没有你的立足之地，都是因为你用恶语伤了人。走大路拥挤不堪，走小路到处是危险，想不小心谨慎也不可能。

肆意妄为而导致死亡的，是由于忿怒；精明伶俐却遭到残害的，是由于嫉妒；学识渊博却陷于困境的，是由于毁谤别人；越想名声清白却越名声污浊的，是由于出言不慎；以酒肉款待人，交情却愈发淡薄，是由于待人接物方法不当；能言善辩却不能让人心悦诚服，是由于强词夺理；正直而不被人理解，是由于争强好胜；清廉而不受人敬重，是由于尖酸刻薄；勇猛而不被人敬畏，是由于贪得无厌；诚信而得不到众人尊重，是由于独断专行。这些都是小人所为之事，君子是不会这样做的。

打架斗殴者，既忘了自己，也忘了父母、国君。为逞一时之怒而不惜千金之躯，却还执意去做，这是置自身安危于不顾；人亡家破，亲人也受到牵累，却还执意去做，这是置父母亲人于不顾；君主所痛恨的、刑法所禁止的，却还执意去做，这是置国君于不顾。既不珍惜自己，也置父母、国君于度外，这是刑法所不能宽恕、国君所不能容忍的。正在哺乳的母猪不会去招惹老虎，正在哺乳的母狗不会到远处游荡，这是因为它们把自己的子女放在心上。人若既不珍惜自己，也不顾及父母、国君，那么这样的人就猪狗不如。

有狗猪式的勇敢，有商人和盗贼式的勇敢，有小人式的勇敢，有士君子式的勇敢。争吃抢喝，不知廉耻是非，不顾死伤，不怕强势，眼里只有吃的喝的，这是狗猪式的勇敢；唯利是图，争财抢物，毫不谦让，贪婪暴戾，眼里只有财利，这是商人和盗贼式的勇敢；不在乎生死，鲁莽暴虐，这是小人式的勇敢；坚持真理，不畏权势，不计较个人得失，即使把整个国家给他也不为所动，珍惜生命，但坚持正义，不屈不挠，这是士君子式的勇敢。

鯈鲦是喜欢浮到水面上晒太阳的鱼儿，但若搁浅在沙滩上后想再回到水里，就来不及了。遭遇祸患后才想到应该小心谨慎，也就悔之已晚了。有自知之明的人不抱怨别人，懂得命运的人不抱怨老天；抱怨别人者会陷入困境，抱怨老天者没有志气。自己的错误，反而去责怪别人，岂不是太离谱了吗？

荣与辱的区别、安危利害的一般法则是：先义而后利者荣耀，先利而后义者耻辱；荣耀者通达，而耻辱者困窘；通达者统治别人，而困窘者被人统治，这就是荣与辱的区别。朴实忠厚者平安顺利，强悍无理者危险相伴；平安顺利者愉悦安逸，危险相伴者常怀忧惧；愉悦安逸者长寿，常怀忧惧者短命，这就是安危利害的一般法则。

【品鉴】

与人善言，暖于布帛；伤人之言，深于矛戟

古人云："良言入耳三冬暖，恶语伤人六月寒。"善言良语令人如沐春风，恶语相向令人寒彻入骨。当人有了过失或是处于困境的时候，一句善意的话，会使人倍感温暖，而一句讽刺、挖苦、打击的话，则对人的自尊心、自信心产生极大伤害。

事实上语言暴力往往是一些纠纷的引发点。佛教对"口"就有种种要求。佛教认为，"业"分为身业、意业、口业三类，十恶中由口而造者包括四种：一是妄语，即虚诞不实之语；二是绮语，即花言巧语；三是恶口，即骂詈污秽之语；四是两舌，即挑拨离间之语。僧侣最基本的行为规范有"五戒"，其中之一就是"不妄语"。

行其少顷之怒而丧终身之躯

好胜者必争，贪勇者必辱。在古人看来，为逞一时之忿而不惜千金之躯、好勇斗狠者乃是匹夫之勇，死不足惜。比如春秋时期齐国的晏婴便利用三个居功自傲的勇士惯逞"匹夫之勇"的特点，设计了"二桃杀三士"的计谋，为齐国除掉了心腹之患（《晏子春秋·谏下篇》）。

有狗彘之勇者，有贾盗之勇者，有小人之勇者，有士君子之勇者

孔子把仁者、智者、勇者相提并论，认为"勇"也是一种境界。孔子认为："仁者不忧，知者不惑，勇者不惧。"（《论语·宪问》）这里的"勇"是仁者之勇、智者之勇。孔子对逞一时之忿的匹夫之勇很不以为然，他说："一朝之忿，忘其身，以及其亲，非惑与？"（《论语·颜渊》）孔子告诫青壮年尤其要戒蛮斗横："君子有三戒：少之时，血气未定，戒之在色；及其壮也，血气方刚，戒之在斗；及其老也，血气既衰，戒之

在得。"(《论语·季氏》)与荀子一样，孔子推崇的也是士君子之勇。

《庄子·秋水》记载，孔子被困于匡时，"宋人围之数匝，而弦歌不辍"，弟子疑惑不解，孔子泰然道："夫水行不避蛟龙者，渔父之勇也；陆行不避兕虎者，猎夫之勇也；白刃交于前，视死若生者，烈士之勇也；知穷之有命，知通之有时，临大难而不惧者，圣人之勇也。"孔子称自己"五十而知天命"(《论语·为政》)，他处变不惊，临难而大义凛然、安之若泰，堪称圣人之勇。

荀子把"勇"分为狗猪式的勇敢、商人和盗贼式的勇敢、小人式的勇敢、士君子式的勇敢。荀子认为，不知廉耻是非，只追求口腹之欲的满足，这是狗猪式的勇敢；唯利是图，贪得无厌，这是商人和盗贼式的勇敢；不珍惜生命，逞一时之忿，这是小人式的勇敢；珍惜生命，但坚持真理，坚持正义，不计较个人得失，不为权势所动，不屈不挠，视死如归，这是士君子式的勇敢，也是古人所推崇的真正的勇敢。正如南北朝傅昭在其所撰《处世悬镜》中所言："有胆无识，匹夫之勇；有识无胆，述而无功；有胆有识，大业可成。"也如苏轼在《留侯论》中所言："古之所谓豪杰之士，必有过人之节，人情有所不能忍者。匹夫见辱，拔剑而起，挺身而斗，此不足为勇也。天下有大勇者，猝然临之而不惊，无故加之而不怒，此其所挟持者甚大，而其志甚远也。"

自知者不怨人，知命者不怨天

人贵有自知之明，把握自己命运的人不呵风骂雨，不怨天尤人，而是从自己身上找原因，积极想办法，最终柳暗花明，走出困境。孔子曰："不怨天，不尤人，下学而上达，知我者其天乎！"(《论语·宪问》)

彰怨者多伤，匿怨者自戕。怨天尤人不仅于事无补、于己无益，还会害己伤人。《太上感应篇》上对此议论道："阎浮世界，素号缺陷，人安得每事称心？……惟当守分思过，修其天爵，此千古处穷之善道，亦趋吉避凶之善法也。怨天则天愈怒，尤人则人愈疾，非徒无益，而又害之。"

先义而后利者荣，先利而后义者辱

如何处理义利关系，是区别君子与小人的标准。这里，荀子以义利作为荣辱的标准，明确指出"先义而后利者荣，先利而后义者辱"，可以说把义利关系提升到一个新的高度。

【原文】

材性知能，君子小人一也。好荣恶辱，好利恶害，是君子小人之所同也，若其所以求之之道则异矣。

凡人有所一同：饥而欲食，寒而欲暖，劳而欲息，好利而恶害，是人之所生而有也，是无待而然者也，是禹桀之所同也。目辨白黑美恶，耳辨音声清浊，口辨酸咸甘苦，鼻辨芬芳腥臊，骨体肤理辨寒暑疾养，是又人之所常生而有也，是无待而然者也，是禹桀之所同也。……尧禹者，非生而具者也，夫起于变故，成乎修为，待尽而后备者也。

人之情，食欲有刍豢①，衣欲有文绣②，行欲有舆马，又欲夫余财蓄积之富也，然而穷年累世不知足，是人之情也。今人之生也，方知蓄鸡狗猪彘，又蓄牛羊，然而食不敢有酒肉；余刀布，有困窌③，然而衣不敢有丝帛；约者有筐箧之藏，然而行不敢有舆马。是何也？非不欲也，几不长虑顾后而恐无以继之故也。于是又节用御欲，收敛蓄藏以继之也，是于己长虑顾后，几不甚善矣哉！

夫贵为天子，富有天下，是人情之所同欲也。然则从人之欲则势不能容，物不能赡也④。故先王案为之制礼义以分之⑤，使有贵贱之等，长幼之差，知愚、能不能之分，皆使人载其事而各得其宜，然后使悫禄多少厚薄之称⑥，是夫群居和一之道也。故仁人在上，则农以力尽田，贾以察尽财，百工以巧尽械器，士大夫以上至于公侯，莫不以仁厚知能尽官职。夫是之谓至平⑦。故或禄天下而不自以为多⑧，或监门、御旅、抱关、击柝而不自以为寡⑨。故曰："斩而齐，枉而顺，不同而一⑩。"

【译文】

① 豢：豢养畜牲，这里指畜牲。

② 文绣：带彩纹的丝织品。

③ 刀布：古代的货币。囷（qún）窌：谷仓和地窖，这里泛指粮仓。

④ 从：通"纵"，放纵。赡：满足。

⑤ 案：通"按"，依据，按照。

⑥ 悫禄：俸禄。悫：通"穀"。

⑦ 至平：公平有序到极点。

⑧ 禄天下：接受天下人的供奉，指天子。

⑨ 监门：看守城门的人。御旅：经营旅店的人。抱关：守卫关卡的人。击柝：打更的人。柝：指巡夜打更用的梆子。

⑩ 斩：通"儳（chán）"，不整齐，有差别。枉：委屈，弯曲，指人们受到礼仪规范的约束。

【译文】

就资质、本性、智慧和才能而言，君子和小人是一样的。喜欢荣耀而厌恶耻辱，爱好利益而憎恶祸害，这一点君子和小人也没有什么区别，只是他们获取荣耀和利益的途径不同罢了。

人的共同之处在于：饿了想吃饱，冷了想穿暖，累了想休息，喜爱利益而厌恶祸害，这是人生而具有的本能，是不需要后天学习的，这是禹和桀的相同之处。眼睛能辨别白黑美丑，耳朵能辨别音声清浊，口舌能辨别酸咸甜苦，鼻子能辨别芳香腥臭，身体皮肤能辨别冷热痛痒，这又是人生而具有的资质，是不需要后天学习的，这也是禹和桀的相同之处。……尧禹并不是生下来就完美的人，而是从改变原有的本性开始，成功于长期修养自身，摒弃恶的本性之后才趋向完美的。

人之常情是吃美味佳肴，穿绫罗绸缎，行以车马代步，还希望家财万贯、积蓄丰厚，可年复一年的不知满足，这就是人之常情。现在人们知道了蓄养家禽家畜，却不敢天天吃肉喝酒；钱财富余，粮仓充实，却不敢穿绫罗绸缎；箱子柜子藏满了财宝，出门却不敢乘车马。为什么呢？不是不想，而是因为瞻前顾后，惟恐将来财物匮乏、无以为继。所以，人们才节约财物、抑制欲望、积聚钱财，以防后患，这样从长计议不是很好吗！

贵为天子，富甲天下，这是人心共同的追求。如果任由人的欲望泛滥，权势上不能容忍，物质上也不能满足。所以，古代帝王据此制定了礼义，用来区分贵贱高低等级之别、长幼上下辈分之序、智愚贤不肖才能之不同，让人们各行其事，各得其宜，这就是人们能够和谐共处的道理所在。仁者统治天下，则农民竭力耕种，商人尽心经营，工匠发挥自己的聪明才智制造器械，士大夫以及高官显贵也都仁慈宽厚、尽职尽责，这就叫作大治。天子富甲天下，也不觉得自己所得太多；看管城门者、经营旅社者、守关者、打更者，也不觉得自己所得太少。因此有这样的说法："有差别才有秩序，有约束才归于顺从，有区别才趋向统一。"

【品鉴】

好荣恶辱，好利恶害，是君子小人之所同也，若其所以求之之道则异矣

好荣恶辱、好利恶害是人的本性，在这一点上君子小人并无二致，区别只在于各自心中荣辱的标准不同，以及求取荣辱的方式不同而已。明代吕坤说："荣辱系乎所立。所立者固，则荣随之，虽有可辱，人不忍加也；所立者废，则辱随之，虽有可荣，人不屑及也。是故君子爱其所自立，惧其所自废。"韩非子有"荣辱之责，在乎己而不在乎人"（《韩非子·大体》）的名言。

"名贵与而不贵取。"赞誉来自别人之口，而不是自己的矜夸炫耀，荣誉是世人给的，而不是自己强求的，强求名声、荣誉还往往是招致辱的原因：

"人争求荣乎，就其求之之时，已极人间之辱；人争恃宠乎，就其恃之之时，已极人间之贱。"（清·金缨《格言联璧·敦品》）

"不幸福，斯无祸；不患得，斯无失；不求荣，斯无辱；不干誉，斯无毁。"（清·魏源《魏源集·默觚下·治篇十六》）

另外，关于如何对待荣辱，古人也有很多精辟的论述，概括起来有两种态度：

一是"有则改之，无则加勉"（清·魏源《魏源集·默觚下·治篇十六》）。

誉乎己，则惧焉，惧无其实而掠美也；毁乎己，则幸焉，幸吾得知而改之也。（朱熹《四书章句集注·论语集注》）

闻人之谤当自修，闻人之誉当自惧。（《方苞集》卷十八《通蔽》）

人有毁我诮我者，改之固益其德，安之亦养其量。（明·胡居仁《居业录·学问》）

人誉之，果有善但当持其善，不可有自喜之心，无善则增修焉可也。人毁己，果有恶即当去其恶，不可有恶闻之意，无恶则加勉焉可也。(清·申涵煜《省心短语》)

二是"毁誉不动，得丧若一"(清·李惺《药言滕稿》)。

百人誉之不加密，百人毁之不加疏。(《苏东坡全集·前集》卷二十四)

闻毁勿戚戚，闻誉勿欣欣。自顾行何如，毁誉安足论？(苏洵《嘉祐集》卷四《远虑》)

丈夫自重如拱璧，安用人看一钱值。(白居易《白氏长庆集》卷二十二《续座右铭》)

毁誉不干其守，饥寒不累其心。(陆游《剑南诗稿·雪后龟堂独坐》)

满目云山俱是乐，一毫荣辱不须惊。(《欧阳修全集·居士集》卷四十三《送秘书丞宋君归太学序》)

当然，君子之"誉之不喜，毁之不怒"(《黄兴集·为萱野长知书联》)，是因君子矢志不渝地追求"义"，问心无愧，所以不因世人之毁誉而改变自己崇高的志向；而小人置毁誉于不顾，只能更加寡廉鲜耻、肆无忌惮，正如古人所云："不愧不怍而不恤人之毁誉者，君子之有定力也。自欺欺人而不恤人之毁誉者，小人而无忌惮也。"(司马光《温国文正司马公文集》卷一《灵物赋》)

饥而欲食，寒而欲暖，劳而欲息，好利而恶害，是人之所生而有也，是无待而然者也，是禹桀之所同也

荀子给性、情的定义是："生之所以然者谓之性，不事而自然谓之性，性之好恶、喜怒、哀乐谓之情。"人之性情是天生的，"性者，天之就也；情者，性之质也"（《荀子·正名》）。因而，就人生的性情而言，圣凡是一样的。

荀子主张人性恶，其根据是：从"材性知能"上说，"君子小人一也"，都是"饥而欲食，寒而欲暖，劳而欲息"；从人情好恶上说，圣凡也没有区别，都是"好荣恶辱，好利恶害，是君子小人之所同也"。

由性恶出发，荀子展开了他的政治、伦理、教育学说。人性论是荀子庞大理论体系的基石。

使有贵贱之等，长幼之差，知愚、能不能之分，皆使人载其事而各得其宜

各居其位、各职其事、各得其所，社会秩序井然，国泰民安，是古今共同的社会理想。荀子由人性恶出发而主张礼、法并重，也正是着眼于这一社会理想的实现。当然，荀子理想中井然的秩序是一种森严的等级秩序，贵贱高低有等级之别，长幼上下有辈分之别，智愚贤不肖有才能之别。为了维持这些"别"，为了不逾越这些等级，不同等级的人就有不同的身份标志，并享受不同的待遇，同时，不同身份的人也要遵守不同的道德规范，即所谓"安分守己"。

斩而齐，枉而顺，不同而一

辩证的统一是有差别的、对立的统一。"斩而齐，枉而顺，不同而一"表现出中国古代辩证思维的智慧。

在先秦时代，"和"是一个非常重要的概念，与"同"相对，它是指一种有差别的、多样性的统一。古代思想家深刻地认识到有机的统一是"和"而不是"同"。"同"是单一的、排他的，"和"则是以差异为基础，是多样性的统一。《国语·郑语》载史伯言："夫和实生物，同则不继。

以他平他谓之和，故能丰长而物归之；若以同稗同，尽乃弃矣。"不同的事物有机地组合在一起，"以他平他"，才能产生新的事物，并繁衍不息；"以同稗同"，同类相加，则只有量的增多，导致事物生成发展机能的衰退和萎缩，事物也就不可能继续发展，更不可能产生新的事物。

主张世界是多样性的统一，这种深刻的思想也体现在社会生活领域，春秋时期齐国名相晏婴就以和同之异来论述君臣关系。据记载，齐景公的侍臣梁丘据对景公俯首帖耳、百依百顺，景公认为只有梁丘据与自己心心相印、和谐一致，而晏子尖锐地指出梁丘据与景公是"同"而不是"和"，并借题发挥，论述了君臣关系上的"同"与"和"：

> 和如羹焉，水、火、醯、醢、盐、梅，以烹鱼肉，燀之以薪，宰夫和之，齐之以味，济其不及，以泄其过。君子食之，以平其心。君臣亦然。君所谓可而有否焉，臣献其否，以成其可；君所谓否而有可焉，臣献其可，以去其否，是以政平而不干，民无争心。故《诗》曰："亦有和羹，既戒既平。鬷嘏无言，时靡有争。"先王之济五味，和五声也，以平其心，成其政也。声亦如味，一气、二体、三类、四物、五声、六律、七音、八风、九歌，以相成也，清浊、小大、短长、疾徐、哀乐、刚柔、迟速、高下、出入、周疏，以相济也。君子听之，以平其心。心平，德和，故《诗》曰"德音不瑕"。今据不然。君所谓可，据亦曰可；君所谓否，据亦曰否。若以水济水，谁能食之？若琴瑟之专壹，谁能听之？同之不可也如是。（《左传·昭公二十年》）

孔子进一步把君臣关系上的"和"扩大到一般的人际关系上。在孔子那里，"同"与"和"是君子人格与小人人格的重要区别，"君子和而不同，小人同而不和"（《论语·子路》）。君子在人际交往中能够与他人保持一种和谐友善的关系，但并不寻求时时处处保持一致，在对具体问题上他们坚持自己的看法，不苟同于对方，并容忍对方有其独立的见解，求同存异；小人习惯于迎合别人的心理、附和别人的言论，人云亦云、见风使舵，但在内心深处却并不抱有一种和谐友善的态度。其原因正像古人所指出的那样："君子论是非，小人计利害。""君子与君子以同道为朋，小人与小人以同利为朋。"

据记载，晏婴所服侍的齐国三代君主其实都不是"明君"，灵公不够廉洁，晏婴纠之以法度秩序；庄公恃仗武力，晏婴正之以不动干戈；景公追求奢侈，晏婴劝之以勤俭节约。正是由于晏婴始终坚持"和而不同"的原则，敢于同君主"唱对台戏"，齐国因而得到大治，受到了孔子的称赞。当然，晏婴的"谏君"艺术也是很高明的。

第五章

非相篇

荀子在本篇中针砭了迷信泛滥的社会风气，批驳了相人之术的荒谬无稽，强调人的吉凶祸福与相貌无关，而是由人的所作所为决定的，提出了"相形不如论心，论心不如择术"的论断。在本篇中，荀子以古代圣贤为例，认为古代圣贤虽然其貌不扬，却名垂青史，利泽千秋，使相术的歪理邪说不攻自破。另外，荀子还提出了"君子必辩"的主张，阐明了辩论的重要性，介绍了辩论的方法，反映了春秋战国时期百家争鸣的学术气象。

相形不如论心
论心不如择术

【原文】

　　故相形不如论心，论心不如择术①。形不胜心，心不胜术。术正而心顺之，则形相虽恶而心术善，无害为君子也。形相虽善而心术恶，无害为小人也。君子之谓吉，小人之谓凶。故长短、小大、善恶形相，非吉凶也。古之人无有也，学者不道也。

　　人之所以为人者，何已也②？曰：以其有辨也③。饥而欲食，寒而欲暖，劳而欲息，好利而恶害，是人之所生而有也，是无待而然者也，是禹桀之所同也。然则人之所以为人者，非特以二足而无毛也，以其有辨也。今夫狌狌形状亦二足而无毛也，然而君子啜其羹，食其胾。故人之所以为人者，非特以其二足而无毛也，以其有辨也。夫禽兽有父子而无父子之亲，有牝牡而无男女之别。故人道莫不有辨。辨莫大于分，分莫大于礼，礼莫大于圣王。

　　故曰：欲观千岁，则数今日；欲知亿万，则审一二；欲知上世，则审周道；欲知周道，则审其人所贵君子。故曰：以近知远，以一知万，以微知明，此之谓也。

【注释】

① 论心：研究人的思想。论：意为考察、研究。择术：选择正确的方法。

② 已：通"以"，由于，凭借。

③ 辩：区别，分别，这里指贵贱上下、长幼亲疏的等级之别。

【译文】

以人的相貌来推测断定其吉凶祸福，不如考察其思想；考察其思想，不如考察其实际表现。思想比相貌重要，实际表现比思想重要。如果表现好，思想又与其行为一致，即使相貌丑陋也不妨碍其成为君子。相反，虽然相貌俊美，如果心术不正，也还是小人。君子认为吉利的，小人却视之为灾凶。所以，人的高矮胖瘦等相貌上的特点与人的吉凶祸福并无关连。古代没有看相的人，有学问者也不屑于谈论这种事情。

人之所以成为人，其根据何在呢？回答是：因为人有贵贱上下、亲疏长幼的分别。饿了要吃饭，冷了要穿衣，累了要休息，趋利避害，这是人生而具有的本性，是不需要后天学习的，大禹与桀纣在这一点上是一样的。然而，人之所以成为人，并不只是因为他们有两只脚，脸上没毛，而是因为人是有分别的。大猩猩有两只脚，脸上也没毛，但却成为人们腹中的美味。所以，人之所以为人，并不只是因为他们有两只脚，脸上没有毛，而是因为人是有分别的。禽兽虽然有父子关系却没有父子之伦常亲情，有雌雄之分却无男女之别。所以，人类社会的根本，在于有等级秩序。确定等级秩序的关键是要有分别，礼义就是定尊卑上下、亲疏远近之别的，而圣王则是礼义的制定者。

所以说：要了解千古之事，先要审视当今的情况；要了解多如牛毛之事，则先解剖一两件事情；要了解上世之事，先要用心研究周朝治国之道；要了解周朝治国之道，则先考察他们所尊崇的君子。所以说：鉴近而知远，举一而知万，察微而知著，说的就是这个道理。

【品鉴】

相形不如论心，论心不如择术

荀子认为，思想和行为才是考察、认识一个人的关键。针对当时迷信泛滥、相面术流行的社会风气，荀子理直气壮、旗帜鲜明地指出，人不可貌相，以人的相貌来推测断定其吉凶祸福是无稽之谈。这在当时是需要一定勇气的。

人之所以为人者，何已也？曰：以其有辨也

孔子和孟子都把道德作为判别人与禽兽的分水岭，比如孔子曰："今之孝者，是谓能养。至于犬马，皆能有养；不敬，何以别乎？"（《论语·为政》）对待自己的父母，如果仅仅赡养他们，而心中没有敬爱之情，那与饲养狗马有何差别呢？也就是说，"敬"是人与动物相区别的表现。

在此基础上，荀子进一步指出："人之所以为人者，非特以二足而无毛也，以其有辨也。"荀子强调，两只脚、没有羽毛这些形体上的特征不是人之为人的根本，父子之亲、男女之别这些人伦纲常才是人之为人的根本，没有礼义，也就没有人类社会，没有人的存在。《礼记》对此说得更清楚："鹦鹉能言，不离飞鸟，猩猩能言，不离禽兽。今人而无礼，虽能言，不亦禽兽之心乎？……是故圣人作，使人有礼，知自别于禽兽。"

以近知远，以一知万，以微知明

孔子倡导举一反三、触类旁通的学习方法。"举一隅，不以三隅反，

则不复也。"(《论语·述而》)其实,举一反三、触类旁通也是一种行之有效的认识方法,这就是荀子所谓的"以近知远,以一知万,以微知明"。

鉴古而知今,鉴往而知来,反过来,察今亦可知古。在一个具有悠久"法先王"传统的保守社会里,主张"法后王"的革新派以"察今而知古"为旗帜,使得"以近知远,以一知万,以微知明"不仅仅是一种认识方法,而且具有了非同寻常的政治意义。如法家代表人物韩非子说:"圣人见微以知萌,见端以知末,故见象箸而怖,知天下不足也。"(《韩非子·说林上》)《吕氏春秋·察今》更是明确地讲:

> 先王之所以为法者,人也,而己亦人也。故察己则可以知人,察今则可以知古。古今一也,人与我同耳。有道之士,贵以近知远,以今知古,以所见知所不见。故审堂下之阴,而知日月之行、阴阳之变;见瓶水之冰,而知天下之寒、鱼鳖之藏也;尝一脟肉,而知一镬之味、一鼎之调。

【原文】

圣人者,以己度者也。故以人度人,以情度情,以类度类,以说度功,以道观尽,古今一也。类不悖,虽久同理,故乡乎邪曲而不迷①,观乎杂物而不惑,以此度之。

故君子之于言也,志好之,行安之,乐言之,故君子必辩。凡人莫不好言其所善,而君子为甚。故赠人以言,重于金石珠玉;观人以言,美于黼黻文章②;听人以言,乐于钟鼓琴瑟。故君子之于言无厌。鄙夫反是,好其实,不恤其文,是以终身不免埤污佣俗。故《易》曰:"括囊,无咎无誉。"腐儒之谓也。

故君子之度己则以绳,接人则用抴③。度己以绳,故足以为天下法则矣；接人用揠，故能宽容，因众以成天下之大事矣④。故君子贤而能容罢，知而能容愚，博而能容浅，粹而能容杂⑤，夫是之谓兼术。

谈说之术：矜庄以莅之⑥，端诚以处之，坚强以持之，分别以明之，譬称以喻之，欣驩芬芗以送之之⑦，宝之，珍之，贵之，神之，如是则说常无不受。虽不说人，人莫不贵。夫是之谓为能贵其所贵。传曰："唯君子为能贵其所贵。"此之谓也。

故君子之行仁也无厌。

有小人之辩者，有士君子之辩者，有圣人之辩者。不先虑，不早谋，发之而当，成文而类，居错迁徙，应变不穷，是圣人之辩者也；先虑之，早谋之，斯须之言而足听，文而致实，博而党正，是士君子之辩者也；听其言则辞辩而无统，用其身则多诈而无功，上不足以顺明王，下不足以和齐百姓，然而口舌之均，噡唯则节，足以为奇伟偃却之属，夫是之谓奸人之雄。

【注释】

① 乡：同"向"，靠近。邪曲：邪恶不正。

② 黼黻文章：古代礼服上所绣的色彩绚丽的花纹。

③ 绳：绳墨，准绳。揠（yì）：通"栧"，短桨，接人上船的桨，这里引申为引导。

④ 因众：借助众人。

⑤ 罢：通"疲"，软弱无能者。粹：精，无杂。

⑥ 矜庄：严肃庄重。莅：临，接近。

⑦ 欣驩芬芗：欣喜快乐，和和气气。驩：通"欢"。芗：通"香"。

【译文】

圣贤善于思考，善于推断。他们以今人来推度古人，以常情来推度人情，以一般来推度个别，以言论推度功业，以规律来推度一切事物，古今在这一点上并无二致。只要是同类的事物，相隔再久，道理依然是一样的。所以，面对歪理邪说，不会被迷惑；事物杂乱无章，也不会犯糊涂，用的正是这个方法。

君子对于正确的学说，感情上爱好，行动上遵循，并以积极宣传为乐，所以君子一定喜欢言辞辩说。人都喜欢宣传自己崇尚的东西，君子更是如此。以善言馈赠人，比金石珠宝更珍贵；以善言劝勉人，比华美的服饰还美好；以善言教诲人，比动听的音乐还让人快乐。所以，君子对于正确的学说是津津乐道，不厌其烦。庸人则与此相反，他们只顾说话的内容而不讲究文采，所以出口就是粗言脏语，终身不能脱俗。《周易》上说："扎紧口袋，没有过错，也没有荣誉。"指的就是那些迂腐的儒生。

君子对待自己，就像用墨绳来取直一样不容一点儿偏差，对待别人则像舺公用桨接人一样谆谆诱导。严以律己，才能成为天下人的楷模；宽以待人，才能利用众人的力量成就宏大的事业。所以，君子自己贤能却能够包容才能低劣之人，自己睿智却能够包容愚昧鲁钝之人，自己广博却能够包容肤浅无知之人，自己思想精粹却能够包容思想驳杂之人。这就是兼容并包之道。

说话辩论的方法是：庄重认真地接近别人，公平诚恳地对待别人，以坚定的信念感染别人，以分析辨别来开导别人，以比喻举例来启发别人，心平气和地把自己的思想传授给别人。自己一定要珍爱、坚信自己的思想。能够做到这些，就一定能够说服别人。即使沉默不语，别人也会尊重他。这样才能让自己所珍视的学说得到重视。古书上有这样的说法:"只有君子才能让自己所珍视的学说得到重视。"说的就是这个意思。

所以君子持守仁德、践行仁道,是永不懈怠的。

有小人式的辩说,有士君子式的辩说,有圣人式的辩说。不用提前谋划考虑,一开口就言辞得当,既文采斐然,又合乎逻辑,无论情况千变万化,都能随机应变而不会穷于应答,这是圣人式的辩说;事先经过考虑谋划,话语虽短而言之有物,既有文采又质朴平实,既旁征博引又不失公允,这是士君子式的辩说;言辞动听而不得要领,歪搅蛮缠,废话连篇,上不足以顺应圣贤,下无益于和谐百姓,却夸夸其谈,说得头头是道,看起来是不凡之辈,实际上是奸人的典型。

【品鉴】

赠人以言,重于金石珠玉

君子赠人以言,庶人赠人以财。赠人以财,即使价值连城,也是有价的;而赠人以言,则重于金石珠玉,是无价的。

钱有用尽之日,物有告罄之时,而一句赠言却往往使一个人受益终生,所以自古就有人以格言、警句、座右铭为礼物赠与友人。从"周公诫子"开始,历代流传下来的"诫子训"作为父辈留给子孙的赠言,已经成为中华文化的宝贵财富。

自古以来,中华民族就有赠言寄情、抒怀劝勉的优良传统。如今,每逢佳节良辰,人们也喜欢用简短的赠贺之辞表达庆祝、恭喜、慰问等情感,借以传达对亲人、朋友的关怀。

听人以言,乐于钟鼓琴瑟

荀子说:"与人善言,暖于布帛。"我们也常说:"听君一席话,胜读十年书。"无论是祝愿、鼓励、教诲之言,还是劝勉、教育、批评之言,甚至讥嘲、抨击、谩骂之言，只要会"听"，我们都能获益。关键是敞开心扉，乐于去"听"。

君子之度己则以绳，接人则用抴

《周易》曰："天行健，君子以自强不息。""地势坤，君子以厚德载物。"像自然界的日月星辰昼夜运行不息一样，君子应当自强不息；像广袤无边的大地泽披众生一样，君子应当以宽厚的胸怀包容万物。换句话说，君子既要严以律己、自强不息，又要宽以待人、厚德载物，这也就是荀子说的"度己则以绳，接人则用抴"。

君子对己必严，待人则须宽。从消极处来说，这样做可以不招人怨恨，如孔子所谓"躬自厚而薄责于人，则远怨矣"（《论语·卫灵公》）；从积极处来说，严于律己、以身作则，可以德服人，宽以待人则可集思广益，成就功业。

关于待人须宽而责己须严的许多格言都很值得回味，例如：

与人不求备，责人须宽；检身苦不及，责己要严。

责己则攻短，论人则取长。

以恕己之心恕人，则全交；以责人之心责己，则寡过。

自家有好处，要掩藏几分，这是涵育以养深；别人不好处，要掩藏几分，这是浑厚以养大。

接人用抴，故能宽容，因众以成天下之大事矣

海纳百川，有容乃大。

水至清则无鱼，人至察则无徒，所以孔子说："宽则得众。"宽容则能群策群力，成就大事。例如，齐恒公以国家社稷为重，宽宏大度，不计较差点要了他性命的射钩之仇，重用管仲为相，最终九合诸侯，一匡天下，成就了霸业。没有宽容，齐桓公不可能成为春秋的第一代霸主。

故君子贤而能容罢，知而能容愚，博而能容浅，粹而能容杂

山锐则不高，水狭则不深。以宽大的胸怀包容万物，才能在兼济天下的同时完善自我，成就功业。对此，先秦李斯有言："泰山不让土壤，故能成其大；河海不择细流，故能成其深。"（《史记·李斯列传》）三国曹植赋诗："东海广且深，由卑下百川；五岳虽高大，不逆垢与尘。"（曹植《当欲游南山行》）

唯君子为能贵其所贵

自己认为值得做的就去做，即使不被人理解也义无反顾、无怨无悔，"尽己"则足矣。

孟子说"君子有三乐"，其中之一就是"仰不愧于天，俯不怍于人"（《孟子·尽心上》），也就是自足自得之乐。尽己则可以问心无愧，心灵宁静自足，保持一份宠辱不惊的大度。其境界恰如程颢在《秋日偶成》一诗中所道：

> 闲来无事不从容，
> 睡觉东窗日已红。
> 万物静观皆自得，
> 四时佳兴与人同。
> 道通天地有形外，
> 思入风云变态中。
> 富贵不淫贫贱乐，
> 男儿至此是英雄。

仰观俯察宇宙万物，无不生机勃勃、自由活泼，与人的心境悠然相

合。贵其所贵,求其所求,则乐其所乐,心境因之而从容、逍遥、自如、自在。

君子之行仁也无厌

"仁"是孔子学说的基本概念,也是儒家思想的核心。仁的实质是爱人,仁的起点是孝敬父母,"孝弟也者,其为仁之本欤?"(《论语·学而》)同时,仁爱又由近而远、由亲而疏、推己及人,成为人际相与的原则,"仁者爱人,有礼者敬人。爱人者人恒爱之,敬人者人恒敬之。"(《孟子·离娄下》)由孝敬父母、仁爱兄弟朋友进而扩大到爱护百姓、爱护万物,这就是孟子所谓"亲亲而仁民,仁人而爱物"(《孟子·尽心上》),也就是理学家张载所说的"民吾同胞,物吾与也"。这种广济天下、博爱众生的情怀,就是儒家所主张的德治、仁政。

第六章

非十二子篇

本篇是对春秋战国诸子学说得失优劣的总结、议论和评价，是研究先秦各流派及中国古代思想史的一篇重要文献。荀子逐一列举并尖锐地批驳了先秦六种学说、十二个代表人物，包括了当时的名家、法家、道家以及儒家代表人物的思想，指斥这些学说以其"持之有故，言之成理"而更能够"欺惑愚众"。诸家学说当中，唯有以礼义为准绳的仲尼的学说得到了荀子的推崇，被视为"总方略，齐言行，壹统类"，即一统天下的最高法则。由此也可看到，孔子创立的儒学学说到汉代被推向"独尊"地位，既是历史的必然，也是逻辑的必然。本篇还借助各种修辞手段，用辛辣生动的文笔描绘了"贱儒"、俗儒的迂腐与丑陋，读来酣畅淋漓。

贵贤仁也
贱不肖亦仁也

【原文】

　　今夫仁人也，将何务哉？上则法舜、禹之制，下则法仲尼、子弓之义，以务息十二子之说。如是则天下之害除，仁人之事毕，圣王之迹著矣。

　　信信，信也；疑疑，亦信也。贵贤，仁也；贱不肖，亦仁也。言而当，知也；默而当，亦知也，故知默犹知言也。故多言而类，圣人也；少言而法，君子也；多言无法而流湎然①，虽辩，小人也。

　　兼服天下之心：高上尊贵，不以骄人；聪明圣知，不以穷人；齐给速通②，不争先人；刚毅勇敢，不以伤人。不知则问，不能则学，虽能必让，然后为德。遇君则修臣下之义，遇乡则修长幼之义，遇长则修子弟之义，遇友则修礼节辞让之义，遇贱而少者则修告导宽容之义。无不爱也，无不敬也，无与人争也，恢然如天地之苞万物③，如是则贤者贵之，不肖者亲之。如是而不服者，则可谓妖怪狡猾之人矣，虽则子弟之中，刑及之而宜。

【注释】

① 流湎：沉湎，沉溺，放纵无度。

② 齐给速通：口才流利，才思敏捷。

③ 恢然：心胸宏大的样子。苞：同"包"，包容。

【译文】

当今天下之仁人应当做什么呢？向上则应效法禹、舜的制度，向下则应学习孔子、子弓的学说，以此使前述十二位学者的思想不再传播。这样就除去了天下的大害，仁人的事业也就完成了，圣王的功绩也就昭著了。

信当信的是信，疑当疑的也是信。尊崇贤人是仁，鄙视不肖也是仁。说话得体是睿智，沉默得当也是睿智，因而学会沉默和学会说话一样重要。说话虽多而合乎法度，这是圣人；说话虽少而合乎法度，这是君子；喋喋不休却不合乎法度，还自鸣得意，即使能言善辩，也是小人。

让天下人心悦诚服的办法：地位高贵而不盛气凌人，聪明睿智而不咄咄逼人，才思敏捷而不争强好胜，刚毅勇猛而不伤害别人。不懂就虚心求教，不会就刻苦学习，才学出众而处处谦让，成就圣贤之德。对君主以君臣之礼义待之，对乡人以长幼之礼义待之，对长者以子弟之礼义待之，对朋友以辞让之礼义待之，对地位低微的年轻人，则以劝勉引导宽容之义待之。爱所有的人，敬所有的人，不与人相争，以宽厚的胸怀包容天地万物。如此则贤人尊重他，无能者亲近他。如果这样还有心不服者，就只能是那些怪异狡猾的人了，即使是自己的子弟，也该施之以刑罚了。

【品鉴】

信信，信也；疑疑，亦信也

相信应该相信的，这固然是信；怀疑应该怀疑的，同样也是一种信。

相信，就去证实；不相信，就去证伪。怀疑不是否定，而是一种态度、一种精神、一种思维方法，是我们随时应该持有的一种怀疑态度、实证精神和理性思维方法。

"于不疑处有疑，方是进。"（清·张伯行《学规类编》）"信信"容易，"疑疑"难。在权威被视为"圣人"、经典教条被视为"天经地义"的传统社会，"疑疑"甚至要付出生命的代价。

自汉武帝接受董仲舒"诸不在六艺之科、孔子之术者，皆绝其道，勿使并进"的建议，实行"罢黜百家，独尊儒术"的政策以后，儒学就成为封建社会的统治思想。孔子作为儒家文化和王权社会统治思想的象征，成为统治者推行思想专制的工具，孔子以万世师表的身份被奉若神明，甚至有所谓"天不生仲尼，万古如长夜"（《朱子语类》）的说法。对儒学经典以及孔子的神圣化是对是非价值判断标准的垄断，以至于后世"咸以孔子之是非为是非"（李贽《藏书·世纪列传总目前论》）。晚明思想家李贽挺身而出、振聋发聩指出，千百年来人们对孔子的盲目崇拜是"矮子观场，随人说妍，和声而已"（李贽《续焚书》卷二《圣教小教引》），并以过人的胆识喊出了"咸以孔子之是非为是非，故未尝有是非"（《藏书·世纪列传总目后论》）的时代最强音。

在李贽看来，是与非的价值标准具有时代性，"如岁时然，昼夜更迭，不相一也。昨日是而今日非矣，今日非而后日又是矣"（《藏书·世纪列传总目后论》）；同时，每个人都有自己判断是非的自主性和能力，"夫天生一人，自有一人之用，不待取给于孔子而后足也"（《焚书》卷一《答耿中丞》）。他诘问道："若必待取足于孔子，则千古以前无孔子，终不得

为人乎?"(《焚书》卷一《答耿中丞》)

事实上,李贽对于身为学者的孔子是十分敬佩的,称颂其"为出类拔萃之人,为首出庶物之人,为鲁国之儒一人,天下之儒一人,万世之儒一人也"(《焚书》卷三《何心隐论》),他所抨击的是被政治偶像化和统治工具化了的孔子。李贽的叛逆思想难以为正宗儒者,尤其是当政者所容,被视为"异端",著作被列为禁书。最后李贽被以"敢倡乱道,惑世诬民"的罪名被诏令"严拿治罪",自刭于狱中。

现代学者胡适曾说自己的思想受两个人的影响最大:"赫胥黎教我怎样怀疑,教我不信任一切没有充分证据的东西;杜威教我怎样思想,教我把一切学说理想都看作待证的假设。"后来胡适用"大胆地假设,小心地求证"十个字来概括杜威的思想方法,并倡导"独立思考,独立判断,重怀疑,重实证",对中国现代学术思想产生了深远的影响。

贵贤,仁也,贱不肖,亦仁也

古语云:"小人之幸,君子之不幸。""养稂莠者伤禾稼,惠奸宄者贼良人。"宽厚仁慈应当是有原则、有限度的,对不肖者的纵容是对贤者的不公。所以,敬重贤能的人,是仁慈的表现;鄙视不肖的人,同样也是仁慈的表现。

言而当,知也;默而当,亦知也

该说话的时候说话,说起话来言之有理,持之有据,这是智慧;不该说话的时候缄默不语,而不是语无伦次、喋喋不休、东拉西扯、废话连篇,这同样也是智慧。

"言而当"容易做到,但"默而当"却很难做到。《周易》曰:"心不摄口,口不择言,必招悔咎。"即言多必失。在思想专制、言论不自由、动辄得咎、言则致祸的时代,"默"成为一些人明哲保身的处世哲学。如康熙年间的张廷玉就把"万言万当,不如一默"作为自己的座右铭,缄默就是他的为官之道。

当然,从另一个角度看,"默"也是"言"的一种独特方式,它可以是默认,可以是不屑,也可以是抗议。

高上尊贵,不以骄人;聪明圣知,不以穷人;齐给速通,不争先人;刚毅勇敢,不以伤人

如同硬币的两面,任何事物都有两个方面,物极则必反。转换的关键,在于把握一个合适的"度"。所以,传统文化注重中庸之道,提倡阴阳互补、刚柔相济,反对偏执、走极端,主张"执其两端而用其中"(《礼记·中庸》)。

自损者益,自益者损。所以孔子说:"聪明圣知,守之以愚;功被天下,守之以让;勇力抚世,守之以怯;富有四海,守之以谦。"(见《荀子·宥坐》)荀子也提醒人们,不可恃贵盛气凌人,不可恃智咄咄逼人,不可恃敏争强好胜,不可恃勇伤害无辜。

【原文】

古之所谓仕士者①,厚敦者也,合群者也,乐富贵者也②,乐分施者也,远罪过者也,务事理者也,羞独富者也。今之所谓仕士者,污漫者也,贼乱者也,恣睢者也,贪利者也,触抵者也,无礼义而唯权势之嗜者也③。

古之所谓处士者④,德盛者也,能静者也,修正者也,知命者也,箸是者也⑤。今之所谓处士者,无能而云能者也,无知而云知者也,利心无足而佯无欲者也,行伪险秽而强高言谨悫者也,以不俗为俗，离纵而跂訾者也⑥。

士君子之所能不能为：君子能为可贵，不能使人必贵己；能为可信，不能使人必信己；能为可用，不能使人必用己。故君子耻不修，不耻见污；耻不信，不耻不见信；耻不能，不耻不见用⑦。是以不诱于誉，不恐于诽，率道而行，端然正己，不为物倾侧⑧，夫是之谓诚君子。《诗》云："温温恭人，维德之基。"此之谓也。

【注释】

① 仕士：做官的人。

② 乐富贵：疑为"乐可贵"，意为注重道德，与下文的"恣睢者"相对应。

③ 污漫：污秽，这里指行为污秽。恣睢：肆意作为，放纵。触抵：抵触法令。

④ 处士：隐士。

⑤ 箸是：宣扬正确主张。箸：通"著"，意为显扬，"是"指正确的主张。

⑥ 强高言：硬要高声宣扬。谨悫（què）：谨慎诚实。离纵：离开正道。纵：通"踪"。跂訾（zǐ）：踮着脚跟走路，以显示自己与众不同。

⑦ 修：善，美好，这里指道德美好。见：被。

⑧ 率道：遵循正道。端然：严肃的样子。倾侧：倾斜，这里意为动摇。

【译文】

古时做官的人，都是忠实敦厚的人，平易合群的人，注重道德修养的人，乐于施舍财物的人，远离罪过错误的人，做事有条有理的人，羞于独享富贵的人。现在做官的人，都是诡诈龌龊的人，为非作歹的人，恣意妄为的人，贪得无厌的人，违反法纪的人，没有礼义廉耻而只贪取权势的人。

古时的隐士，都是品行高洁的人，恬淡安分的人，修行道德的人，通晓规律的人，弘扬正道的人。现在的隐士，都是没有真才实学却自吹自擂的人，愚昧无知却鼓吹自己无所不知的人，贪得无厌却佯装恬淡无欲的人，行为阴险龌龊却吹嘘自己忠厚老实的人，以庸俗为清高却标榜自己与众不同的人。

士君子能够做到和不能够做到的事情如下：君子能够做到品德高尚，但做不到一定让人人都敬重自己；能够做到诚实守信，但做不到一定让人人都信任自己；能够做到德才兼备，但做不到一定让别人来任用自己。所以，君子以道德不修为耻，而不以被人诬蔑误解为耻；以不诚实守信为耻，而不以被人怀疑不信任为耻；以无德无能为耻，而不以怀才不遇为耻。因而，君子不为名誉所诱惑，不被诽谤所恐吓，以道义为准则，谨言慎行，不为外物所动摇，这样的人才称得上真正的君子。《诗经》中说："温和谦恭的人啊，以道德为基础。"说的就是这样的人。

【品鉴】

今之所谓仕士者，污漫者也，贼乱者也，恣睢者也，贪利者也，触抵者也，无礼义而唯权势之嗜者也

身处乱世，荀子刚正不阿，嫉恶如仇。他以"古之所谓仕者"的忠实敦厚、谦虚温和、乐善好施、遵纪守法、兢兢业业等美德懿行，与"今之所谓仕者"的诡诈龌龊、贪得无厌、违法乱纪、恣意妄为等作对比，表达了自己对污浊混乱的官场的深恶痛绝。

今之所谓处士者，无能而云能者也，无知而云知者也，利心无足而佯无欲者也，行伪险秽而强高言谨悫者也，以不俗为俗，离纵而跂訾者也

荀子响亮地提出了"盗名不如盗货"的观点，认为欺世盗名之徒矫情作伪、奸言惑众，比明火执仗的盗财盗货的强盗更可恶、更可鄙、更险恶。在荀子看来，"今之所谓处士者"昏庸无能却佯装精明强干，愚昧无知却佯装无所不晓，贪得无厌却佯装恬淡无欲，阴险龌龊却佯装忠厚老实，俗不可耐却佯装清高超脱，他们就属于这种欺世盗名的典型。

何谓"处士"呢？古人对"隐士"曾有这样的分类："隐于文章道学，嘉遁不出者，书曰'处士'，重纯儒也；隐于泉石风流，志不移者，书曰'逸士'，重幽贞也；隐于世治时变，解官不仕者，书曰'达士'，重明哲也；隐于玄门净土，名利不贪者，书曰'居士'，重清修也。"（《张三丰全集·隐鉴》）根据这个说法，荀子这里所谓的"处士"则当为广义上的隐士。

隐逸文化是中国文化中很独特的一个现象，不管是"小隐隐于山林"，还是"大隐隐于朝市"，历来就有真隐士和假隐士之分。所谓真隐士，即德行高洁、与世无争、心无块垒、超然世外，这是隐士留给人们的一般印象。但历史上也不乏将隐逸作为一种邀名手段，以自高声誉，从而达到入仕目的的假隐士。他们欲进故退、欲仕故隐，沽名钓誉，将隐逸作为出仕的铺垫，为的是走"终南捷径"。《新唐书·卢藏用传》记载：

（藏用）始隐山中时，有意当世，人目为随驾隐士，晚乃徇权利，务为骄纵，素节尽矣。（司马承祯）将还山，藏用指终南山曰："此中大有佳处。"承祯徐曰："以仆视之，仕宦之捷径也。"

由此，"终南捷径"成为概括这种假隐作秀行为的成语。

君子能为可贵，不能使人必贵己

人有所能，也有所不能；能者在己，所以要竭尽全力；不能者在人，所以要顺其自然。道德上的自我进取、自我提升、自我完善，就是个人能够做到的。正如孔子所说："为仁由己，而由人乎哉？"（《论语·颜渊》）"仁远乎哉？我欲仁，斯仁至矣。"（《论语·述而》）通过道德修养与道德锤炼，可以成为一个德行高尚、诚实守信、德才兼备的人，但这并不意味着就一定能得到世人的尊重和信任，并不意味着就一定能够为世所用。孔子被后世称为"圣人"，奉为"万世师表"，但他在世时周游列国，席不暇暖，颠沛流离，处处碰壁，甚至被讥为"惶惶如丧家之犬"。孔子的故事，正说明了这个道理。

君子耻不修，不耻见污；耻不信，不耻不见信；耻不能，不耻不见用

中国文化是一种耻感文化。早在春秋时期，管子就提出了"礼义廉耻，国之四维"的观点，把"耻"作为治国的四大支柱之一；孔子认为君子应"行己有耻"（《论语·子路》）即对自己的不良行为要有羞耻之心作为士君子必备的品质。后世儒家更是将"有耻""知耻"视为"立人之大节"（《新五代史·杂传》，"礼义，治人之大法；廉耻，立人之大节"。陆九渊说："夫人之患莫大乎无耻，人而无耻，果何以为人哉？"（《陆九渊集》卷三十二）朱熹认为："耻者，吾所固有羞恶之心也。有之则进于圣贤，失之则入于禽兽，故所系甚大。"（《四书集注·孟子集注》）他强调："人有耻，则能有所作为。"（《朱子语类》卷十三）康有为从另一个角度强调："人之有所不为，皆赖有耻心。如无耻心，则无事不可为矣。"（康有为《孟子微》卷六）顾炎武在《廉耻》一文中对"耻"的阐发尤为深刻：

> 礼、义，治人之大法；廉、耻，立人之大节。盖不廉则无

所不取，不耻则无所不为。人而如此，则祸败乱亡，亦无所不至。况为大臣而无所不取，无所不为，则天下其有不乱，国家其有不亡者乎？然而四者之中，耻尤为要，故夫子之论士曰："行己有耻。"孟子曰："人不可以无耻。无耻之耻，无耻矣。"又曰："耻之于人大矣！为机变之巧者，无所用耻焉。"所以然者，人之不廉而至于悖礼犯义，其原皆生于无耻也。故士大夫之无耻，是谓国耻。

与顾炎武一样，龚自珍也将个人的"知耻"与国家的兴亡联系起来："士皆知有耻，则国家永无耻也；士不知耻，为国之大耻。"（龚自珍《明良二论》）

君子所耻何在呢？荀子认为，君子应以不修身、不诚信、庸碌无能为耻，至于被人诽谤、怀疑、不为所用，则不是什么耻辱的事。孔子还提出了"危邦不入，乱邦不居，天下有道则见，无道则隐"的观点，认为"邦有道，贫且贱焉，耻也；邦无道，富且贵焉，耻也"（《论语·泰伯》）。

不诱于誉，不恐于诽

宋范仲淹《岳阳楼记》有"心旷神怡，宠辱皆忘"之语，明代海瑞也有"不以誉喜，不以毁怒"（《令箴》）之说。一个人如果以道义为准则，谨言慎行，贵己之所贵，则能不被赞誉所诱惑，不为诽谤所吓倒，不因诋毁而愤怒。

曾国藩功名昭著，但做人低调，对亲属和部下管束很严，不断通过书信和诗词、谈心等形式，点化他们做人之道。

在咸丰六年（1856 年）五月写与李元度的信中，曾国藩曾谈过自己对毁誉的看法："过锐，不免失于浮浅，鄙怀时用焦虑。我辈办事，成败听之于天，毁誉听之于人，惟在己之规模气象，则我有可以自主者。亦曰不随众人之喜惧为喜惧耳。"

维新派主将、国学大师梁启超先生奋笔疾书，写出了著名的《李鸿章传》，提出了自己的"毁誉观"，今日读来仍令人拍案叫绝，掩卷三思：

> 天下惟庸人无咎无誉。举天下人而恶之，斯可谓非常之奸雄矣乎。举天下人而誉之，斯可谓非常之豪杰矣乎。虽然，天下人云者，常人居其千百，而非常人不得其一，以常人而论非常人，乌见其可？故誉满天下，未必不为乡愿；谤满天下，未必不为伟人。语曰：盖棺论定。吾见有盖棺后数十年数百年，而论犹未定者矣。各是其所是，非其所非，论人者将乌从而鉴之。曰：有人于此，誉之者千万，而毁之者亦千万；誉之者达其极点，毁之者亦达其极点；今之所毁，适足与前之所誉相消，他之所誉，亦足与此之所毁相偿；若此者何如人乎？曰是可谓非常人矣。

第七章

仲尼篇

本篇名为"仲尼",实际上与孔子并无太大关联,而是作者的一篇政论文章。荀子在篇中论述了齐桓公称霸天下的原因,并以问答形式批评了霸道,赞美了王道,阐明了自己提倡王道的立场。篇中还论述了"持宠处位"者立身处世的原则,认为居高位者必须谦虚谨慎,遵循礼义法度,亲贤人,远奸佞,推贤让能,屈伸有度,这样才能立于不败之地。

君子时诎则诎
时伸则伸也

【原文】

夫齐桓公有天下之大节焉,夫孰能亡之?倓然见管仲之能足以托国也^①,是天下之大知也。安忘其怒,出忘其雠,遂立以为仲父,是天下之大决也^②。立以为仲父,而贵戚莫之敢妒也;与之高、国之位^③,而本朝之臣莫之敢恶也;与之书社三百,而富人莫之敢距也^④。贵贱长少,秩秩焉莫不从桓公而贵敬之,是天下之大节也。诸侯有一节如是,则莫之能亡也;桓公兼此数节者而尽有之,夫又何可亡也?其霸也宜哉!非幸也,数也。

持宠处位终身不厌之术:主尊贵之,则恭敬而僔;主信爱之,则谨慎而嗛^⑤;主专任之,则拘守而详;主安近之,则慎比而不邪^⑥;主疏远之,则全一而不倍;主损绌之,则恐惧而不怨^⑦。贵而不为夸,信而不处谦^⑧,任重而不敢专。财利至则善而不及也,必将尽辞让之义然后受。福事至则和而理,祸事至则静而理。富则广施,贫则用节。可贵可贱也,可富可贫也,可杀而不可使为奸也:是持宠处位终身不厌之术也。虽在贫穷徒处之势,亦取象于是矣^⑨。夫是之谓吉人。

【注释】

① 倓（tán）然：坦然不疑的样子。管仲：春秋时期著名政治家，在鲍叔牙推荐下，他得到齐桓公的重用，厉行改革，富国强民，辅助桓公成就了霸业，桓公尊他为"仲父"。

② 安忘其怒，出忘其雠：指齐桓公为成就大事而抛弃前嫌旧怨，任用管仲为相。在辅助桓公之前，管仲曾辅助公子纠，公子纠与桓公争国，管仲曾用箭射过桓公。雠：仇。

③ 高、国之位：高氏和国氏是齐国两大地位显赫的贵族。

④ 书社三百：三百社的名册。古代二十五户为一个社，把社内人口登记在簿册上，称为"书社"。距：通"拒"，抵制。

⑤ 僔（zǔn）：同"撙"，谦让。嗛（qiān）：通"谦"，谦虚。

⑥ 拘守：约束自己，尽职尽责。慎比：顺从亲近。慎：通"顺"。

⑦ 全一：一心一意。倍：通"背"，背叛。损绌：贬损，贬退，指降职。绌：通"黜"，罢免。

⑧ 处谦：处于被怀疑的地位。谦：同"嫌"。

⑨ 徒处：独处。取象：以某事物为榜样。

【译文】

齐桓公通晓大理，谁能够灭掉他呢？他坚信管仲之才足以托付治国重任，这是天下最大的智慧；他宽宏大度，不计前嫌，立管仲为仲父，这是天下最明智的决定；把管仲立为仲父，贵戚达官不敢怀妒忌之心；给管仲显赫尊贵的地位，朝廷大臣不敢与之结怨；封管仲土地人口，富人不敢与之作对；贵贱长幼，秩序井然，天下人无不像桓公那样尊敬管仲，这是桓公最卓越的做法！诸侯若能够做到其中的一点，也不会亡国，而桓公兼集所有这些于一身，怎么可能灭亡呢？所以，桓公称霸天下是理所当然的，这不是侥幸，而是必然的。

身居高位而终身不失君主宠信的方法是：君主敬重你，你要恭敬谦让；君主信任喜爱你，你要谦虚谨慎；君主重用你，你要尽职尽责；君主亲近你，你要顺从而无邪心；君主疏远你，你要忠诚不渝；君主贬损罢黜你，你要心怀敬畏而不是怨恨。地位显贵而不炫耀，被信任而不忘避嫌疑，身居要职而不独断专行；得到财物利益时要感到受之有愧，推辞谦让之后方可接受；有喜事时平和地对待，有灾祸时冷静地处理；富裕时广施恩德，贫穷时俭省节约；能贵能贱，能富能贫，可杀可剐而绝不做奸佞之事，这些就是身居高位而终身不失君主宠信的方法。即使身陷贫穷孤立之境，也谨守这些立身处世的方法，那就可以称为有福之人了。

【品鉴】

可贵可贱也，可富可贫也，可杀而不可使为奸也

《礼记·表记》上有与此类似的话："事君可贵可贱，可富可贫，可生可杀，而不可使为乱。"君子以求道为目标，追求精神世界的丰盈富足，所以"谋道不谋食，忧道不忧贫"（《论语·卫灵公》），甚至"朝闻道，夕死可矣"（《论语·里仁》），视功名利禄、荣华富贵为身外之物。由此，不食嗟来之食、不为五斗米折腰、宁为玉碎不为瓦全，也就成了中国士大夫精神世界的一个堡垒。在贵贱贫富面前，甚至在生死面前，君子坚定不移地维护自己的独立人格，矢志不渝地追求自己的独立意志，"三军可夺帅也，匹夫不可夺志也"（《论语·子罕》）。这也就是孟子所描述的大丈夫："富贵不能淫，贫贱不能移，威武不能屈。"（《孟子·滕文公下》）

明代思想家吕坤为人刚介峭直，为官清正廉洁，一生不为贫贱富贵所累，不为得失荣辱所困。他说："我身原无贫富贵贱、得失荣辱字，我只是个我，故富贵贫贱、得失荣辱如春风秋月，自去自来，与心全不牵挂，我到底只是个我。夫如是，故可贫可富，可贵可贱，可得可失，可荣可辱。"（《呻吟语·修身》）

现代学者梁漱溟也是一个"可杀而不可使为奸"的典范。梁漱溟一生光明磊落，宁折不弯，傲骨铮铮，以其特立独行而赢得"中国最后一位大儒"的美誉。虽然常常徘徊于"独善其身"与"兼善天下"的矛盾中，梁漱溟始终坚持"独立思考""表里如一"的八字箴言，"不苟同于人""本所思而立，从所信而行，不随俗沉浮"。在著名社会活动家费孝通看来，梁漱溟是其"一生中所见到的最认真求知的人，一个无顾虑，无畏惧，坚持说真话的人"。

【原文】

故知者之举事也，满则虑嗛①，平则虑险，安则虑危，曲重其豫，犹恐及其祸，是以百举而不陷也。孔子曰："巧而好度，必节；勇而好同，必胜；知而好谦，必贤。"此之谓也。

少事长，贱事贵，不肖事贤，是天下之通义也。有人也，势不在人上而羞为人下，是奸人之心也。志不免乎奸心，行不免乎奸道，而求有君子圣人之名，辟之是犹伏而咶天②，救经而引其足也。说必不行矣，俞务而俞远③。故君子时诎则诎，时伸则伸也。

【注释】

① 嗛：通"谦"，谦虚。

② 辟：通"譬"，譬喻。咶（shì）：通"舐"，舔。

③ 俞：通"愈"。

【译文】

　　智者做事，圆满时虑及不足，顺利时虑及艰难，安全时虑及危险，周详慎重，严加防范，犹恐灾祸及身，这样才能够无往而不成功。孔子说："机敏但循法度，一定能够控制自己；勇敢但善于与人合作，一定能取胜；睿智但谦虚，一定很贤良。"说的就是这种人。

　　年少者侍奉年长者，卑贱者侍奉高贵者，不肖者侍奉贤能者，这是通行于天下的法则。有人无才无德，却不甘心屈居于他人之下，这是心怀不正之念。思想上有邪念，行动上必然步入歧途，还妄想以圣人、君子自居，这就像爬在地上用舌头去舔天、拉着上吊者的脚去救其性命一样，这种南辕北辙的做法不仅行不通，而且越努力离目标越远。所以，君子要依时而动，该屈从忍耐时就屈从忍耐，能施展抱负时就施展抱负。

【品鉴】

故知者之举事也，满则虑嗛，平则虑险，安则虑危，曲重其豫，犹恐及其祸，是以百举而不陷也

　　朱柏庐在《朱子治家格言》中谆谆告诫子弟："宜未雨而绸缪，毋临渴而掘井。"《素问·四气调神大论》云："夫病已成而后药之，乱已成而后治之，譬犹渴而穿井，斗而铸锥，不亦晚乎？"这体现的都是一种居安思危、防患于未然的忧患意识。

　　忧患意识在传统文化中积淀深厚。《尚书·商书》云："惟事事，乃其有备，有备无患。"《周易·系辞》云："危者，安其位者也；亡者，保其存者也；乱者，有其治者也。是故君子安而不忘危，存而不忘亡，治而不忘乱，是以身安而国家可保也。"孔子曰："人无远虑，必有近忧。"（《论语·卫灵公》）墨子告诫人们："仓无备粟，不可以待凶饥；库无备兵，虽有义不能征无义；城郭不备全，不可以自守；心无备虑，不可以应卒。"(《墨子·七患》)孟子则用精炼的语言概括道:"君子有终身之忧,无一朝之患也。"(《孟子·离娄下》)"生于忧患而死于安乐。"(《孟子·告子下》)《吕氏春秋·慎大》中言:"贤主愈大愈惧,愈强愈恐。凡大者,小邻国也;强者,胜其敌也。胜其敌则多怨,小邻国则多患。多患多怨,国虽强大,恶得不惧?恶得不恐?故贤主于安思危,于达思穷,于得思丧。"《孝经》云:"高而不危,所以长守贵也;满而不溢,所以长守富也。"

君子时诎则诎,时伸则伸也

"时"是中国文化中一个很重要的观念,强调把握时机,见机而作。在《周易》一书中,"时"的观念、"与时偕行"的思想成为周易辩证思想的重要内容。例如:《乾·文言》的"君子进德修业,欲及时也""乾乾因其时而惕",《坤·象》的"含章可贞,以时发也",《丰·彖》的"天地盈虚,与时消息",《系辞下传》的"变通者,趣时者也""待时而动"等等。再如,《乾·文言》的"终日乾乾,与时偕行",《损·彖》的"损益盈虚,与时偕行",《益·彖》的"凡益之道,与时偕行",《坤·文言》的"承天而时行",《大有·彖》的"应乎天而时行",《遁·彖》的"刚当位而应,与时行也",《艮·彖》的"时止则止,时行则行,动静不失其时",等等。

"君子时诎则诎,时伸则伸",融原则性与灵活性于一身,是君子人格的表现。孟子盛赞孔子为"圣之时者"——"伯夷,圣之清者也;伊尹,圣之任者也;柳下惠,圣之和者也;孔子,圣之时者也。"(《孟子·万章下》)在孟子看来,伯夷、伊尹、柳下惠都是圣人,但唯有孔子能经能权、亦圣亦智,既能守经志道也能反经合道,既能坚持理想又能因时而权变。

当然,"时诎则诎,时伸则伸"的前提是坚持真理、坚持原则,否则就会蜕变成见风使舵的"墙头草"、趋炎附势的"势利眼",这是最为君子所不齿的。

第八章

儒效篇

　　本篇以问答的形式，从论述大儒的社会历史作用，进而论述了大儒为人处事的原则、大儒的表现及其特征，以及大儒之所以成为大儒的原因，并分析了大儒与俗人、众人、小儒、俗儒、雅儒的不同。在荀子看来，必须潜心学习知识，修行道德，并身体力行，践履德性学问，日积月累，方能成为大儒。

通则一天下
穷则独立贵名

【原文】

秦昭王问孙卿子曰①："儒无益于人之国？"

孙卿子曰："儒者法先王，隆礼义，谨乎臣子而致贵其上者也。人主用之，则势在本朝而宜；不用，则退编百姓而悫②，必为顺下矣。虽穷困冻馁，必不以邪道为贪。无置锥之地，而明于持社稷之大义。嗅呼而莫之能应③，然而通乎财万物④、养百姓之经纪。势在人上则王公之材也；在人下则社稷之臣、国君之宝也。虽隐于穷阎漏屋⑤，人莫不贵之，道诚存也。

"君子之所谓贤者，非能遍能人之所能之谓也；君子之所谓知者，非能遍知人之所知之谓也；君子之所谓辩者，非能遍辩人之所辩之谓也；君子之所谓察者，非能遍察人之所察之谓也；有所止矣。相高下，视墝肥，序五种，君子不如农人⑥；通财货，相美恶，辩贵贱，君子不如贾人；设规矩，陈绳墨，便备用，君子不如工人⑦；不恤是非然不然之情，以相荐樽，以相耻怍，君子不若惠施、邓析⑧。若夫谲德而定次，量能而授官，使贤不肖皆得其位，能不能皆得其官，万物得其宜，事变得其应，慎、墨不得进其谈⑨，惠施、邓析不敢窜其察，言必当理，事必当务，是然后君子之所长也。"

【注释】

① 孙卿子：即荀子，时人相互尊称为"卿"。

② 退编百姓：辞官为民。

③ 噭（jiào）呼：呼唤，呼叫。噭：通"叫"。

④ 财：通"裁"，控制，管理。

⑤ 穷阎漏屋：穷巷陋室。漏：通"陋"。

⑥ 相高下：察看地形的高低。视墝（qiāo）肥：察看土壤的肥瘠，墝指土质贫瘠。序五种：安排五谷的种植顺序。

⑦ 设：设置，使用。规矩：校正圆形和方形的两种工具。便备用：改进设备器用。工人：工匠。

⑧ 恤：顾及，考虑。然：正确。荐樽：践踏，抑制。荐：通"践"。樽：通"撙"。惠施：战国时期宋国人，名家代表人物，曾担任魏相。邓析：春秋时期郑国人，刑名学家。

⑨ 慎、墨：慎到和墨翟。慎到：战国时期赵国人，法家代表人物。墨翟：战国时期宋国人，墨家学派创始人，主张兼爱、节用，反对礼乐，反对战争。

【译文】

秦昭王问荀子："儒士对国家没有什么用处吧？"

荀子回答道："儒士是效法先王、尊称礼义、谨守臣道、敬重君主的人。被君主任用就尽心尽职，不被任用则辞官为民，忠厚顺从。即使穷困潦倒，也不会以邪恶手段牟取不义之财。即使无立足之地，也坚持以国家利益为重。虽然他们奔走呼号而无人响应，但他们通晓治世理财、强国富民的法术。如果他们位在他人之上，就是做天子王公的料；如果他们位在他人之下，就是国家之重臣、君主之珍宝。即使蜗居在穷乡僻壤，也会得到众人的敬重，因为他们掌握着真理。

"君子的所谓贤能，并不是无所不能；君子的所谓智慧，并不是无所不知；君子的所谓善辩，并不是无所不能辩；君子的所谓明察，并不是洞察一切；君子的能力也是有限度的。察看地形的高低、土壤的肥瘠，按时种植五谷，君子不如农人；买卖财货，鉴别品质优劣，辩讲价钱高低，君子不如商人；使用圆规矩尺，弹墨画线，改进器用，君子不如工匠；不顾是非曲直，互相倾轧诬蔑，君子不如惠施、邓析。至于说根据各人品德高低来确定等级顺序，根据各人能力大小来授予不同官职，让贤达和不肖者各居其位，有能无能者各得其职，物尽其材，事尽其宜，在这些方面慎到、墨子没有发言权，惠施、邓析也无法再诡辩了。说话有理有据，做事切合实际，这才是君子的优势所在。"

【品鉴】

君子之所谓知者，非能遍知人之所知之谓也

"金无足赤，人无完人"，君子所谓的贤、智、辩、察，都是相对而言的。行行称状元、十全十美的全才是不存在的，正如屈原在《卜居》中所揭示的："夫尺有所短，寸有所长，物有所不足，智有所不明，数有所不逮，神有所不通。"故君子也当"有所止矣"。

"梅须逊雪三分白，雪却输梅一段香。"认识到这一点，我们既不必苛责于己，也不当自傲于人。人的生命是有限的，人的能力也是有限的，欲有所为，就要有所不为。所以，人必须有所取舍，学会放弃。放弃，是一种度量，也是一种智慧。最重要的是有自知之明，避己之所短，扬

己之所长,尽心竭力地做好自己该做并且能够做好的事情。从这个意义上说,"有所止"也是一种境界。

谲德而定次,量能而授官

有无人才直接关系到国家的存亡兴衰,战国时期尤其如此:"天下诸侯方欲力争,竞招英雄,以自辅翼,此乃得士则昌,失士则亡之秋也。"因而,废除世袭制度,不拘一格地选拔和重用人才,就成为这一时期明君的共识。依据品德而授予爵位,依据能力而授予官职,这也是《荀子》一书中反复强调的选贤任能的原则。

当然,不知人则无以善任。考察、识别人才是选拔和使用人才的前提,如何"谲德",如何"量能",这也是一个很现实的课题。《庄子》中提到一种名为"九征"的观人之术:"凡人心险于山川,难于知天。故君子远使之而观其忠,近使之而观其敬,烦使之而观其能,卒然问焉而观其知,急与之期而观其信,委之以财而观其仁,告之以危而观其节,醉之以酒而观其侧,杂之以处而观其色。九征至,不肖人得矣。"(《庄子·列御寇》)庄子的识人之术同荀子有共通之处,今天仍有借鉴价值。

【原文】

造父者①,天下之善御者也,无舆马则无所见其能。羿者②,天下之善射者也,无弓矢则无所见其巧。大儒者,善调一天下者也,无百里之地则无所见其功。舆固马选矣,而不能以至远一日而千里,则非造父也。弓调矢直矣,而不能射远中微,则非羿也。用百里之地,而不能以调一天下,制强暴,则非大儒也。

彼大儒者,虽隐于穷阎漏屋③,无置锥之地,而王公不能与之争名;在一大夫之位,则一君不能独畜,一国不能独容,成名况乎诸侯，莫不愿得以为臣，用百里之地而千里之国莫能与之争胜，笞棰暴国，齐一天下，而莫能倾也。是大儒之征也。其言有类，其行有礼，其举事无悔，其持险应变曲当，与时迁徙，与世偃仰，千举万变，其道一也。是大儒之稽也④。其穷也，俗儒笑之；其通也，英杰化之，嵬琐逃之，邪说畏之，众人媿之⑤。通则一天下，穷则独立贵名，天不能死，地不能埋，桀、跖之世不能污，非大儒莫之能立，仲尼、子弓是也。

故有俗人者，有俗儒者，有雅儒者，有大儒者。

【注释】

① 造父：传说中善于驾驭车马的人，相传他向周穆王进献了八匹骏马，成为深得穆王宠爱的车夫。

② 羿：也叫"后羿""夷羿"，夏代东夷族有穷氏的首领，善于射箭。

③ 阎：内巷内的门、里门，也指里巷。

④ 迁徙：变化。偃仰：起伏。稽：考核衡量，这里指衡量大儒的标准。

⑤ 通：通达。嵬琐：险诈奸邪。媿：通"愧"。

【译文】

造父是天下最善于驾驭车马的人，但若没有车马则无以显示其出众的才能。后羿是天下最善于射箭的人，但若没有弓箭则无法表现其绝妙的技巧。大儒是善于协调一致天下的人，但若没有用武之地，则无法建功立业。有了坚固的车和精选的马，而不能一日千里，那就不是造父了。有了调好的弓和硬直的箭，而不能射中远方微小的目标，那就不是后羿了。拥有百里之地，而不能协调一致天下，制服强暴，那就不是大儒了。

大儒虽然居于僻巷陋室，脚无立足之地，但名声胜过王公贵族；虽居大夫之位，但扬名天下，不为一君、一国所独有，各国无不争欲得之；治理方圆百里的小国，方圆千里的大国也不能与之争胜，惩罚无道，一统天下，没有人能倾覆他。这些就是大儒的特征。他们的言谈举止中规中矩，做事果断无悔，他们临危不惧，处乱不惊，处事灵活得当，他们随世而迁，与时俱进，所持守的道却是一以贯之的。这些就是考核大儒的标准。身处困境时俗儒会嘲讽讥笑他们，通达顺畅时天下英雄豪杰会受其感化，奸邪小人会避而远之，持邪学者会畏之惧之，庶民百姓会自惭形秽。通达时一统天下兼济万物，困窘时独善其身守其声名，天不能置之于死地，地不能埋没其名声，桀、跖当道也不能被玷污毁损，非大儒不能与之并立于世，也就只有孔子、子弓是这样的人。

　　所以，有俗人、俗儒、雅儒、大儒之分。

【品鉴】

造父者，天下之善御者也，无舆马则无所见其能

　　巧妇难为无米之炊。一个人的成功往往取决于天时、地利、人和等多种因素。善射如后羿者，离开了良弓，其射艺也无法施展，天下谁人又能识后羿呢？可见，若既无天时，又无地利，一个人纵然有百种本事、万般能耐，怕也只能徒然叹息英雄无用武之地。由此，历史上留下了无数文人喟叹"欲济无舟楫"、抒发怀才不遇情怀的感遇诗篇，如秦韬玉的"苦恨年年压金线，为他人作嫁衣裳"；张九龄的"徒言树桃李，此木岂无阴？"岑参的"四时常作青黛色，可怜杜花不相识"等等。其中最令人慨叹的是空怀一身武艺却只能借词抒怀的辛弃疾，他梦寐以求建功立业，"醉里挑灯看剑，梦回吹角连营"，醒来自怜"可怜白发生"。还有至死不忘报国的陆游："此生谁料，心在天山，身老沧洲！"壮志未酬身先死，

他谆谆叮嘱儿孙:"王师北定中原日,家祭无忘告乃翁!"

好的射手要有良弓,好的骑士要有良马。给有才者施展抱负的天地,给有能者创造施展才华的条件,人尽其才,物尽其用,才能既无英雄无用武之地之憾,也无用武之地无英雄之困。

与时迁徙,与世偃仰

在《不苟》篇中,荀子指出"君子以义屈信变应",这里荀子又强调"与时迁徙,与世偃仰",认为随世而迁、与时俱进是圣人的特点。

当然,"与时迁徙,与世偃仰"不是像墙头草一样随风倒,更不意味着人就可以自暴自弃,甚至同流合污、为虎作伥。"迁徙""偃仰"是以"义"为原则的,是以坚持原则为前提的。例如,春秋战国时期贤士奔走列国,"良禽择木而栖,良臣择主而侍""用之则行,舍之则藏"(《论语·述而》),但与此同时,"道"却是士人仕隐的原则和标准:

> 《论语·泰伯》:"危邦不入,乱邦不居。天下有道则见,无道则隐。"
>
> 《论语·宪问》:"邦有道,谷。邦无道,谷,耻也。"
>
> 《论语·卫灵公》:"邦有道则仕,邦无道则卷而怀之。"

对君子而言,最重要的莫过于修身养性、"守死善道"养精蓄锐,待时而动,如孟子所说"穷则独善其身,达则兼善天下"(《孟子·尽心上》)。白居易在给友人的信中也语重心长地写道:

> 大丈夫所守者道,所待者时。时之来也,为云龙,为风鹏,勃然突然,陈力以出;时之不来也,为雾豹,为冥鸿,寂兮寥兮,奉身而退。进退出处,何往而不自得哉?故仆志在兼济,行在独善。(《白居易与元九书》)

由此可见,"与时迁徙,与世偃仰""以义屈信变应"已成为古人的行为准则。

千举万变，其道一也

万变而不离其宗，故要以不变而应万变。对于圣贤君子来说，既要与时俱进，更要始终坚守道义原则。

通则一天下，穷则独立贵名

通达时一统天下兼济万物，困窘时遗世独立守其清名。孟子道："古之人得志，泽加于民；不得志，修身见于世。穷则独善其身，达则兼善天下。"（《孟子·尽心上》）荀子说的"通则一天下，穷则独立贵名"，其实是孟子"穷则独善其身，达则兼善天下"的另一种表达。在事业通达之际，君子就要抓住机遇施展抱负，"逢时壮气思经纶"（李白《梁甫吟》），为国家社稷和天下百姓竭忠尽智，干一番经天纬地的事业。人生总会遇到挫折，但积极进取的人生态度不能变，坚守道义的立场不能移，虽不能治国平天下，却可以加强自我修为，完善自我人格，"虽穷困冻馁，必不以邪道为贪；无置锥之地，而明于持社稷之大义"。

【原文】

不闻不若闻之，闻之不若见之，见之不若知之，知之不若行之，学至于行之而止矣。行之，明也，明之为圣人。圣人也者，本仁义，当是非，齐言行，不失豪厘①，无它道焉，已乎行之矣。故闻之而不见，虽博必谬；见之而不知，虽识必妄②；知之而不行，虽敦必困。不闻不见，则虽当，非仁也，其道百举而百陷也。

故人无师无法而知，则必为盗；勇，则必为贼；云能，则必为乱；察，则必为怪；辩，则必为诞③；人有师有法而知，则速通；勇，则速威；云能，则速成；察，则速尽；辩，则速论。故有师法者，人之大宝也；无师法者，人之大殃也。

【注释】

① 豪厘：古代长度单位，十丝为一毫，十毫为一厘，十厘为一分，十分为一寸，"毫厘"比喻很微小的数量。豪：通"毫"。
② 识（zhì）：记住。
③ 察：明察。诞：虚妄，荒唐，说大话。

【译文】

没听过不如听过，听过不如见过，见过不如了解，了解不如实践，学习要达到亲自实践这一步才可谓是最高境界。亲自实践之后，才能完全明白事理，明白事理也就是圣人了。圣人之所以能够居仁由义，明辨是非，言行一致，毫厘不爽，就是因为他们亲自实践过。所以，道听途说而没有亲眼目睹，虽然知识广博却难免错误百出；仅仅见过而没有深入认识了解，记得再牢也会有虚妄不实之处；认识了而不去实践，认识再扎实深厚也会遭遇困境。既不闻也不见，即使正确也不是仁的表现，在实践中必然是屡试屡败。

人若没有老师的教诲、法度的约束，则聪明会去为盗；勇敢会去做贼；有能力会去作乱；明察会去发表奇谈怪论；能辩会去妄言夸诞。若有老师的教诲、法度的约束，则聪明就会通情达理；勇敢就会不怒而威；有能力会成就大业；明察会洞晓事理；能辩则高见迭出。所以，有老师、有法度，这是人之大幸；无老师、无法度，这是人之大殃。

【品鉴】

不闻不若闻之，闻之不若见之，见之不若知之，知之不若行之，学至于行之而止矣

知行关系即认识与实践的关系，这是一个重大的哲学问题，知行先后、知行难易、知行分合、知行轻重等都是中国哲学史上争论不已的话题。先秦哲学家中，荀子对知行关系的论述贡献最大。荀子强调实践在认识过程中的作用，认为任何认识或理论都必须经得起实践的检验才可以施行。荀子明确提出"学至于行之而止矣"，把实践看作认识的目的和归宿，这与辩证唯物主义实践观是一致的，与儒家"事求可，功求成"的实践精神也是一致的。

《大戴礼记·解诂》上有一段话，可与荀子关于知行关系的论述互为参照："君子既学之，患其不博也；既博之，患其不习也；既习之，患其无知也；既知之，患其不能行也；既能行之，患其能让也。君子之学，致此五者而已矣。"

闻之而不见，虽博必谬；见之而不知，虽识必妄；知之而不行，虽敦必困

这是荀子对"不闻不若闻之，闻之不若见之，见之不若知之，知之不若行之"的进一步发挥，强调无论学习知识还是修养道德，都必须见之、知之、行之，最重要的是力行践履。

【原文】

故积土而为山，积水而为海，旦暮积谓之岁，至高谓之天，至下谓之地，宇中六指谓之极。涂之人百姓积善而全尽谓之圣人。彼求之而后得，为之而后成，积之而后高，尽之而后圣。故圣人也者，人之所积也。人积耨耕而为农夫，积斲削而为工匠，积反货而为商贾，积礼义而为君子①。

君子言有坛宇，行有防表，道有一隆②。言道德之求③，不下于安存；言志意之求，不下于士；言道德之求，不二后王。道过三代谓之荡④，法二后王谓之不雅⑤。高之下之，小之巨之，不外是矣。是君子之所以骋志意于坛宇宫廷也。故诸侯问政不及安存，则不告也；匹夫问学不及为士，则不教也；百家之说不及后王，则不听也。夫是之谓君子言有坛宇，行有防表也。

【注释】

① 耨耕：除草耕田。斲（zhuó）：砍。反货：贩卖货物。反：通"贩"。
② 坛：堂基。宇：屋边。这里以坛宇指范围、界线。防表：标准。
③ 此"道德"当为"政治"，以下有"道德之求"。
④ 荡：意为浩荡难言。
⑤ 雅：正。

【译文】

聚土而成山，汇水而成海，日积月累而成年，最高的是天，最低的是地，宇宙中的六个方位称为极。普通人积善成德谓之圣人。求之而后才能得到，为之而后才能成功，堆之而后才能成高，积之而后才能成圣。所以，圣人是普通人积善积德而成的。人除草耕田而成为农夫，砍削木头而成为工匠，贩卖货物而成为商人，谨守礼义而成为君子。

君子言谈要有界域，行为要有标准，追求要执着专一。谈论治国理政，无外乎安危兴衰；谈论理想志向，无外乎士君子；谈论伦理道德，无外乎忠贞不二。治国之道超过了三代就会模糊，法度与当代帝王之道不能相违。过高的则贬低之，过低的则提升之，不外乎如此。这就是君子可以任意挥洒、纵情发挥的范围。所以，如果诸侯请教治国理政而不问及安危存亡，则不必与之论谈；普通人请教而不言及如何修养，则不必教诲之；诸子百家之学说若不谈论当代，则不值得一听。这就是君子言谈的界线、行为的标准。

【品鉴】

积土而为山，积水而为海

聚土而堆积成山，汇水而奔流成海，普通人积善成德就可以成为圣人："圣人也者，人之所积也。"

求之而后得，为之而后成

空想是没用的，必须付诸行动。追求而后才能得到，行动而后才能成功。

君子言有坛宇，行有防表

一个人的言谈举止与其道德修养境界是紧密相联的。君子应时刻关注自己的言行举止，一言一行都要循礼而动："非礼勿视，非礼勿听，非礼勿言，非礼勿动。"（《论语·颜渊》）比如，行动要知礼守本："不在其位，不谋其政"（《论语·宪问》）；说话要谨慎，"不以言举人，不以人废言"（《论语·卫灵公》）；"可与言，而不与言，失人；不可与言，而与之言，失言。知者不失人，亦不失言。"（《论语·卫灵公》）一事不谨，即贻四海之忧；一念不慎，即贻百年之患。必须三思而后动，谨言慎行，举止有节："君子口无戏谑之言，言必有防；身无戏谑之行，行必有检。"（《中论·法象》）

第九章

王制篇

本篇阐述了圣王君主应当如何奉行王道，成就一统天下的大业，篇中论及治国理政的政治纲领、策略措施、用人原则等方方面面的内容，集中体现了荀子的政治思想。政治上，荀子主张实行"王道"结束诸侯异政、割据分裂的局面，建立统一的集权国家，这是符合历史发展趋势的；策略措施上，荀子提出了以"礼义"为准绳，举贤废不能，确立新的统治秩序，并提出了"平政爱民""隆礼敬士""尚贤使能"、赏功罚罪等具体主张；经济上，以"养民""富民"为目标，提出了大力发展农业生产、限制赋税、促进财货流通、保护山林河泽等具体主张。荀子在本篇中还着力论述了以礼义确立等级名分对于社会和谐稳定，乃至于对于人类社会生存至关重要的意义。另外，荀子还敏锐地觉察到了社会的矛盾对立，发出了"水则载舟，水则覆舟"这一流传千古的警示，无论对当时还是对后世统治者而言，这一声棒喝都可谓是振聋发聩。

公平者听之衡也
中和者听之绳也

【原文】

　　请问为政？曰：贤能不待次而举，罢不能不待须而废，元恶不待教而诛，中庸民不待政而化①。分未定也则有昭缪②。虽王公士大夫之子孙也，不能属于礼义③，则归之庶人。虽庶人之子孙也，积文学④，正身行，能属于礼义，则归之卿相士大夫。

　　五疾⑤，上收而养之，材而事之，官施而衣食之，兼覆无遗。才行反时者死无赦⑥。夫是之谓天德⑦，是王者之政也。

　　听政之大分⑧：以善至者待之以礼，以不善至者待之以刑。两者分别则贤不肖不杂，是非不乱。贤不肖不杂则英杰至，是非不乱则国家治。若是，名声日闻，天下愿，令行禁止，王者之事毕矣⑨。凡听，威严猛厉而不好假道人⑩，则下畏恐而不亲，周闭而不竭，若是，则大事殆乎弛，小事殆乎遂⑪。和解调通，好假道人而无所凝止之，则奸言并至，尝试之说锋起⑫，若是，则听大事烦，是又伤之也。故法法而不议，则法之所不至者必废；职而不通，则职之所不及者必队⑬。故法而议，职而通，无隐谋，无遗善，而百事无过，非君子莫能。故公平者，听之衡也；中和者，听之绳也⑭。

其有法者以法行，无法者以类举，听之尽也；偏党而无经，听之辟也⑮。故有良法而乱者有之矣；有君子而乱者，自古及今，未尝闻也。《传》曰："治生乎君子，乱生乎小人。"此之谓也。

【注释】

① 罢（pí）：同"疲"，这里指无德才之人。不待须：立即，片刻也不能等待。元恶：大恶，首恶，罪魁祸首。

② 分：等级名分。昭缪（mù）：用以分别上下次序的制度。西周宗法制度规定，先祖宗庙排列次序为：始祖居中，二世、四世、六世依次位列于始祖左边，称为"昭"；三世、五世、七世依次位列于始祖右边，称为"穆"，这里的"缪"通"穆"。

③ 属：符合，归属。

④ 文学：指文献典籍。

⑤ 五疾：五种疾病，即聋、哑、瘸、手足不全及生长发育不正常者，这里泛指各种失去生活自理能力的残疾人。

⑥ 反时者：违反时势者，逆潮流而动者。

⑦ 天德：最高的道德。

⑧ 听政：坐朝处理政务。大分：要旨，要领。

⑨ 愿：仰慕。毕：完成。

⑩ 假道：待人宽容大度。假：宽容。

⑪ 遂：通"坠"。

⑫ 锋起：蜂起。锋：通"蜂"。

⑬ 对：通"坠"。

⑭ 衡：秤，引申为准则。绳，木匠用的墨线，引申为准绳、标准。

⑮ 辟：通"僻"，偏邪，不公正。

【译文】

请问怎样治理国家？回答是：不拘一格地选拔使用德才兼备的人才，毫不迟延罢免无德无才之辈，处决那些罪大恶极的犯罪分子，对普通老百姓要感化教育而不是动用刑罚手段。在等级名分没有确定之前，应该像宗庙的昭穆制度那样划分出次序来，使贤者居上，不肖者居下。即使是王公贵族卿士大夫的子孙，如果其行为不符合礼义，也要把他们划归为平民；即使是普通百姓的子孙，如果学养深厚，行为端正，符合礼义要求，就应该把他们划归为卿士大夫。

对于患有五种残疾的人，官府要收养他们，并根据各人的情况为其安排一些事情做，没有遗漏地照顾他们所有人的衣食住行。对于那些恃才而反对现行社会的人，杀之无赦。这就是最高的道德，是实行王道者所应采取的政治措施。

处理政务的关键在于：对于心怀善意的人，以礼相待；对于心怀不轨的人，以刑伺候。把这二者分开来，则贤与不肖者不会鱼目混珠，是非正误也不会混淆不清。贤与不肖区别对待，天下的英雄豪杰就会蜂拥而至；是非正误泾渭分明，国家就能实现大治。这样，就会名声日隆，世人敬仰，有令则行，有禁则止，由此也就成就一统天下之事业了。处理政务时如果过于威猛严厉，而不是宽容平易，下面的人就会心怀恐惧而不敢亲近，隐瞒真情而不敢畅所欲言，这样就会大事废弛，小事无成。如果一味没有限度地随和宽容，各种奸诈邪恶的言论就会丛生，各种猜测谣言也会满天飞。这样有待处理的事务就会繁多琐碎，反倒妨碍政务。有法律而不去完善、执行，法所不及之处必然出乱子；官吏职权各自分割而不去沟通合作，职权范围不及之处必然出现漏洞。法律完善且执法有力，官吏职权明确且通力协助，人人开诚布公，好的建议都得到采纳，各种工作没有失误，恐怕只有君子能够做到这一点。所以，公正，这是处理政务的准则；宽严适中，这是处理政务的标准。有法就依法行事，没有法律就按现有法律规定以类相推，如此处理政务也就臻于完美了；偏私而没有原则，这是处理政务所必须避免的。所以有好的法令而发生动乱的国家是有的；有君子而国家混乱的，从古到今却没有听说过。《左传》上说："国家安定产生于君子，国家混乱产生于小人。"说的就是这种情况。

【品鉴】

贤能不待次而举，罢不能不待须而废

在周王室和各诸侯国里，天子或诸侯国君之下的贵族，世世代代、父死子继世袭卿位，并享有所封的土地及其赋税收入，这就是世卿世禄制度。贵族依靠这些经济上和政治上的世袭特权，世代进行统治。魏国李悝变法、楚国吴起变法、秦国商鞅变法，都把废除世卿世禄制度作为重要内容之一，削弱贵族的特权。如李悝变法以"食有劳而禄有功，使有能而赏必行、罚必当""夺淫民之禄，以来四方之士"(《说苑·理政》)为原则，主张根据功劳和能力选拔官吏，废除世袭贵族特权；秦国规定依军功大小定贵族身份之高低："宗室非有军功论，不得为属籍。……有功者显荣，无功者虽富无所芬华。"(《史记·商君列传》)这些变法措施沉重打击了奴隶主旧贵族，同时也招致了他们的怨恨。据《史记·商君列传》记载："商君相秦十年，宗室贵戚多怨望者。"但从此废除了世卿世禄制度，确立了封建官僚制度，官吏的选举制度也随之发生了根本变化。尽管选官制度经历了由汉代的察举制度到魏晋南北朝的九品中正制度，再到隋唐以后的科举制度的发展变化，但选贤任能一直是官吏选拔的基本原则。

荀子是废除世卿世禄制度的积极响应者。荀子认为，没有等级，则

不能确立统治秩序；没有平等，则失去了公平和正义。只有以德和能作为获得等级名分的条件，才能实现秩序与公平的统一。以"无德不贵，无能不官"为法治的基本原则，荀子坚定地认为，即使是王公贵族卿士大夫的子孙，如果其行为不符合礼义，也要把他们划归为平民；即使是普通百姓的子孙，如果其学养深厚，行为端正，符合礼义要求，就应该把他们划归为卿士大夫，由此荀子提出"贤能不待次而举，罢不能不待须而废"，主张对于那些德才兼备的贤能不能按照通常晋升等级和次第任用，而应破格提拔使用。这在"人才强国"的春秋战国时代具有很强的时代意义，是法家"依功行赏"和"法不阿贵"法治精神的体现，由此也可管窥荀子与法家的渊源关系。

法而不议，则法之所不至者必废

荀子认为，人是治国的关键因素："君子者，治之原也。"（《荀子·君道》）即使法律再完善，如果执法不力，法所不及之处必然出乱子，所以荀子又称"有治人，无治法"（《荀子·君道》）。

职而不通，则职之所不及者必队

荀子认为，官吏职权各自分割，而不去沟通、协调、合作，其职权范围不及之处必然出现漏洞。这在今天仍然有很强的现实意义。

其有法者以法行，无法者以类举，听之尽也

荀子认为，处理具体政务，若有法律政策就依法律政策行事，没有法律政策就按现有相关法律政策规定以类相推，这样既严格又灵活，政务也就臻于完美了。

汉代较为流行的、由董仲舒所创立的一种断狱方式"春秋决狱"（也

称"引经决狱"或"经义折狱"),可以说是荀子这一思想在司法领域的实践。《春秋》是孔子修订的鲁国编年史。所谓"春秋决狱",就是用儒家经典特别是《春秋》的"微言大义"和具体事例,作为分析案情、认定犯罪的依据,并按儒家经义的精神解释和施用法律。董仲舒有关的断狱案例还曾被汇编成十卷的《春秋决事比》,在两汉的司法实践中被经常引用。"春秋决狱"引礼入律,在中国法制史上影响深远,这是传统法律儒家化的开始,是治国实践上礼法结合的典型。

故公平者,听之衡也;中和者,听之绳也

荀子在论述执政问题时明确地说:公正、平等,这是处理政务的准则;中正平和、宽严适当,这是处理政务的标准。

公平这个概念,并不是许多人所想象的那样是一个西方舶来品。《尚书·洪范》云:"无偏无陂,遵王之义;无有作好,遵王之道;无有作恶,遵王之路。无偏无党,王道荡荡;无党无偏,王道平平;无反无侧,王道正直。"无偏陂、无好恶、不结党营私、不违反法度,已涉及到公正、公平的问题。但先秦时期对公平观念谈论最详者,荀子是第一人。

清代何启、胡礼垣《曾论书后》中曰:"公者无私之谓也,平者无偏之谓也",所谓"公"就是没有私心,所谓"平"就是没有偏袒。荀子认为,偏私而无原则是执政之大弊:"偏党而无经,听之辟也",执政必须坚持"公平"的原则,是非不能混淆不清,善恶必须泾渭分明,同时要有统一的、公开的标准,无论亲疏、远近、内外,要对所有的人一视同仁:"衡之于左右,无私轻重,故可以为平。绳之于内外,无私曲直,故可以为正。"(《淮南子·主术训》)其实,对"公平"执政有着深刻认识的远不止荀子一人,许多思想家也都把公平提升到关系国家兴亡的高度:

"能去私曲而就公法者,民安而国治。"(《韩非子·有度》)

"政在去私，私不去则公道亡。"（晋·傅玄《傅子·问政》）

"以公共为心者，人心乐而从之；以私奉为心者，人心咈而叛之。"（唐·陆贽《奉天请罢琼林大盈二库状》）

"一心可以兴邦，一心可以丧邦，只在公私之间尔。"（朱熹《四书集注·论语集注》）

在执政标准上，荀子遵循儒家的中庸之道，以"中和"为准绳，主张刚柔并济、宽严适中。荀子认为，为政过于威猛严厉，则会走向专横独裁，导致大事废弛、小事无成；若过于随和宽容，则不足以制邪惩恶。所以荀子主张恩威同施、宽严相济。这也是后世统治者普遍的执政理念。

荀子认为，一部好的法律，会因为执法的人不公而形成极其不公的结果。贤良的人行为不僻、公正执法，即便"无其法者"，也会以经验类推的方式，使原本无法可依的局面得到治理。换句话说，贤良的人能够保证执政的公正无爽。所以荀子说："有良法而乱者，有之矣；有君子而乱者，自古及今，未尝闻也。"

偏党而不经，听之辟也

荀子视公正平等为处理政务的准则，视宽严适中为处理政务的标准，而偏私、无原则恰恰是公平、中和之大敌，所以"偏党而不经"是理政时所必须避免的。《三国志》称赞诸葛亮"尽忠益时者虽雠必赏，犯法怠慢者虽亲必罚；服罪输情者虽重必释，游辞巧饰者虽轻必戮；善无微而不赏，恶无纤而不贬"（《三国志·诸葛亮传》），可谓是执政公正的典范了。

【原文】

分均则不偏，势齐则不壹，众齐则不使①。有天有地而上下有差，明王始立而处国有制。夫两贵之不能相事，两贱之不能相使，是天数也。势位齐而欲恶同，物不能澹则必争②，争则必乱，乱则穷矣。先王恶其乱也，故制礼义以分之，使有贫富贵贱之等，足以相兼临者，是养天下之本也。《书》曰："维齐非齐。"此之谓也。

马骇舆则君子不安舆，庶人骇政则君子不安位。马骇舆则莫若静之，庶人骇政则莫若惠之。选贤良，举笃敬，兴孝弟，收孤寡，补贫穷③，如是，则庶人安政矣。庶人安政，然后君子安位。传曰："君者，舟也；庶人者，水也。水则载舟，水则覆舟。"此之谓也。故君人者欲安则莫若平政爱民矣，欲荣则莫若隆礼敬士矣，欲立功名则莫若尚贤使能矣。是君人之大节也。

成侯、嗣公，聚敛计数之君也④，未及取民也；子产，取民者也，未及为政也⑤；管仲，为政者也，未及修礼也。故修礼者王，为政者强，取民者安，聚敛者亡。故王者富民，霸者富士，仅存之国富大夫，亡国富筐箧，实府库。筐箧已富，府库已实，而百姓贫，夫是之谓上溢而下漏。入不可以守，出不可以战，则倾覆灭亡可立而待也。故我聚之以亡，敌得之以强。聚敛者，召寇、肥敌、亡国、危身之道也，故明君不蹈也。

王夺之人，霸夺之与，强夺之地。夺之人者臣诸侯，夺之与者友诸侯，夺之地者敌诸侯。臣诸侯者王，友诸侯者霸，敌诸侯者危。

王者之人：饰动以礼义⑥，听断以类⑦，明振毫末，举措应变而不穷。夫是之谓有原。是王者之人也。

王者之论⑧：无德不贵，无能不官，无功不赏，无罪不罚，朝无幸位，民无幸生⑨。尚贤使能而等位不遗，折愿禁悍而刑罚不过⑩，百姓晓然皆知夫为善于家而取赏于朝也，为不善于幽而蒙刑于显也。夫是之谓定论。是王者之论也。

王者之法⑪，等赋、政事、财万物，所以养万民也⑫。田野什一⑬，关市几而不征⑭，山林泽梁以时禁发而不税⑮，相地而衰政⑯。理道之远近而致贡，通流财物粟米，无有滞留，使相归移也⑰。四海之内若一家。

【注释】

① 分均：名分相等。偏：统属，这里用作动词，意为"使……成为统属"，即指挥、统率。使：役使。

② 澹：通"赡"，满足。

③ 弟：通"悌"。孤寡："少而无父者谓之孤，……老而无夫者谓之寡。"

④ 成侯、嗣公：都是战国时期卫国的君主，嗣公是成王之孙。

⑤ 子产：春秋时期著名政治家，掌握郑国大权四十年，爱护百姓，深得民心，厉行改革，政绩卓著。

⑥ 饰：通"饬"，整饬，整治。

⑦ 听断：处理决断事情。

⑧ 论：这里指用人的方针、原则。

⑨ 幸位：侥幸取得爵禄职位，指不称职者。幸生：侥幸得以生存，指游手好闲、不务正业者。

⑩ 折：抑制，制裁。愿：通"傆"，狡诈。

⑪ 法：这里指经济上的政策措施。

⑫ 等赋：依据不同的等级制定赋税。政：通"正"，处理，治理。财：通"裁"，裁断，管理。

⑬ 田野什一：土地税按田亩征收十分之一。

⑭ 关市：关卡、集市。几：检查，查问。

⑮ 泽梁：指可供发展渔业的水域，泽为湖泊，梁为河堤。以时禁发：按季节禁止或开放。

⑯ 相：观察。衰（cuī）：差异。政：通"征"，征税。

⑰ 使相归移：使不同地区的财物相互流通。归：通"馈"，转移。

【译文】

名分职位相同了就谁也不能统率谁，势力均衡了就谁也不能统一谁，众人平等了就谁也无法役使谁。天地有高下之别，英明的君主立国之始，就按照一定的等级秩序治理国家。两个同样高贵的人不能相互侍奉，两个同样卑贱的人也不能相互役使，这是自然道理。职位权力一样，人的欲求也一样，而有限的财物不能满足所有人的欲求，必然发生相互争夺，争夺导致混乱，混乱则必然陷入危机。古代帝王痛恨这种混乱，制定了一整套礼义制度，使人们有了贫富、贵贱的等级区别，使之相互制约，这是养育天下人的根本所在。《尚书》上说："齐的关键在于不齐"，说的就是这个道理。

马拉车受惊狂奔，君子就不能安坐车中；百姓动乱扰政，君子就不能稳坐江山。马若受惊，最好的办法是抚慰使之安静下来；百姓动乱扰政，最好的办法就是施之以恩惠。举贤任能，倡扬孝悌，收养孤儿寡妇，救助贫穷的人，这样百姓就会服从统治；百姓服从统治，君子也就可以安居上位了。世人流传说："君主好比船，百姓好比水，水能载船，也能翻船。"说的正是这个道理。所以，君主要想社会安定，就要公平执政、爱护百姓；要想获得荣誉，就要尊崇礼义、敬重士人；要想建功立业，就要推崇贤德、任用良才。这三者是君主统治天下的关键。

卫成侯、卫嗣公处心积虑地搜刮民财，失去了民心；子产深得民心，却不善于处理政事；管仲善于处理政事，但没有遵循礼义。遵循礼义的能成就帝王大业，善于处理政事的能强大，取得民心的能使社会安定，搜刮民财的则致国家灭亡。称王天下者使民众富足，称霸诸侯者使武士富足，勉强维持的国家使士大夫富足，亡国者只饱了自己的私囊。君主的私囊饱了，百姓却一贫如洗，这就是达官显贵富得流油，百姓却一无所有。这样的国家，内不能防守，外不能征战，社稷之倾覆也就指日可待了。自己聚敛民财以致灭亡，敌人得到这些财物反倒富强。所以，搜刮民脂民膏，实在是招致侵略、养肥敌寇、倾覆社稷、危害自身的道路，所以贤明的君主是不会走这条路的。

欲称王天下者争取民众，欲称霸诸侯者争取盟国，欲以强力服人者争夺土地。争取民众的使诸侯臣服，争取盟国的与诸侯为友，争夺土地者与诸侯为敌。使诸侯臣服的称王，与诸侯为友的称霸，与诸侯为敌者危险。

能够奉行王道的人：以礼义来规范约束行为，以法度来处理决断政务，明察秋毫，根据情况变化灵活采取各种应对措施，这就掌握了治国的根本，做到这些就是能够称王天下的人。

奉行王道者的用人方针是：没有德行的不授予爵位，没有才能者不授予官职，没有功劳的人不赐予奖赏，没有罪过的人不给予惩罚。朝廷中没有无功受禄之辈，百姓中没有游手好闲之徒。崇尚贤德，任用良才，授予与其德才相应的职位；制裁奸诈，禁止强暴，施加与其罪行相当的刑罚。老百姓都明白，即使在家里行善积德，也能够得到朝廷的奖赏；即使暗地里为非作歹，也难免在大庭广众之下受刑。这些都是不能轻易改变的，是奉行王道者要做到的。

奉行王道者的经济政策是：按照等级制定赋税，处理好民众事务，管理好各种资源，以此养育天下百姓。土地按亩征收十分之一的税，关卡、集市只进行检查而不收税，山林湖堤按季节禁止或开放而不收税。

依据土地的肥瘠来确定征税数额，依据道路的远近来收取贡品。要让财货粮食及时流通，没有积压，各地互通有无，四海之内如同一家人一样。

【品鉴】

分均则不偏，势齐则不壹，众齐则不使

荀子认为，名分职位相同了就谁也不能统率谁，势力均衡了就谁也不能统一谁，众人平等了就谁也无法役使谁。在荀子看来，平均是相对的，绝对的平均是不存在的。社会财富是有限的，绝对平均、整齐划一地分享社会财富是不可能的；绝对的平等也是不存在的，平等是以不平等为前提的，绝对的平等只能导致无序。据此，荀子认为制定贵贱高低、尊卑上下的等级秩序是必然的、必要的，也是合理的。

夫两贵之不能相事，两贱之不能相使

在一切的礼制中，荀子最注重的是贵贱高低、主从上下的等级差别。荀子认为，这种不平等性使得人类组成社会成为可能，如果没有这种差别，社会秩序是不能维持的。所以，荀子认为"两贵之不能相事，两贱之不能相使"是"天数也"，是不可移易的社会规律。这反映了他的历史局限性

强调等级秩序的合理性，这是儒家一以贯之的主张："贵贵尊尊，义之大者也。""天无二日，土无二王，国无二君，家无二尊。"(《礼记·丧服四制》)荀子在其他篇章中也同样强调了君、父应当拥有独一无二的至上权威："君者，国之隆也；父者，家之隆也。隆一而治，二而乱。自古及今，未有二隆争重而能长久者。"(《荀子·致士》)

俗言所谓"一山不能容二虎"，可视为对荀子"两贵之不能相事"的通俗注释。

马骇舆则君子不安舆，庶人骇政则君子不安位

在荀子看来，百姓利益与政权稳定休戚相关，就像马受惊则马车上的人就无法坐稳一样，如果政策引起百姓普遍不满，当权者也就不能稳坐江山了。荀子的比喻虽然未必贴切，但他对百姓满意度与政权稳定度关系的认识却是深刻的。

对统治者来说，荀子站在统治者立场上对政权稳定利弊的冷静分析，远比孟子站在人民立场上疾言厉色的人道斥责更入耳。从这个意义上，与其说后世明君的爱民恤民是被孟子式的道义指责所骂倒，不如说是被荀子式的明智劝告所打动。

马骇舆则莫若静之，庶人骇政则莫若惠之

对受惊的马，最好的办法是安抚之使之静下来；对不满的庶民，最好的办法是以恩惠笼络他们。这里，不是从儒家的仁政爱民立论，而是从统治者的长远利益着眼，从稳定和巩固政权的角度出发，荀子提出了"惠民"的主张。

与孟子的浪漫主义不同，荀子是一个现实主义者。荀子对问题的分析是冷峻的、理性的，是一针见血、触及实质的。他的分析因其不加掩饰、一语见的而不太招人喜欢，但他的对策却往往具有很强的现实性、针对性。

君者，舟也；庶人者，水也。水则载舟，水则覆舟

唐太宗"君舟民水"之喻尽人皆知、备受推崇，殊不知这一比喻最早是见于《荀子》一书的。君是舟，民是水，风平浪静时水可载舟，惊涛骇浪时水可覆舟。这是中国古代重民思想的体现。

以民为本的"重民"思想萌生于西周，勃起于春秋战国。先秦时期

的许多思想家、政治家如周公、管子、老子、孔子、墨子、荀子等都先后有过不同论述。《尚书》中就有"民惟邦本，本固邦宁"的提法。《国语·郑语》云："天矜于民，民之所欲，天必从之。"孟子在中国政治思想史上首先提出"民为贵，社稷次之，君为轻"（《孟子·尽心下》）的辉煌命题；荀子则以"君者，舟也；庶人者，水也；水则载舟，水则覆舟"的形象比喻，深刻地揭示了君对民的依赖关系。

古代思想家、政治家都深切地认识到民众是国家的基石，民心的得失向背同国家的治乱盛衰息息相关，民心归附，基石牢固，国家才会长治久安。曾辅佐齐恒公成为春秋时期第一个霸主的名相管仲明确指出："政之所行，在顺民心；政之所废，在逆民心。"（《管子·牧民》）孟子也以夏桀、商纣丧权亡国的历史教训概括了民心向背对一个政权的决定性作用："桀纣之失天下也，失其民也；失其民者，失其心也。得天下有道：得其民，斯得天下矣；得其民有道：得其心，斯得其民矣。"（《孟子·离娄上》）汉代的贾谊对这一思想的表述更为完整："闻之于政也，民无不为本也。国以为本，君以为本，吏以为本。故国以民为安危，君以民为威侮，吏以民为贵贱。此之谓民无不为本也。"（《新书·大政》）北宋的石介说："天下虽乱，民心未离，不足忧也；天下虽治，民心离，可忧也。"（石介《宋文鉴·策》）苏轼则主张："未论行事之是非，先观众心之向背。"（《上神宗皇帝书》《苏轼文集》卷二十五）包拯说："民者，国之本也，财用所出，安危所系。"（《包拯集》卷七"请罢天下科率"）二程也认为，治理国家的首要问题是民志定、民力足，民众生活富足，民心才能稳定，国家才能得到充分治理："为政之道，以顺民心为本，以厚民生为本，以安而不忧为本。"（《河南程氏文集》卷五）清末的王韬深刻地指出："天下何以治？得民心而已。天下何以乱？失民心而已。"（《韬园文录外编·重民中》）谭嗣同在其《仁学》一书中也激烈地道:"君,末也;民,本也。天下无有因末而累及本者,亦岂无可因君而累及民哉?"

历史上,唐太宗李世民及其大臣魏征对"载舟覆舟"的认识是比较深刻的。唐太宗常以舟水之喻来警醒自己、告诫朝廷官员:"舟所以比人君,水所以比黎庶。水能载舟,亦能覆舟。"魏征也常以舟水之喻来劝谏太宗:"怨不在大,可畏惟人,载舟覆舟,所宜深慎。"(魏征《谏太宗十思疏》)这些议论,已经成为千古名言,历代明君贤臣无不以此为镜鉴,维护国家的长治久安。

君人者欲安,则莫若平政爱民矣

在荀子看来,只有利民惠民、平政爱民才能维护政权的稳定,选拔贤、良、诚、敬之士,提倡孝顺和尊重长辈,收养孤儿寡妇,救济贫民,百姓安则天下安。

西周初期,周公就实行"崇德,尚礼,利民为本"的治国方略。据说文王向姜太公求教"为国之大务",姜太公明确回答:"爱民而已。"姜太公认为:"善为国者驭民如父母之爱子,如兄之爱弟,见其饥寒则为之忧,见其劳苦则为之悲。赏罚如加诸身,赋敛如取于己,此爱民之道也。"(《六韬·文韬·国务》)具体的措施则是:"天下者,务家桑,不夺其时;薄赋敛,不匮其财;罕徭役,不使其劳。"(《三略·上略》)同时还要"存养天下之鳏、寡、孤、独,赈赡祸亡之家"(《六韬·文韬·盈虚》)。也就是说,不要耽误平民百姓务农种桑的农时;要薄赋敛,轻徭役,还要收养天下的鳏、寡、孤、独者,救济和赡养家中遭祸亡命的人。

孔子效法周公,也提出"足食、足兵、民信之"(《论语·颜渊》)等安民利民的治国主张;孟子更是提出"民为贵"的卓越见解,以及轻刑薄税、制民以产、听政于国人、与民同乐等爱民利民措施,把传统重民思想推向高峰。荀子也主张平政爱民，并提出了"选贤良，举笃敬，兴孝弟，收孤寡，补贫穷"等裕民、惠民的具体措施。清代的钱泳、万斯大、魏源等人则把利民作为执政治国的价值标准，主张"天下事有利于民者则当厚其本、深其源；有害于民者则当拔其本、塞其源"（钱泳《履园丛话·水利》）、"利民之事，丝发必兴；厉民之事，毫末必去"（万斯大《周官辨非》）、"履不必同，期于适足；治不必同，期于利民。"（《魏源集》上册"默觚下·治篇五"）

当然，爱民还要关心百姓的疾苦，以百姓之苦乐为己之苦乐，把百姓的冷暖放在心上。河北保定直隶总督署有曾国藩亲题亲书的一副楹联："长吏多从耕田凿井而来，视民事须如家事；吾曹同讲补过尽忠之道，凛心箴即是官箴。"郑板桥的《潍县署中画竹呈年伯包中丞括》一诗也描写了自己的爱民之情：

衙斋卧听萧萧竹，疑是民间疾苦声。

些小吾曹州县吏，一枝一叶总关情。

历代开明君主及有识之士都把爱民、利民作为治国之道，以重民、爱民、利民、恤民为旗帜的民本思想，作为一种重视民心向背、关切民生疾苦的理论体系，与贱民、残民、虐民的暴政思想和绝对君权相对立，显示出巨大的思想力量。

王者富民，霸者富士，仅存之国富大夫，亡国富筐箧，实府库

民安则国家安，民富则天下富。因而，富民是安邦治国的首要任务。

中国富民思想渊源深远，《尚书》中就有"裕民""惠民"的主张，《周易·益》也有"损上益下，民说无疆"的说法，都把富民视为统治者的德政。《周礼·地官司徒》提出了"保息养民"的六项措施，即"一曰慈幼，二曰养老，三曰振穷，四曰恤贫，五曰宽疾，六曰安富"。这些都体现了儒家早期的富民思想。

儒家早期富民思想在孔、孟、荀这里得到进一步发展。孔子把富民作为实施礼乐教化的基础，即"富而后教"，主张节用薄敛、实施宽惠的经济政策，"因民之所利而利之。"(《论语·尧曰》)孔子认为民富先于国富，国富必须建立在民富的基础上，这就是著名的"百姓足，君孰与不足；百姓不足，君孰与足"(《论语·颜渊》)的富民观点。孟子对富民思想作了进一步阐发，提出了"易其田畴，薄其税敛"(《孟子·尽心上》)等富民政策，目标是使民"仰足以事父母，俯足以畜妻子，乐岁终身饱，凶年免于死亡"(《孟子·梁惠王上》)，达到家给人足、天下大治。

荀子继承了孔孟的富民思想，并进一步分析了治国必先富民的意义。他明确阐释了财富分配与国家兴亡的关系："王者富民，霸者富士，仅存之国富大夫，亡国富筐箧，实府库。"从治国必先富民的理论出发，荀子要求统治者采取节用薄敛和倡导发展生产等措施，"以政裕民"(《荀子·富国》)，认为人民愈富裕，生产愈发展，国家也就愈富裕："裕民则民富，民富则田肥以易"，从而实现"上下俱富"(《荀子·富国》)。在荀子看来，"国者，得百姓之力者富，得百姓之死者强，得百姓之誉者荣。三得者具而天下归之，三得者亡而天下去之。"(《荀子·王霸》)荀子把民富与国富在理论上统一起来，对儒家的富民思想作了总结性的阐发。

在富民与富国的关系上，墨家不同于儒家，墨家认为，国家"仓有备粟"，则"有以食饥息劳，将养其万民"(《墨子·七患》)，人民生活才有保障，即所谓"官府实而财不散"。所以，墨家主张"官府实则万民富"(《墨子·尚贤中》)，要求充实官府而不是藏富于民。

法家以富国强兵为目的，把富民看作只是从属于富国所需的一种手段。早期法家多富国与富民兼重，如管子提出了"仓廪实则知礼节，衣食足则知荣辱"(《管子·牧民》)的著名观点，指出"凡治国之道，必先富民。"(《管子·治国》)及至韩非则提出"足民何可以为治"(《韩非子·六反》),从理论上否定了富民的必要。法家的富国强兵理论认为民太富不利于统治:"民富则不可以禄使也(《管子·国蓄》),"甚富不可使"(《管子·侈靡》),甚至主张"民富则不如贫"(《管子·山权数》),"有道之国,务在弱民。"(《商君书·弱民》)

尽管思想家在民富与国富的关系上见仁见智,历代明君贤臣在富民问题上却都不敢含糊。唐太宗认为:"为君之道,必须先存百姓,若损百姓以奉其身,犹割股以啖腹,腹饱而身毙。"(《贞观政要》卷一)他认为残酷剥削人民的"亡国之主"是咎由自取,以北齐后主高纬为例,他说:"齐主深好奢侈,所有府库用之略尽,乃至关市无不税敛。朕常谓此犹如馋人自食其肉,肉尽必死。人君赋敛不已,百姓既弊,其君亦齐主是也。"(《贞观政要·辨兴亡》)因而,唐太宗时期君臣都十分注意利民惠民,轻徭薄赋,发展生产,为大唐盛世的繁荣打下了坚实的物质基础。

筐箧已富,府库已实,而百姓贫,夫是之谓上溢而下漏

如前所述,中国富民思想渊源深远,经过孔子、孟子发挥更是得到进一步发展。富国必先富民、不与民争利是富民思想的重要内容,所以,荀子对统治者的好利聚敛深恶痛绝,他称"府库已实而百姓贫"为"上溢而下漏",并断言其后果便是"倾覆灭亡可立而待也"。

无德不贵,无能不官,无功不赏,无罪不罚

在以德治、礼治为根本的传统社会,人治的意味很重,因而人才对于治国理政也就具有格外重要的意义。尽管诸子百家在众多问题上各执一词,但尚贤使能、赏功罚罪,却是儒家、墨家、法家一致的主张。例如,墨子主张"不辨富贵、贫贱、远迩、亲疏,贤者举而尚之,不肖者抑而废之"，甚至把尚贤使能提升到为政之本的高度："尚贤之为政本也。故古者圣王甚尊尚贤而任使能，不党父兄，不偏贵富，不嬖颜色，贤者举而上之。"(《墨子·尚贤上》)宋代司马光也指出："是故王者之职，在于量材任人，赏功罚罪而已。"(《上体要疏》)

荀子也不例外，他在主张"礼治"的同时也不排斥"法治"，而是提倡以"赏功罚过"的法治手段辅助"礼治"。法家承接荀子，尤其强调尚贤使能、赏功罚罪的意义，商鞅就强调"赏随功，罚随罪，故论功察罪，不可不审也"(《商君书·禁使》)，并以此取得了秦王朝一统天下的现实结果。

朝无幸位，民无幸生

依德行而授予爵位，按才能而授予官职，据功行赏，量罪定罚，如此则朝廷中没有无功受禄之辈，百姓中没有游手好闲之徒。荀子主张礼法并用、刑赏结合，"朝无幸位，民无幸生"可以说是荀子所追求的最佳效果。

等赋、政事、财万物，所以养万民也

按照等级制定和收取赋税，依照礼法公正地处理好政务，因时制宜、因地制宜地管理好各种资源，以此来养育天下百姓，这是荀子理想中的治国富民之策。

四海之内若一家

家国一体、家国同构，这是中国传统社会的基本架构。家是国的缩影，国是家的放大，国君就是天下人的大家长，因而"四海之内若一家""四海之内皆兄弟"的观念十分普遍。这是中国悠久而深厚的爱国主义传统的重要源泉。

【原文】

水火有气而无生①，草木有生而无知，禽兽有知而无义，人有气、有生、有知，亦且有义，故最为天下贵也。力不若牛，走不若马，而牛马为用，何也？曰：人能群，彼不能群也②。人何以能群？曰：分③。分何以能行？曰：义。故义以分则和，和则一，一则多力，多力则强，强则胜物，故宫室可得而居也。故序四时，裁万物，兼利天下，无它故焉，得之分义也。

故人生不能无群，群而无分则争，争则乱，乱则离，离则弱，弱则不能胜物，故宫室不可得而居也，不可少顷舍礼义之谓也。能以事亲谓之孝，能以事兄谓之弟，能以事上谓之顺，能以使下谓之君。君者，善群也。群道当则万物皆得其宜，六畜皆得其长，群生皆得其命。

【注释】

① 气：古人认为气是构成万物的元素。
② 群：这里指结成社会群体。
③ 分：等级名分。

【译文】

水火有气却没有生命，草木有生命却没有知觉，禽兽有知觉却没有道义；人有气、有生命、有知觉，而且讲究道义，所以人是天下最为尊贵的。人的力气不如牛大，奔跑不如马快，但牛、马却被人所役使，为什么呢？回答是：人能结成社会群体，而牛、马不能。人为什么能结成社会群体呢？就是因为有等级名分。为什么能实行等级名分？就是因为有道义。根据道义确定了名分，人们就能和睦协调，和睦协调，就能团结一致，团结一致，力量就大，力量大了，就强盛，强盛了，就能战胜外物，筑房安居。因而，人之所以能把握四时变化，管理万事万物，惠泽天下，并不是别的缘故，而是因为有等级名分。

所以，人在世上生存就不能不结成群体，一个群体没有等级名分必然发生纷争，纷争就会导致动乱，动乱则人心离散，离散就会削弱力量，力量弱就无法征服万物，即使建了房屋也不能安居，所以人是片刻也不能离开礼义的。能以礼义侍奉双亲称做孝，能以礼义对待兄长称做悌，能以礼义敬上称做顺，能以礼义对待下属称做君。所谓君，就是善于把人组成群体的人。组织得当，则万事各得其宜，六畜兴旺，万物都生机勃勃。

【品鉴】

人有气、有生、有知，亦且有义，故最为天下贵也

肯定生命的价值，肯定人的尊贵地位，这是中国古代思想家的一个共同特点。荀子按照自然界发展的前后顺序，将万物划分为无生物、植物、动物、人类四个类别，并把"义"即人所独具的理性视为人之所以"最为天下贵"的根本原因。儒家还把人与天地相并列，认为人具有与天地一样崇高的地位，具有其他物类不可比拟的价值。董仲舒不仅认为"人之超然万物之上，而最为天下贵也"（《春秋繁露·天地阴阳》），甚至认为天地万物都是替人设置、为人所存在的："天地之生万物也以养人，故其可食者以养身体，其可威者以为容服。"（《春秋繁露·服制家》）道家也认为宇宙虽然物类万千、纷繁复杂，然而除了道和天地以外，人是最伟大的："道大，天大，地大，人亦大。域中有四大，而人居其一焉。"（《道德经》二十五章）

正因为肯定人的高贵和伟大，中国文化对人予以高度关注，重视人

生，重视人类社会，重视人的责任和义务，重视人与自然、人与社会关系的和谐，并由此构成了以伦理为本位的中国文化的基本特征，形成中国文化鲜明的人文精神特色。

力不若牛，走不若马，而牛马为用，何也？曰：人能群，彼不能群也

从本质上来说，人是社会的动物，人的社会属性是人区别于其他动物的特殊本质，是人类特有的属性，荀子"群"的概念就是对人的社会属性的肯定。荀子认为，人之所以优越、高贵于动物，就在于"人能群"，就在于人的社会属性。

结成"群"，结成社会，这首先是人类生存的需要。在远古艰苦的自然环境下，人必须群居、互助，合力与自然力进行斗争，才能抵制豺狼之凶、蛇蝎之毒、熊罴之猛，取得维持生存的生活资料。在人类活动的不断发展中，合作与互助、权威与服从等社会性逐渐增加。对此，严复直截了当地说："能群者存，不群者灭；善群者存，不善群者灭。"梁启超精到地分析道："人所以不能不群者，以一身之所需求所欲望，非独立所能给也。以一身之所苦痛所急难非独立所能捍也。于是手必相引相倚，然后可以自存。若是者谓之公共观念。真有公共观念者，常不惜牺牲其私益之一部分，以拥护公益。"（《新民说·论合群》）

"群"的意识对于中华民族的群体精神、集体主义观念有催生作用，民族的凝聚、国家的统一，中华文明虽历尽外来民族和外来文化的冲击而绵延不绝，群体精神起了不可忽视的作用。近代有识之士面对中国积贫积弱的现实，积极发掘荀子"群"的思想资源，大力倡导"群"的观念，认为"西人凡事得力在一群字。我则家自为谋，人自为利，亿万人不啻亿万心也，安得不贫不弱？"梁启超指出："中国之积弱日益甚，而外国之逼迫日益急，非合群力，不能自保，不可不扩充其力量也……至于可侮不可侮之分，则全视乎能群与不能群。"他们激励、呼吁国人团结一心、众志成城为社会、为国家效力："合群明分，则足以御他族之侮。涣志离德，则帅天下而路。"（章炳麟《訄书·菌说》）"人者群物也。以群生，以群治，以群强，以群昌。"由此，"群"与"群学"成为当时积极提倡以期挽救局势的重要思想。

【原文】

圣王之制也，草木荣华滋硕之时则斧斤不入山林，不夭其生，不绝其长也[1]；鼋鼍、鱼鳖、鳅鳝孕别之时，罔罟毒药不入泽，不夭其生，不绝其长也[2]；春耕、夏耘[3]、秋收、冬藏，四者不失时，故五谷不绝而百姓有余食也；洿池、渊沼、川泽谨其时禁，故鱼鳖优多而百姓有余用也；斩伐养长不失其时，故山林不童而百姓有余材也[4]。

殷之日，案以中立无有所偏而为纵横之事，偃然案兵无动，以观夫暴国之相卒也。案平政教，审节奏，砥砺百姓，为是之日，而兵专天下劲矣。

权谋倾覆之人退，则贤良知圣之士案自进矣；刑政平，百姓和，国俗节，则兵劲城固，敌国案自诎矣[5]；务本事，积财物，而勿忘栖迟薛越也[6]，是使群臣百姓皆以制度行，则财物积，国家案自富矣。三者体此而天下服，暴国之君案自不能用其兵矣。何则？彼无与至也。

【注释】

　　[1] 荣华滋硕：开花结果。夭：夭折，这里用作动词，"使……夭折"。
　　[2] 鼋：大鳖。鼍：扬子鳄。鳝：鳝鱼。别：指离开母体，即生育。

罟罛（gǔ）：渔网，罛是网的总称。

③ 耘：除草。

④ 童：指山林、土地光秃秃地没有草木。

⑤ 诎：同"屈"。

⑥ 务本事：指致力于农业生产，"本"指农业。忘：通"妄"，随意，胡乱。栖迟：滞留等待。薛越：同"屑越"，破碎，散乱。

【译文】

圣明君主的制度是，草木开花滋长结果的季节，不准进山砍伐，为的是不妨碍其生长发育；鼋鼍鱼鳖等受孕产卵时，不准往湖中投药或撒网，为的也是不妨碍其生长发育；春天耕种、夏天锄草、秋天收获、冬天储藏，这四件事都不误农时，所以五谷丰登，百姓家有余粮；池塘湖泊，也在规定时间进行捕捞，所以鱼鳖丰饶，百姓食之不竭；林木的砍伐与培育不失其时，所以山林茂盛，百姓有充裕的木材。

在国家富强时，要保持中立，不要有所偏袒去做合纵连横之事，要静悄悄地按兵不动，来旁观那些强暴之国相互争斗。要平定政教，审察礼节，训练百姓，若如此，则其军队必然天下无敌。

废黜了玩弄权术倾轧陷害的小人，贤人谋士自然会得到重用；刑罚适中，政通人和，风俗节俭，军队城池就会坚不可摧，敌国自然拱手称臣；一心一意发展农业，增加社会财富，让农业生产得到持续发展，上上下下若都致力于此，不断积累财富，国家自然也就富足了。若是能够做到以上三个方面，天下都会归顺，强暴的敌国也就不能加兵于我了，因为他们已经成为孤家寡人，没有人愿意为他们去卖命了。

【品鉴】

洿池、渊沼、川泽谨其时禁，故鱼鳖优多而百姓有余用也；斩伐养长不失其时，故山林不童而百姓有余材也

《史记·殷本纪》中记载了这样一个故事：夏朝时商国首领汤在野外看见有人一边四面张网一边祈祷："天下四方的鸟啊，都到我的网里来吧！"汤说："你是要把天下的鸟兽都打尽吗？"于是让那人撤下了三面的网。这就是成语"网开三面"的来历。

《国语·鲁语》也记载了一个类似的故事：鲁宣公夏天在泗水撒网捕鱼，大臣里革听说后跑过去撕破了他的鱼网，理由是：根据祖先规定的制度，每年夏天鱼类生长季节，不能到河里捕鱼。这就是"里革断罟"的故事。

春耕夏耘不误农时，才能五谷丰登；鱼鳖虾蟹定期捕捞，才能水产丰饶；树木长养砍伐有时，才能山林茂盛。在中国古代，保护生态环境，反对"焚林而田，竭泽而渔"（《淮南子·本经训》），这不仅是一种思想意识，是人们自觉的行为，更是一项国策，还是一种法律规定。上面两个故事证实了这一点。

古代环境保护的规定与法令往往以礼、律、禁令、诏令等形式出现。据文献记载，早在夏朝便有这样的规定："春三月，山林不登斧，以成草木之长；夏三月，川泽不入网罟，以成鱼鳖之长。"（《逸周书·大聚》）这就是著名的"禹禁"，被称为中国最早的生态环保法律。

湖北云梦古墓出土的竹简中，有一份秦代的《田律》，内容包括：从春季二月开始，不准进山砍伐木材，不准堵塞林间水道；不到夏季，不准进山采樵、烧草木灰；不准捕捉幼兽幼鸟或掏鸟蛋；不准用药物毒杀鱼鳖，不准布陷阱设罗网猎取鸟兽；以上禁令到七月份方可解除。无疑，这已经是一部相当完整的生态环境保护法了。

另外，考古专家在敦煌悬泉置遗址发现了一篇十分珍贵的汉平帝元始五年颁布的《四时月令诏条》，50条诏令中关于生态保护的有16条。例如，空鸟巢秋季开禁，实鸟巢则整年都要禁止；2—12月禁取不足四寸长的鱼；2—4月禁焚山林，等等。这些规定体现了适时保护、用养结合的原则。以后历代也都有类似的规定，对耕种、打猎、捕鱼、伐木、孕育、放牧以及取火、烧炭都有明确的季节和月份限制，有效地指导了生产和生活。这些规定作为国家法律，具有强制性，是普遍遵守的。

天人合一的观念在传统社会根深蒂固，这种观念会转化为人们爱护自然、保护自然、善待自然万物的意识和行动。如孔子主张"钓而不网，弋不射宿"（《论语·述而》），其基本道理即在于不能把鱼和鸟捕光。孟子也说："不违农时，谷不可胜食也；数罟不入夸池，鱼鳖不可胜食也；斧斤以时入山林，材木不可胜用也。"（《孟子·梁惠王上》）用现在的话说，就是不要滥采滥伐，坚持可持续发展的原则。不能只顾短期利益而破坏生态链环的平衡，这是有识之士的共识："群生以长，万物蕃殖……不涸泽而渔，不焚林而猎"（《文子》）。古人还把对生态保护的认识提升到防灾减灾的高度，如《汉书·贡禹传》中说："斩伐林木亡有时禁，水旱之灾未必不由此也。"

中国古代对生态环保的重视，不仅表现在观念层面、法律层面，而且有其机构设置。历史上许多朝代都设立有虞、衡等"环保"机构，所谓山虞、泽虞、川衡、林衡等，其职责主要就是负责山泽林川的管理保护。

权谋倾覆之人退，则贤良知圣之士案自进矣

奸佞与贤良是对立的，废黜了玩弄权术倾轧陷害的小人，贤人谋士自然会得到重用，这与荀子所谓"贵贤，仁也；贱不肖，亦仁也"是一致的。

殷之日，案以中立，无有所偏而为纵横之事，偃然案兵无动，以观夫暴国之相卒也

荀子主张，在国家富裕、疆土无他国侵扰之虞时，要实行中立的外交政策，韬光养晦，养精蓄锐，冷眼旁观那些强暴之国相互倾轧，专注于发展国内经济，富民强国，也就是我们今天所谓的"聚精会神搞建设，一心一意谋发展"。

第十章

富国篇

　　以"富国裕民"为目标，荀子在本篇中详细地论述了自己的经济思想。提出了"明分使群""裕民以政"等巩固封建生产关系的手段，为经济发展提供保障；提出了"强本抑末""节用裕民""开源节流"等一系列富国强国的经济政策；主张加强农业生产，调整生产和消费结构，使生产和消费维持平衡，保证经济的良性发展。篇中还反复强调百姓在治国、富国中的作用，主张通过"尚贤使能""严明赏罚"来激发人民的劳动积极性。荀子的这些思想对我们今天的经济发展仍然具有启发意义。

节用以礼
裕民以政

【原文】

　　欲恶同物，欲多而物寡，寡则必争矣。故百技所成，所以养一人也。而能不能兼技，人不能兼官，离居不相待则穷，群而无分则争。穷者患也，争者祸也，救患除祸，则莫若明分使群矣。强胁弱也，知惧愚也，民下违上，少陵长，不以德为政，如是，则老弱有失养之忧，而壮者有分争之祸矣。事业所恶也，功利所好也，职业无分，如是，则人有树事之患，而有争功之祸矣。男女之合，夫妇之分，婚姻娉内送逆无礼，如是，则人有失合之忧，而有争色之祸矣。故知者为之分也。

　　足国之道，节用裕民而善臧其余。节用以礼，裕民以政。彼裕民，故多余。

　　礼者，贵贱有等，长幼有差，贫富轻重皆有称者也[①]。……德必称位，位必称禄，禄必称用。由士以上则必以礼乐节之，众庶百姓则必以法数制之[②]。量地而立国，计利而畜民，度人力而授事，使民必胜事，事必出利，利足以生民，皆使衣食百用出入相掩[③]，必时臧余，谓之称数[④]。故自天子通于庶人，事无大小多少，由是推之。故曰：朝无幸位，民无幸生。此之谓也。轻田野之税，平关市之征⑤，省商贾之数，罕兴力役，无夺农时，如是，则国富矣。夫是之谓以政裕民。

【注释】

① 等：等级。轻重：这里指尊卑。称（chèn）：相称，恰当。
② 法数：法律、法令。
③ 百用：指养生送死之类。
④ 称数：符合礼仪制度。
⑤ 平：整治，这里意为免除，以对应前文的"关市几而不征"。

【译文】

人们追求物质的欲望是一样的，欲望无限而物质有限，这必然要引起纷争。有各种不同的分工协作，才能养活一个人。一个人不可能什么都会，不可能什么都做，互相不依靠是行不通的，组成社会而无等级名分则会陷入纷争。不足和纷争一样都是祸患，要消除这些祸患，只有把人依照名分分为不同等级。如果强者胁迫弱者，智者害怕愚者，卑贱者违抗高贵者，年少者欺凌年长者，那么老弱病残就会失去所养，年轻力壮者就会有纷争之祸。人人都好逸恶劳而又争名夺利，如果没有合理的社会分工，则事情没人做而功利却人人争。男女结百年之好，要按规矩行事，如果不顾及礼仪，那就无合和之好而有争色之患了。所以一定要有名分等级以及社会分工的不同。

让国家富足之法是，节约费用，让百姓富裕，把富余的粮食财物贮藏起来。遵循礼仪要求以节约费用，制定政策来让百姓富裕，老百姓富裕后，粮食财物就会有节余。

所谓礼，就是高低贵贱有等级之分，长幼上下有辈分之别，贫富尊卑也都各有相应的规定。……德行必须与其职位相称，职位必须与其俸禄相称，俸禄必须与其政绩相称。对士大夫以上的公卿贵族，要用礼仪规范来约束其行为；对于平民百姓，则要用刑法制度来统治他们。丈量土地以分封诸侯，计算收益以养育百姓，根据人力而安排事务。要让众人胜任自己的工作，工作要有成效，要能够满足百姓的基本需求，吃饭穿衣等各种生活费用要收支相抵，还要按时贮藏一些富余的粮食财物，这才是符合礼仪制度的做法。上至天子，下到百姓，大小事情都可以此类推。所谓"朝廷中没有无功受禄之辈，百姓中没有不务正业之徒"，说的正是这个道理。征收农业税要轻，关卡、集市免征赋税，控制商人的数量，尽量不要劳民伤财大兴土木，不要误了农时，这样国家自然就富裕了。这就是通过政策的制定和实施来达到富裕百姓的目的。

【品鉴】

能不能兼技，人不能兼官

一个人不能兼通百工之技，一个人也不能兼任百官之事，社会分工是必然的。

在荀子看来，礼所规范的等级差别不仅具有政治意义，还具有广泛的社会意义和经济意义。大到国家、社会，小到一个群体、家族，要维持其存在，除了要确立政治上"君君、臣臣、父父、子子"尊卑贵贱的等级秩序外，还需要社会成员在生产、交换领域里分工合作，即"农农、士士、工工、商商"，因而，"百技所成，所以养一人也"。没有职业分工，"则人有树事之患，而有争功之祸矣"。所以，每个人都要承担一份与自己的身份相应的工作，各居其位，各司其职："'农分田而耕，贾分货而贩，百工分事而劝，士大夫分职而听，建国诸侯之君分土而守，王

公总方而议,则天子共己而已矣。'出若入若,天下莫不平均,莫不治辨,是百王之所同也,而礼法之大分也。"(《荀子·王霸》)

节用以礼,裕民以政

裕民富国是儒家一以贯之的政治主张,是儒家社会理想的中心内容。荀子在总结发展前人思想的基础上,提出并论证了"裕民以政"的政治主张,这是对儒家裕民富国思想的继承和发展。荀子看到了人民富裕与政治经济政策的内在联系,强调必须营造宽松的经济环境,通过制定和实施富民政策让百姓得到实惠,藏富于民。荀子的这一主张客观上保护了广大民众的利益,体现了儒家的民本主义思想。

荀子"裕民以政"的政治主张,在今天仍然具有极强的现实意义。

礼者,贵贱有等,长幼有差,贫富轻重皆有称者也

在荀子看来,礼是一个社会"分""别"的原则,礼的产生就是为了止争平乱,即解决争和乱的"度量分界",也就是严格划清尊卑、贵贱、长幼、上下、贫富的界限,确立不可逾越的等级秩序,人人各安其位、各守其分。

德必称位,位必称禄,禄必称用

在人才的使用上,荀子认为君主应据其德而定位,量其能而授官,称其功而赋禄,确保"德必称位,位必称禄,禄必称用"。这也是中国历代以一贯之的用人原则。

"德必称位,位必称禄,禄必称用",用我们今天的话来说,就是在用人上要以德才兼备为原则,坚持权、责、利三者的统一。

由士以上则必以礼乐节之，众庶百姓则必以法数制之

荀子所谓"由士以上则必以礼乐节之，众庶百姓则必以法数制之"，也就是《礼记·曲礼上》所说的"礼不下庶人，刑不上大夫"。

西周王朝建国初期就制定了"礼"与"刑"，以礼"定亲疏，决嫌疑，别同异，明是非"(《礼记·曲礼》)，以刑罚治理庶人，目的在于"刑以防其奸"(《礼记·乐记》)。

"刑不上大夫"是我国古代大夫以上的贵族享受的特权之一。所谓"刑不上大夫"，并非说大夫以上的贵族就可以逍遥法外，而是指不能对大夫施加宫、刖、劓、墨之类的酷刑，对其处死刑时不"于市"而"于朝"。

"刑不上大夫"的本意是保护大夫的尊严，以养其廉耻之心。汉代贾谊就有"戮辱太迫，大臣无耻"之叹（王夫之《读史通鉴》卷一）。唐玄宗时张说曰："刑不上大夫，为其近于君也，且所以养廉耻也。"（王夫之《读史通鉴》卷二）《明史·刑法志》云："古者刑不上大夫，以励廉耻也。"

也就是说，对中国古代士大夫而言，受刑本身就是极大的侮辱，而不在于受什么刑。所谓"士可杀而不可辱"，意思是说与其受刑而斯文扫地，不如"引决自裁"。三国时曹操待下极严，动辄加以杖责，其部下何夔常备毒药，誓死不受辱。五代时闽主王昶淫暴，大臣黄讽进谏，王昶大怒，要予以杖责，黄讽宁愿受死也不受杖。

【原文】

故曰：君子以德，小人以力。力者，德之役也。百姓之力，待之而后功；百姓之群，待之而后和；百姓之财，待之而后聚；百姓之势，待之而后安；百姓之寿，待之而后长。父子不得不亲，兄

弟不得不顺，男女不得不欢，少者以长，老者以养。故曰："天地生之，圣人成之。"此之谓也。

故先王圣人为之不然。知夫为人主上者不美不饰之不足以一民也①，不富不厚之不足以管下也，不威不强之不足以禁暴胜悍也。故必将撞大钟、击鸣鼓、吹笙竽、弹琴瑟以塞其耳，必将锼琢、刻镂、黼黻、文章以塞其目②，必将刍豢稻粱、五味芬芳以塞其口③，然后众人徒、备官职、渐庆赏、严刑罚以戒其心。使天下生民之属皆知己之所愿欲之举在是于也，故其赏行；皆知己之所畏恐之举在是于也，故其罚威。赏行罚威，则贤者可得而进也，不肖者可得而退也，能不能可得而官也。若是，则万物得宜，事变得应，上得天时，下得地利，中得人和，则财货浑浑如泉源，汸汸如河海，暴暴如丘山④，不时焚烧，无所臧之，夫天下何患乎不足也？

故国君长民者欲趋时遂功，则和调累解⑤，速乎急疾；忠信均辨，说乎庆赏矣⑥；必先修正其在我者，然后徐责其在人者，威乎刑罚。三德者诚乎上，则下应之如景向⑦，虽欲无明达，得乎哉！

【注释】

① 美、饰：这里指用人文礼仪制度等来规范人们的行为。

② 锼琢：雕刻玉器。锼：同"雕"。刻：雕刻木器。镂：雕刻金器。黼（fǔ）黻（fú）文章：指古代礼服上的彩色花纹，黑白相间的称黼，青黑相间的称黻，青赤相间的称文，赤白相间的称章。

③ 刍豢：吃草料的牛羊之类称刍，吃粮食的猪狗之类称豢。这里泛指各种可食用的家畜。

④ 浑浑：水流奔涌的样子。汸汸（pāng）：大水滂沱的样子。暴暴：

突出暴起的样子。

⑤ 趋时：顺应时势。遂：成。累解：宽缓。

⑥ 均辨：公平。辨：通"遍"。说：通"悦"。赏庆：奖赏。

⑦ 景向：即如影随形、如响随声。景：通"影"。

【译文】

所以说君子依靠道德，小人依靠力气。力气，是受道德来役使。依靠君子的教化，百姓才能劳而有功；依靠君子的教化，百姓才能和睦相处；依靠君子的教化，百姓才能积累财富；依靠君子的教化，百姓才能安居乐业；依靠君子的教化，百姓才能健康长寿；依靠君子的教化，百姓才父子相亲、兄弟敬顺、男女欢睦，年幼者有所长，年老者有所养。所以说："天地生养了百姓，君子教化了百姓。"说的就是这种情况。

所以古代圣明帝王做事就不是这样。他们知道作为君主，如果不用礼仪人文来丰富百姓的生活，就不能一统其意志；如果不给群臣百官以优厚的待遇，就不能收买其心控制其行为；如果不威严、不强硬，就不能震慑邪恶打击犯罪。所以，要以击鼓奏乐、雕刻绘画来满足百姓的耳目之欲；要以山珍海味、美食佳肴来满足百姓的口腹之欲；还要差役众多、官职完备、奖赏丰厚、刑罚严明，以稳定人心。让天下百姓明白他们所想得到的一切都在这里，奖赏就有效了；让天下百姓明白他们所惧怕的一切都在这里，惩罚就有效了。奖赏得以实行，惩罚具有威慑，才能任用贤能，罢黜不肖，量才而用。这样，万物各得其宜，万事应对自如，上得天时，下得地利，中得人和，财源如汩汩清泉、浩浩江海滚滚而来，聚集起来如绵绵丘陵、巍巍高山，焚不竭、烧不尽，天下人如何还用担忧财物不足呢？

所以在善于统驭天下者看来，要想顺应时势建功立业，一定要平和宽缓，而不是急于求成；忠信公平，比奖赏财物更得人心；严于律己，宽以责人，这比严刑峻法更能服众。做到了这三点，则天下百姓必然如影随形、如响随声般地追随响应，即使不想显赫通达，可能吗？

【品鉴】

君子以德，小人以力。力者，德之役也

《孟子》中有一段著名的话："或劳心，或劳力。劳心者治人，劳力者治于人。治于人者食人，治人者食于人。天下之通义也。"（《孟子·滕文公上》）读完孟子这段话，再回过头来看荀子的君子小人"德力"之论，就不会感到陌生了。

稍稍不同的是，孟子以"力"和"心"为标准而把人分为体力劳动者和脑力劳动者，荀子则以"力"和"德"为标准而把人分为体力劳动者和对人进行道德教育的君子。但孟子、荀子都认为前者应该为后者所役、所治、所食。

不美不饰之不足以一民也，不富不厚之不足以管下也，不威不强之不足以禁暴胜悍也

荀子认为，君主治理天下要抓住三个关键：一是用礼乐制度来一统天下人的思想意志；二是以丰厚的利禄、优厚的待遇来收买控制群臣百官；三是以严刑峻法震慑邪恶、打击犯罪，这样就能实现社会稳定，天下太平。这里，荀子既强调了以礼乐制度一统人心的重要性，也强调了"法"和"术"对于君主治国御民、御臣的重要性。礼治是荀子对儒家德治、仁政的继承和发展，而荀子关于"法""术"的思想则为法家所继承。

上得天时，下得地利，中得人和

中国古代哲学强调天人合一，把天、地、人并列，认为天道、地道、人道是一致的。《易传》明确讲天、地、人三者的和谐统一，提出"三才之道"。在天、地、人三者中，孟子认为人的作用是至关重要的："天时不如地利，地利不如人和。"(《孟子·公孙丑下》)

荀子多次把天、地、人相提并论。在《富国》中他指出："天有其时，地有其财，人有其治，夫是之谓能参。"在《王霸》中荀子从天、地、人三者的统一来讲农业生产，认为不违农时，农民按规律安排农事，就一定能够百事兴旺、丰衣足食。"上不失天时，下不失地利，中得人和，而百事不废。"本章中荀子进一步强调，"上得天时，下得地利，中得人和"，则"财货浑浑如江海"，民富国强的目标也就实现了。

必先修正其在我者，然后徐责其在人者，威乎刑罚

"射不善而欲教人，人不学也；行不修而欲谈人，人不听也。"(《尸子·恕》)言教不如身教，要求别人做到的，自己首先要做到。以身作则，道德的力量、人格的魅力比刑罚更见成效："轻财足以聚人，律己足以服人，量宽足以得人，身先足以率人。"(宋·李邦献《省心杂言》)

【原文】

故不教而诛，则刑繁而邪不胜[①]；教而不诛，则奸民不惩；诛而不赏，则勤励之民不劝[②]；诛赏而不类，则下疑俗险而百姓不一[③]。故先王明礼义以壹之，致忠信以爱之，尚贤使能以次之，爵服庆赏以申重之[④]，时其事、轻其任以调齐之，潢然兼覆之[⑤]，养长之，如保赤子。若是，故奸邪不作，盗贼不起，而化善者劝勉矣。是何邪？则其道易，其塞固，其政令一，其防表明[⑥]。故曰：

上一则下一矣，上二则下二矣，辟之若中木⑦，枝叶必类本。此之谓也。

不利而利之，不如利而后利之之利也；不爱而用之，不如爱而后用之之功也。利而后利之，不如利而不利者之利也；爱而后用之，不如爱而不用者之功也。利而不利也，爱而不用也者，取天下矣。利而后利之，爱而后用之者，保社稷者也。不利而利之，不爱而用之者，危国家也。

观国之强弱贫富有征：上不隆礼则兵弱，上不爱民则兵弱，已诺不信则兵弱，庆赏不渐则兵弱，将率不能则兵弱。上好功则国贫，上好利则国贫，士大夫众则国贫，工商众则国贫，无制数度量则国贫⑧。下贫则上贫，下富则上富。故田野县鄙者，财之本也；垣窌仓廪者，财之末也。百姓时和、事业得叙者，货之源也；等赋府库者，货之流也。故明主必谨养其和，节其流，开其源，而时斟酌焉，潢然使天下必有余，而上不忧不足。如是则上下俱富，交无所藏之，是知国计之极也。故禹十年水，汤七年旱，而天下无菜色者，十年之后，年谷复熟而陈积有余。是无它故焉，知本末源流之谓也。故田野荒而仓廪实，百姓虚而府库满，夫是之谓国蹶⑨。伐其本，竭其源，而并之其末，然而主相不知恶也，则其倾覆灭亡可立而待也。

持国之难易：事强暴之国难，使强暴之国事我易。事之以货宝，则货宝单而交不结⑩；约信盟誓，则约定而畔无日⑪；割国之锱铢以赂之，则割定而欲无厌。事之弥烦，其侵人愈甚，必至于资单国举然后已⑫。虽左尧而右舜，未有能以此道得免焉者也。……故明君不道也。必将修礼以齐朝，正法以齐官，平政以齐民，然后节奏齐于朝，百事齐于官，众庶齐于下。如是，则近者竞亲，远方致愿，上下一心，三军同力，名声足以暴炙之，威强足以捶笞之，拱挹指挥，而强暴之国莫不趋使，譬之是犹乌获与焦侥搏也⑬。故曰：事强暴之国难，使强暴之国事我易。此之谓也。

【注释】

① 刑繁：法律条文繁多。胜：尽。

② 勤励：勤勉努力。劝：劝慰，劝勉。

③ 类：法，规范，这里意为合乎规范、恰当。俗俭：风俗险恶。俭：通"险"。

④ 申重：反复告诫、强调。

⑤ 潢然：浩大的样子，这里形容君恩浩荡。

⑥ 防：堤防，引申为制度、限制。表：标准。

⑦ 辟：通"譬"。屮：古"草"字。

⑧ 制：布匹的幅面。数：指一二三四等计数单位。度：指尺、寸等长度丈量单位。量：指石、斗等容量单位。制度数量：泛指各种标准、法度。

⑨ 蹶：倾覆。

⑩ 单：通"殚"，用尽。

⑪ 畔：通"叛"，毁约。无日：不过一日。

⑫ 单：通"殚"，尽。国举：用尽一国之力。

⑬ 乌获：传说中的巨人。焦侥：传说中的矮人。

【译文】

所以说不待教化就惩罚，则刑罚虽多但难以根除邪恶；只教化而不严惩，则恶人得不到应有的惩罚；只严惩而不奖赏，则勤勉之人得不到鼓励；奖惩不当，则百姓心生疑惑、无所适从。所以，古代帝王申明礼仪制度以统一民众的言行，以忠信之心爱护百姓，尚贤使能以安置他们，以爵位奖赏来激励他们；适时为其安排事务，减轻其负担、责任，以使其身心协调；以浩浩恩泽惠及其身，像爱护婴儿一样精心呵护、照顾他们。如此则奸邪不起，盗贼不生，改过自新者也得到了劝勉。何以会这样呢？就是因为古代帝王引人为善的途径简单，防人作恶的措施得力，政令统一，禁令明确。所以说：上面政令统一，下面就执行一致；上面政令混乱，下面必然各行其是。就像草木一样，有什么根长什么枝叶，说的就是这个道理。

不给百姓利益却一味地向他们索取，不如先给他们利益再向他们索取；不爱护百姓而只想役使他们，不如爱护他们再役使他们更有成效；给百姓利益之后再向他们索取，不如给他们利益之后也不向他们索取；爱护百姓再役使他们，不如爱护他们也不役使他们。给他们利益之后也不向他们索取、爱护他们也不役使他们，这是得天下的做法；给百姓利益之后再向他们索取、爱护百姓再役使他们，这是保国家的做法；不给百姓利益却一味地向他们索取、不爱护百姓而只想役使他们，这是陷国家于危亡境地的做法。

考察一个国家的强弱、贫富是有征兆的：君主不崇尚礼义，则兵力衰弱；君主不爱护百姓，则兵力衰弱；言而无信，则兵力衰弱；奖赏不丰厚，则兵力衰弱；将帅无能，则兵力衰弱。君主好大喜功，国家就贫穷；君主贪财好利，国家就贫穷；官吏过多，国家就贫穷；匠人商人过多，国家就贫穷；各种计量没有统一的标准，国家就贫穷。百姓贫穷，君主必然贫穷；百姓富裕了，君主才能富裕。田野乡村是财富的根本，粮仓地窖是财富的末端；百姓不失农时地耕种、生产有条不紊地进行，这是财富的源泉；按等差征收的赋税、贮存在国库中的财物，是财富的支流。因而，圣明的君主一定会审慎地协调处理本末源流的关系，开源节流，并及时调整使之平衡。让天下的财富绰绰有余，君主也就不必为财富不足而忧心忡忡了。君主和百姓都富裕，财富多得无处存放，这就把握了治国之根本。大禹时期遭遇十年水灾，商汤时期遭遇七年旱灾，而百姓没有遭受饥饿之苦，十年之后，五谷丰登，囤积的粮食还有剩余，原因就在于他们深谙本末源流的关系。如果田野荒芜而粮仓充实，百姓家里空荡荡而官府的仓库却满当当的，国家也就要垮了。毁其本，枯其源，把财富都聚敛在国库中，而君主大臣还浑然不知其危害，社稷的倾覆也就指日可待了。

保持国家独立的难易所在：侍奉强暴的国家困难，而让强暴的国家侍奉自己容易。事之以财货珠宝，则财货用尽交情也就完了；与之结盟定约，时日不多就背叛盟约了；割让土地来贿赂，刚割让完又狮子大开口了。侍奉得越周全顺从，他们越贪得无厌，直到把你的财物霸尽、国土占完而后才罢休。即使以尧舜为左膀右臂，国家也不能依靠侍奉强暴而幸免于灭亡。……所以，圣明的君主是不会用这种办法的。一定要修正礼义以整饬朝廷，严肃法纪以治理百官，政事公平以治理百姓，朝中统一礼义制度，百官统一政务，百姓团结一致。这样，近者争相亲近，远者争相致意，上下同心同德，三军齐心协力，名声足以震慑列强，威力足以制服列强，挥挥手则列强无不拱手听命，就像大力士与矮人相搏一样不费吹灰之力。所以说：侍奉强暴之国难，而让强暴之国侍奉自己容易。

【品鉴】

不教而诛，则刑繁而邪不胜；教而不诛，则奸民不惩

《左传》中有这样一段记载：

郑子产有疾，谓子太叔曰："我死，子必为政。唯有德者能以宽服民，其次莫若猛。夫火烈，民望而畏之，故鲜死也；水懦弱，民狎而玩之，则多死焉。故宽难。"疾数月而卒。太叔为政，不忍猛而宽，郑国多盗，取人于萑苻之泽，太叔悔之曰："吾早从夫子不及此！"兴徒兵以攻萑苻之盗，尽杀之，盗少止。仲尼曰："善哉！政宽则民慢，慢则纠之以猛；猛则民残，残则施之宽；宽以济猛，猛以济宽，政是以和。"（《左传·昭公二十年》）

子产是春秋时期著名的思想家，也是一位务实的政治家。他担任郑国卿后，大胆实行了一系列政治改革，成效卓著。上文记载的实际上是子产的临终遗言。子产主张为政必须宽猛相济，并特别叮嘱他的继承人太叔务必"猛"一些。但太叔执政后宽有余而猛不足，以致于盗贼强人横行，最后不得不兴兵讨伐盗贼。孔子对此发表议论道：宽猛相辅相成，才能政通人和、国泰民安。

儒家主张"德治"，但从不否定刑罚的作用，特别是当教化无效时，也主张诉诸刑罚。德主刑辅，宽猛相济，这是儒家的一贯主张。继孔子之后，孟子认为"徒法不足以自行，徒善不足以为政"（《孟子·离娄上》），荀子强调："治之经，礼与刑，君子以修百姓宁。明德慎刑，国家既治四海平"。（《荀子·成相》）不待教化就惩罚，则刑罚虽多但难以根除邪恶；只教化而不严惩，则恶人得不到应有的惩罚。所以，德刑结合，德主刑辅，宽严相济，恩威并施，从自觉和强制两个方面来规范人的行为、维护社会治安，是古代治国理政的基本理念。

上一则下一则矣，上二则下二矣

上面政令统一，下面就执行一致；上面政令混乱，下面必然各行其是。

同为儒家思想的代表，荀子与孔子、孟子有一点明显的不同，那就是荀子特别强调君主的最高权威："君者，国之隆也；父者，家之隆也。"而荀子强调"隆君"的重要目的就是为了政令统一："隆一而治，二而乱。"(《荀子·致士》)本章荀子所谓"上一则下一，上二则下二"的用意即在于此。

与政令统一相对的是政出多门。荀子认为政出多门，权力分散，政令不通畅，执行者无所适从，必然导致国力衰微。对此古人早有认识。据《左传》载，郑国的子产到陈国去缔结盟约，回国后对郑国大夫们说："陈国不久将要灭亡，不可与其交往了。……大夫们傲慢放纵，政令出自多个卿大夫的门下。以这种状态周旋于诸侯之间，能不亡国吗？不出十年陈国就会灭亡。"这就是"政出多门"的出处。

下贫则上贫，下富则上富

如前所述，民富则国富，富民是富国的基础，这是儒家民本思想的重要内容。百姓贫穷，君主必然贫穷；百姓富裕了，君主才能富裕，所以孔子道："百姓足，君孰与不足；百姓不足，君孰与足？"(《论语·颜渊》)

儒家一向反对横征暴敛，认为"聚敛者亡"，主张藏富于民。荀子认为，农业生产是财富之本、之源，毁其本、枯其源，"富筐箧、实府库"而"百姓贫"，这种"上溢而下漏"的聚敛行为乃是源流颠倒、本末倒置，是"亡国"之举。明代吕坤在《直陈天下安危圣躬祸福疏》中也表达了"下贫则上贫，下富则上富"的观点："欲富则天下安贫，天下贫则君岂独富？故曰同民之欲者，民共乐之；夺民之欲者，民共夺之。"他直言："臣以为一缕一丝，皆出民力，与其积于无用，劳费财空，孰若定以有常，随取随足？"

荀子还提出，有几种情况会导致国家贫穷：一是君主好大喜功，二是君主贪财好利，三是机构臃肿、官吏过多，四是匠人商人过多，五是各种计量没有统一的标准。除了"匠人商人过多"这一点明显带有农业社会的局限性外，荀子这些犀利独到的观点仍然值得我们深思、反省。

修礼以齐朝，正法以齐官，平政以齐民

荀子强调，要修正礼义以整饬朝廷，一统君臣；要严肃法纪以治理文武百官，一统政务；要政事公平以裕民惠民，一统百姓。这样，君民同心同德，上下齐心协力，才能保持国家的独立和兴盛。

第十一章

王霸篇

本篇以霸道和亡国之道作为王道的参照，指出必须遵循以义立国的基本价值准则："义立而王，信立而霸，权谋立而亡。"在此基础上，荀子重点阐发了两个方面的内容。第一是"治国有道"，强调要以礼义法度为治国的总纲领，并实施富民裕民、选贤任能等具体举措。第二是"人主有职"，明确指出君主的职责就是选拔使用人才："人主者，以官人为能者也"，强调"主好要则百事详，主好详则百事荒"，因而君主治国应当遵循"守至约""事至佚""治近""治明""治一"等原则，这也是本篇中极富启示意义的可圈点之处。

兴天下同利
除天下同害

【原文】

　　国者，天下之制利用也；人主者，天下之利势也。得道以持之，则大安也，大荣也，积美之源也。不得道以持之，则大危也，大累也，有之不如无之，及其綦也，索为匹夫不可得也，齐湣、宋献是也。故人主，天下之利势也，然而不能自安也，安之者必将道也。故用国者，义立而王，信立而霸，权谋立而亡。三者，明主之所谨择也，仁人之所务白也。挈国以呼礼义而无以害之①，行一不义、杀一无罪而得天下，仁者不为也。

【注释】

　　① 挈：执掌，管理。呼：提倡。

【译文】

　　国家，是天下最有力的工具；君主，是天下最有利的地位。以正确的方法治理国家，则国家就安定、荣耀，君主就是幸福美好之源。以错误的方法治国，则国家就陷入忧患中，有这样的君王还不如没有。等到形势危急时，君王即使想当一个普通老百姓也做不到，就像齐湣王、宋献王那样。君主最有权势，有时却如泥菩萨过河一样自身难保。自保是要有方法的。治理国家的人，把道义确定为立国原则，就能称王天下；把信用确定为立国原则，就能够称霸天下；把玩弄权术确定为立国原则，就会亡国。这三种情况，英明的君主一定要谨慎选择，仁人贤士也务必清晰地认识。提倡以礼义治国，并坚定不移地遵循这个原则，即使做一次不义之事、杀一个无辜之人就可以拥有天下，有仁德的人也绝不会违礼背义去做。

【品鉴】

行一不义、杀一无罪而得天下，仁者不为也

行王道、施仁政，是儒家政治思想的根本。与孔子、孟子相比，荀子虽然更重视礼法的外在规范和约束作用，但在坚持行仁义这一点上，孔、孟、荀并无二致。荀子认为，以义立国者才能够称王天下，因而，行不义之事，杀无辜之人，以不仁不义的手段即使获得天下，也难逃社稷倾覆的命运，因而为仁者、王者所不齿。

孟子、荀子都生活在"天下方务于合纵连横，以攻伐为贤"（《史记·孟子荀卿列传》）、"力征争权，胜者为右"（《淮南子·要略》）的时代里，诸侯恣行，政由强国，"争地以战，杀人盈野；争城以战，杀人盈城"（《孟子·离娄上》）是司空见惯的事，但在以仁义为本的儒家看来，这却是罪不容赦的："此所谓率土地而食人肉，罪不容于死。"（《孟子·离娄上》）儒家认为，天下应以王道而定于一统，而王道的标准之一就是"不嗜杀人"："今夫天下之人牧，未有不嗜杀人者也；如有不嗜杀人者，则天下之民皆引领而望之矣。"（《孟子·梁惠王上》）

所以，在儒家看来，"杀一无罪非仁也，非其有而取之非义也"（《孟子·尽心上》)。儒家认为,以仁义王天下应该是兵不血刃:"不战而胜,不攻而得,甲兵不劳而天下服。"(《荀子·王霸》)孟子甚至不相信《尚书·成武》所记载的武王伐纣时双方交战至血流成河的残酷历史画面,他质问道:"仁人无敌于天下,以至仁伐至不仁,而何其血之流杵也?"(《孟子·尽心下》)孟子由此而得出了"尽信《书》,不如无《书》"(《孟子·尽心下》)的结论,这也是我们今天所谓"尽信书不如无书"的出处。

【原文】

彼持国者必不可以独也,然则强固荣辱在于取相矣。身能相能,如是者王。身不能,知恐惧而求能者,如是者强。身不能,不知恐惧而求能者,安唯便僻左右亲比己者之用①,如是者危削,綦之而亡。

国无礼则不正。礼之所以正国也,譬之犹衡之于轻重也,犹绳墨之于曲直也,犹规矩之于方圆也,既错之而人莫之能诬也②。《诗》云:"如霜雪之将将,如日月之光明,为之则存,不为则亡。"此之谓也。

国危则无乐君,国安则无忧民。乱则国危,治则国安。今君人者急逐乐而缓治国,岂不过甚矣哉!

故明君者必将先治其国,然后百乐得其中;暗君者必将急逐乐而缓治国,故忧患不可胜校也③,必至于身死国亡然后止也,岂不哀哉!将以为乐,乃得忧焉;将以为安,乃得危焉;将以为福,乃得死亡焉,岂不哀哉!於乎④!君人者亦可以察若言矣。

故治国有道,人主有职。若夫贯日而治详⑤,一日而曲列之,是所使夫百吏官人为也,不足以是伤游玩安燕之乐。若夫论一相以兼率之，使臣下百吏莫不宿道乡方而务，是夫人主之职也⑥。若是，则一天下，名配尧、禹。之主者，守至约而详，事至佚而功，垂衣裳，不下簟席之上，而海内之人莫不愿得以为帝王。夫是之谓至约，乐莫大焉。

【注释】

①便僻：通"便嬖"，指善于阿谀逢迎而得到君主宠信的近臣。亲比：亲近、依附。

②错：通"措"，设置。可参阅《荀子·礼论》："故绳墨诚陈矣，则不可欺以曲直；衡诚县矣，则不可欺以轻重；规矩诚设矣，则不可欺以方圆；君子审于礼，则不可欺以诈伪。"

③校：计。

④于乎：呜呼。

⑤贯日：累日，积日。

⑥论一相：选拔一个卿相。兼率之：领导百官。宿道：归于正道。乡方而务：朝着正确的方向努力。

【译文】

国君虽然大权在握，但单靠自己的力量是治理不好国家的，国家的强弱荣辱与卿相的选择是密切相关的。自己有能力，卿相也有能力，就能称王天下。自己无能，但心怀忧患而去求有才干者，国家就能强大。自己无能，又不知道恐惧而去求有才干者，而是任用身边那些阿谀奉承的亲信，国家就危险甚至可能走向灭亡了。

没有礼法制度，就无法治理国家。礼法制度对于国家的作用，就好比用称来称轻重、用墨线来量曲直、用矩尺圆规来画方圆一样，设置好标准，循之而行即可。《诗经》中说："像霜雪一样无情，像日月一样光明，依之而行则生存，违之而动则灭亡。"说的正是这个道理。

危难的国家没有快乐的国君，安定的国家没有忧虑的百姓。社会混乱国家就危险，社会有序国家就稳定。现在的君主以追逐享乐为要而不以治理国家为务，难道不太过分了吗？

明君一定是以治国为先，而后百乐自在其中；昏君则把追求享乐放在治国之上，所以各种忧患会接踵而至，直到国家灭亡才会幡然醒悟，岂不可悲吗？追求快乐，得到的却是忧患；追求安定，得到的却是危险；追求幸福，得到的却是死亡，岂不可悲吗？呜呼！君主应该仔细想想上面所说的道理。

治国有治国的纲领，君主有自己的职责。把要做的事情一一列举出来，一件一件地按顺序去做，这应该是百官的职责，君主不应该为此而耽误自己的享乐休息。至于选择卿相以统帅文武百官，让大家同心同德朝着共同的目标前进，这就是君主的职责了。如此则能一统天下，名声齐于尧舜。君主应当以简约而达到周详，在安逸中求得功效，悠然自得地坐在竹席上，衣服闲闲地垂着，海内之人无不心悦诚服地称之为帝王，这是最轻松的，也是最快乐的。

【品鉴】

国无礼则不正

在荀子看来，礼不仅是"正身"的标准，更是"正国"的标准，就像用称来量轻重、用墨线来正曲直、用矩尺圆规来画方圆一样，人循此标准而行即可"不逾矩"，国循此标准而动即可秩序井然。荀子认为礼是治国的原则和纲领，礼的作用就在于提供治国的标准或规则。

荀子把礼视为国家命脉之所系。他认为，一个国家没有礼，就不可能建立起公正合理的社会秩序，最终必将陷入混乱，走向灭亡。在其他篇章中，荀子也反复强调礼对于国家的至关重要：

隆礼贵义者其国治，简礼贱义者其国乱。(《荀子·议兵》)

故人无礼则不生，事无礼则不成，国无礼则不宁。(《荀子·修身》)

故人之命在天，国之命在礼。人君者，隆礼尊贤而王，重法爱民而霸，好利多诈而危，权谋倾覆幽险而亡。(《荀子·强国》)

守至约而详，事至佚而功

荀子这里是针对君主治国而言的，意思是君主应当垂拱而治，以最为简约的方式实现最为周详的管理，在清闲安逸中实现天下大治的功效。其实，很多时候，对于领导干部的管理，乃至于对于普通人的日常工作和学习，这些原则也同样是适用的。

治国有道，人主有职

治国有治国的纲领准则，这就是礼义法度；君主有君主的本分职责，这就是选贤任能，尤其是卿相的选择。这里荀子着意强调的是君主的职责。

作为领导干部，最重要的是把人分配好、管理好。不拘一格选贤任能，并知人善任，扬长避短，使其各司其职，放手让其施展抱负、发挥才华，自己"袖手旁观"、"坐待其成"也就行了。

【原文】

人主者，以官人为能者也；匹夫者，以自能为能者也。人主得使人为之，匹夫则无所移之。

论德使能而官施之者，圣王之道也，儒之所谨守也。传曰："农分田而耕，贾分货而贩，百工分事而劝，士大夫分职而听，建国诸侯之君分土而守，三公总方而议，则天子共己而已。"出若入若①，天下莫不平均，莫不治辨，是百王之所同也，而礼法之大分也。

羿、蜂门者，善服射者也②；王良、造父者，善服驭者也③；聪明君子者，善服人者也。人服而势从之，人不服而势去之，故王者已于服人矣。故人主欲得善射，射远中微，则莫若羿、蜂门矣；欲得善驭，及速致远，则莫若王良、造父矣；欲得调壹天下④，制秦、楚，则莫若聪明君子矣。其用知甚简，其为事不劳而功名致大，甚易处而綦可乐也。故明君以为宝，而愚者以为难。

人主不公，人臣不忠也。人主则外贤而偏举，人臣则争职而妒贤，是其所以不合之故也。人主胡不广焉无恤亲疏，无偏贵贱，唯诚能之求？若是，则人臣轻职业让贤而安随其后，如是，则舜、禹还至，王业还起。功壹天下，名配舜、禹，物由有可乐如是其美焉者乎！呜呼！君人者亦可以察若言矣。

杨朱哭衢涂⑤，曰："此夫过举跬步而觉跌千里者夫！"哀哭之⑥。此亦荣辱安危存亡之衢已，此其为可哀甚于衢涂。呜呼哀哉！君人者，千岁而不觉也。

【注释】

① 出若入若：朝廷外是这样，朝廷内也是这样，指人人各司其职。

② 蜂（pāng）门：又称逢蒙、逢蒙、蓬蒙，据传是后羿的徒弟，善于射箭。《汉书·艺文志》著录有《逢门射法》两篇。

③ 王良：春秋末赵简子的车夫，善于驾车。

④ 调壹天下：治理、统一天下。

⑤ 杨朱：战国时期魏国人，主张"为我"，孟子称其说为异端邪说。
衢涂：岔路口。涂：通"途"。
⑥ 跌：误差。

【译文】

君主，以选贤任能为自己的职责；普通人，则要兢兢业业做好分内的事情。君主可以指使别人，普通人不能推卸自己的职责。

选贤任能，给他们委任官职，这是圣明帝王所做的，也是儒家所谨守的原则。古语说："农民分得田地耕种，商人分得货物经营，各种工匠在自己的领域内勤勉工作，士大夫在职责范围内处理政务，诸侯贵族守卫管理着分封的土地，三公全面负责协调各个方面，这样天子就可以安坐以待国之大治了。"朝廷内外人人各司其职，天下都协调一致，一切都治理得井井有条，这是历代圣王共同尊奉的原则，也是礼法制度的要旨。

后羿、逄蒙是善于射箭者，王良、造父是善于驾车者，睿智君子，则是善于使百姓心悦诚服者。百姓服从追随，则权势随之而来，否则权势也就远离之而去了。称王天下者也就是做到了让百姓心悦诚服罢了。所以，君主若想找善射者，无论多远、多小的目标都能够百发百中，没有超过后羿、逄蒙者；若想找善驾者，快速到达目的地，没有超过王良、造父的；若想找善于协调、一统人心者，制服强大的秦、楚，那就非睿智君子莫属了。他们的办法并不复杂，做得不多却事半功倍，名扬天下，知足达观，所以明君视他们为宝贝，庸君则视之为祸患。

君主不公正，臣子必然不忠诚。君主若疏远贤能、任用亲信，臣子必然妒贤嫉能、争夺职位，这就是臣子不愿意辅助君主的原因。君主为什么不广开用人之路，不管亲疏贵贱，唯才是举呢？如果这样，臣子必然不以自己的职位为重，举贤让能，辅助君主。

杨朱站在岔道口上哭道:"走错了这一步,觉察时就会错走千里了!"他为此而痛哭哀泣。人才的选拔,也是关系到国家荣辱、安危、存亡的岔路口,走错了这一步,比选错了路更加悲哀。哎呀,可悲呀!千百年来君主竟没有意识到用人的重要。

【品鉴】

人主者,以官人为能者也

我们常说,最辛苦、最忙碌的领导不是好领导。这一点,二千多年前的荀子已经明确告诉我们了:"人主者,以官人为能也",选贤任能,这是君主的职责,其他的事都应交给卿相去做。因而,能否"官人",就成为衡量君主是否称职的标准,甚至成为大业能否成就的关键。

纵观历史,善于选贤任能的人,能够平治天下,齐桓公、汉高祖就是两个典型的例子。

知人善任且豁达大度、用人不疑,这是齐桓公的特点。虽与管仲有一箭之仇,但看中了管仲的匡世之才,桓公摒弃前嫌,拜管仲为相,对内整顿朝政、厉行改革,对外尊王攘夷,存亡续绝,终于九合诸侯,一匡天下,成就了春秋五霸之首的伟业。

作为"人主",齐桓公求贤若渴,在招贤纳士方面可谓是殚精竭虑,《说苑·尊贤》记载了这样一件事:

为了表现自己广集贤士的决心,齐桓公专设"庭燎之礼",即在宫廷前燃起明亮的火炬,准备日夜接待前来晋见的人才。但火炬燃了一年,也没有人上门求见,一时间桓公一筹莫展。这时候有一个地位低下的人前来求见,齐桓公立即升堂,满怀喜悦地问来人有什么才能?来人说:"我会算术。"齐桓公一听心里凉了半截:这种小儿科的东西也算是一技之长吗?来人娓娓说道:"算术固然不是高深的学问,但如果您也能以礼相待的话，还怕比我高明的人不来吗？"齐桓公点头称是，隆重地接待了他。一个月后，四面八方的贤士接踵而至，以后逐步形成了一种招贤纳士的风气，齐国人才济济。荀子曾担任祭酒的稷下学宫就在齐国，这是当时百家争鸣的所在地，是天下人才汇集的中心。

齐桓公不仅善于文集贤士，更敢于和善于使用人才，其中最具代表性的便是"桓管五杰"。早在齐桓公拜管仲为相时，管仲便向桓公举荐了五个人："举止有礼、进退有节、言辞刚柔相济，我不如隰朋，请任命他负责外交；开荒建城、垦地蓄粮，我不如宁戚，请任命他掌管农业生产；指挥若定，使战车不乱、将士视死如归，我不如王子城父，请任命他统帅三军；秉公断案、不枉无辜，我不如宾胥无，请任命他负责司法刑律；犯颜直谏、不避死亡、不图富贵，我不如东郭牙，请任命他主管监察谏议。"桓公听从了管仲的建议，令五人各掌其事，组成了一个智囊团，君臣同心，励精图治，终成霸业。所以，当有人说齐桓公这个君主当得容易时，桓公答道：说容易也容易，说难也难，没管仲时很难，有了管仲就容易了。

与桓公一样，汉代刘邦虽然出身草莽，但他特别善于选贤任能，萧何、张良、陈平、韩信，这些顶尖人才均被收入其麾下，刘邦最终凭此成就霸业。相反，西楚霸王项羽虽然名噪一时，但妄自尊大、刚愎自用，仅剩一个范增追随其后，最终落得个"乌江自刎"、功败垂成。

善于"官人"，这是历史上和现实中成就伟业者的共同之处。

聪明君子者，善服人者也

得民心者得天下，让天下百姓心悦诚服，这是贤明睿智的领导所孜孜追求的目标。那么，何以服人呢？

儒家传统上把"德"与"力"相对立，尚德而不尚力，"以德服人"

是儒家政治理想的最高境界。儒家认为，"以力服人者，非心服也，力不赡也；以德服人者，中心悦而诚服也。"(《孟子·公孙丑上》)以力服人是霸道，以德服人则是王道，如孟子讲："以力服人者霸，霸必有大国；以德服人者王，王不待大。"《孟子·公孙丑上》所以，强而不欺、威而不霸就成为中国的政治传统，这也是中国能够为世界和平作出贡献的深厚文化基础。

人主不公，人臣不忠也。人主则外贤而偏举，人臣则争职而妒贤

上梁不正下梁必歪。君主不公正，臣子必然不忠诚；君主若疏远贤能、任用亲信，臣子必然妒贤嫉能、争权夺利。

《晏子春秋》中记载了这样一个故事：晏婴不遗余力地辅助齐景公，总是以各种方式劝谏景公，为他出谋划策，为他匡偏救弊，所以齐国政治清明、国泰民安。但自从晏婴死了之后，再也没有人当面指责、劝谏齐景公了，景公心中为此闷闷不乐。一天，齐景公宴请文武百官，席散后一起射箭取乐。齐景公每射一支箭，都会赢得文武百官的高声喝彩。景公黯然神伤地对弦章说："我真是想念晏婴啊！晏婴死后就再也没有人当面指出我的过失了。刚才我明明没有射中，群臣却还异口同声地喝彩，这真让我难过！"弦章对景公说："您也不该都归咎于臣子。古人说：'上行而后下效'，您喜欢吃什么，群臣也就跟着吃什么；您喜欢穿什么，群臣也就跟着穿什么；您喜欢听好话，群臣也就只有阿谀奉承了！"一席话说得齐景公豁然开朗。这就是"上行下效"这个成语的来历。

由此，古人特别强调君主的道德，强调官德。孔子说："为政以德，譬如北辰，居其所而众星共之。"(《论语·为政》)当领导的人能够做到以德服人，就会像天上的北斗星一样被群星拥戴，收到不令而行、不劳而治的功效，这就是领导率先垂范的意义。

过举跬步，而觉跌千里

"差之毫厘，谬以千里"可与"过举步，而觉跌千里"互释。

唐朝"卒徒"出身的宿州太守陈蟠，因贪赃被处死时索笔题诗，诗云：

积玉堆金官又崇，祸来倏忽变成空

五年荣贵今何在，不异南柯一梦中

四行小诗，将从高官到死因的经历一语道尽，堪为"过举跬步，而觉跌千里"之实例。

【原文】

无国而不有治法，无国而不有乱法；无国而不有贤士，无国而不有罢士；无国而不有愿民，无国而不有悍民；无国而不有美俗，无国而不有恶俗。两者并行而国在，上偏而国安，在下偏而国危，上一而王，下一而亡。故其法治，其佐贤，其民愿，其俗美，而四者齐，夫是之谓上一。如是则不战而胜，不攻而得，甲兵不劳而天下服。

主道治近不治远，治明不治幽，治一不治二。主能治近则远者理，主能治明则幽者化，主能当一则百事正。夫兼听天下，日有余而治不足者如此也，是治之极也。既能治近，又务治远；既能治明，又务见幽；既能当一，又务正百，是过者也，过，犹不及也，辟之是犹立直木而求其影之枉也。不能治近，又务治远；不能察明，又务见幽；不能当一，又务正百，是悖者也，辟之是犹立枉木而求其影之直也①。故明主好要而暗主好详②；主好要则百事详，主好详则百事荒。君者，论一相，陈一法，明一指，以兼覆之，兼照之，以观其盛者也③。相者，论列百官之长，要百事之听，以饰朝廷臣下百吏之分，度其功劳，论其庆赏，岁终奉其成功以效于君。当则可，不当则废。故君人劳于索之，而休于使之。

【注释】

① 枉木：弯木。

② 要：关键。详：细节。

③ 论：这里意为选用、安排位次。指：同"旨"，主要原则。兼覆：全面管理。

【译文】

任何一个国家都是既有让国家安全的法律，也有致国家混乱的法律；既有品德高尚的人，也有品行不端的人；既有诚实顺从的人，也有凶悍奸诈的人；既有好的风俗，也有坏的风俗。这正反两方面在一个国家同时存在，则国家仍在，前者占了上风，国家就安定；后者占了上风，国家就危险。具备前者则能够称王天下，具备后者就只能坐以待毙了。有好的法律，有贤士辅佐，百姓诚实顺从，风俗美好，具备这四者的话，就能够不征战而取胜，不进攻而得到土地，不用兵而天下臣服。

君主的治国之道是：治理身边的事而不管远处的事，治理明处的事而不管暗处的事，治理根本性的事而不管各种小事。身边的事处理好了，远处的事也会依此而处理好；明处的问题解决了，暗处的危机也就化解了；根本性的事情做好了，做其他事情也就不会出错了。统揽天下，时间仍绰绰有余、事情仍不够做，这是治国的最高境界了。既管身边又管远处的事，既管明处又管暗处的事，既管大事又管小事，这就过头了，过头跟没达到是一样的。这就如同把一根笔直的木头立起来却希望其影子是弯曲的一样。身边的事情做不好，却还要去管远处的；明处的问题看不到，还想觉察到暗处的矛盾；根本性的事情处理不好，还要插手各种小事，这是违背常规的，就如同把一根弯曲的木头立起来却希望其影子是笔直的一样。因而，圣明的君主只抓关键、要领，而愚庸的君主却事无巨细什么都管。抓住关键，则万事都能处理周到；什么都管，则什么事都做不好。君主所需要做的，就是选拔一个卿相，颁布一部法律，明确一个宗旨，以此来统揽一切，坐观其成。卿相的职责是考察百官的德才优势，根据其各自特点而安置以不同的职位，考核评估其政绩并给予相应的赏罚，年底把他们的政绩呈报给君主。称职者继续使用，不称职者就此罢免。所以，君主的辛苦主要在卿相的选择上，选好之后就可以安享清闲了。

【品鉴】

主能治近则远者理，主能治明则幽者化，主能当一则百事正

唯物辩证法认为，分析矛盾、解决问题，首先要抓主要矛盾和矛盾的主要方面，也就是抓重点、抓关键，"举一纲而万目张，解一卷而众篇明"（汉·郑玄《诗谱序》），如此才能收到事半功倍的功效。以身作则，管好自己身边的人，管好大事、要事，做好表率，这就是领导艺术。对领导干部来讲是这样，对一国之君来讲，更是如此。所以，荀子强调君主一定要把握好自己的职责，绝不能事无巨细都一一过问。《淮南子》中的一段话可以视为荀子这段话的注释：

> 人主之术，处无为之事，而行不言之教。清静而不动，一度而不摇，因循而任下，责成而不劳。……故圣人事省而易治，求寡而易澹，不施而仁，不言而信，不求而得，不为而成。（《淮南子·主术训》）

与此同时，《淮南子》强调君主"不可不慎"的一件事情是："所任

者得其人,则国家治,上下和,群臣亲,百姓附。所任非其人,则国家危,上下乖,群臣怨,百姓乱。故一举而不当,终身伤。"(《淮南子·主术训》)选拔人才,这是治国理政的头等大事。

主好要则百事详,主好详则百事荒

史载,唐太宗发现左右仆射房玄龄、杜如晦废寝忘食辛勤操劳,整天埋头阅读处理公文,就严厉地批评他们说:"你们身为仆射,应该高瞻远瞩,协助我操劳国家大事,尤其是要帮我选拔贤能之士,怎么能陷在事务堆里呢?"他还给尚书省下了一道诏书:凡是琐碎事务一律交给左右丞处理,只有疑难重大的事务才能上报给左右仆射处理,这样就把房玄龄和杜如晦从繁忙的事务堆里解放出来,腾出时间让他们考虑国家大事。

事必躬亲、最忙最累的领导不是好领导。荀子认为,圣明的君主只抓关键、要领,国家却治理得秩序井然;愚庸的君主事无巨细都要亲自过问,结果不但劳而无功,甚至政务荒废、越忙越乱。

在荀子看来,一国之君所需要做的,就是选拔一个宰相、颁布一部法律、明确一个治国原则,而后坐观其成就行了。由此带给我们的启示是,作为领导干部,尤其是高级领导干部,最重要的选好人、用好人,而不是做具体的事务:"德泽兼覆而不偏,群臣劝务而不怠,近者安其性,远者怀其德。所以然者,何也?得用人之道,而不任己之才者也。"(《淮南子·主术训》)

作为领导干部,还要善于调动众人的积极性、发挥众人的才智和力量:"以天下之目视,以天下之耳听,以天下之智虑,以天下之力争",由此才能做到"耳目不劳,精神不竭,物至而观其象,事来而应其化,近者不乱,远者治也。"(《淮南子·主术训》)化繁为简,化难为易,举重若轻,这种洒脱是一门领导艺术,也是一种境界。春秋末卫国大夫蘧

伯玉因贤德闻名诸侯，孔子的学生子贡曾以"何以治国"请教于他，他淡然答道："以弗治治之。"(《淮南子·主术训》)

有明确的目标、统一的思想，有好的制度，就尽可以放权、放手、放心地让手下的人施展其抱负、显示其才华。当然，放心很重要，即所谓"用人不疑"。

【原文】

用国者，得百姓之力者富，得百姓之死者强，得百姓之誉者荣。三得者具而天下归之，三得者亡而天下去之；天下归之之谓王，天下去之之谓亡。汤、武者，循其道，行其义，兴天下同利，除天下同害，天下归之。

儒者为之不然，必将曲辨①：朝廷必将隆礼义而审贵贱，若是，则士大夫莫不敬节死制者矣②。百官则将齐其制度，重其官秩③，若是，则百吏莫不畏法而遵绳矣。关市几而不征，质律禁止而不偏，如是，则商贾莫不敦悫而无诈矣④。百工将时斩伐，佻其期日而利其巧任，如是，则百工莫不忠信而不楛矣⑤；县鄙则将轻田野之税，省刀布之敛，罕举力役，无夺农时，如是，则农夫莫不朴力而寡能矣⑥。士大夫务节死制，然而兵劲。百吏畏法循绳，然后国常不乱。商贾敦悫无诈则商旅安，货通财，而国求给矣。百工忠信而不楛，则器用巧便而财不匮矣。农夫朴力而寡能，则上不失天时，下不失地利，中得人和，而百事不废。是之谓政令行，风俗美，以守则固，以征则强，居则有名，动则有功。此儒之所谓曲辨也。

【注释】

①曲辨：周祥地治理。曲：周祥。辨：治理。
②敬节：尊重名节。死制：死守法制。
③官秩：官职和俸禄。
④几：查问。质律：古代评估市价的一种文书。
⑤佻（yáo）其期日：放宽期限。佻：同"佻"，粗劣。
⑥罕举力役：少动用劳役。朴力：尽力。

【译文】

治理国家的人，能够让百姓为之出力者，国家富足；能够让百姓为之拼死者，国家强大；能够让百姓心悦诚服交口称赞者，誉满全国。如果同时具备了这三者，就会天下归心；如果同时失去了这三者，就会众叛亲离。天下归心者称王，众叛亲离者灭亡。商汤和周武王就是遵循这个原则，奉行这个道理，兴办天下人共同的福利，除掉天下人共同的祸害，所以天下归心。

儒者就不这样做，必定要周详地治理：朝廷一定要尊崇礼义，分别贵贱，这样士大夫就都会注重名节，死守礼制；各级官吏统一于国家制度，看重自己的职位俸禄，就都会敬畏法制、遵从法律条文；关卡、市场只检查而不收税，物价、交易都公正而不偏私，这样商人就都会诚信而不欺诈；让工匠按季节砍伐木材，放宽他们的期限，发挥他们的才能，这样工匠也就都忠实守信而不粗制滥造了；乡村里要减少税收，减少聚敛，减轻劳役，不误农时，这样农民也就尽力耕种而不从事其他事情了。士大夫看重名节、遵守礼制，兵力就强大；百官敬畏、遵守法律，国家法制就不混乱；商人诚实无欺，商品流通就顺畅，供给就能满足；工匠忠信而不粗制滥造，器具就精美，工具就不匮乏；农民尽力耕种，不失天时、地利、人和，则百业兴旺。这就叫作政令畅通，风俗美好。凭借这些条件，守卫国土则国土牢固，出兵打仗则国家强大，居守本土则名声远扬，行动起来则功效卓著，这就是儒家所谓的周祥治国。

【品鉴】

得百姓之力者富，得百姓之死者强，得百姓之誉者荣

儒家的民本传统源远流长，西周时期就提出了"保民"这一概念。周公反复告诫其子弟臣僚不要恣意妄为、贪图享乐，而应体察民情，"知稼穑之艰难"（《尚书·无逸》），他还提出要把民众作为自己的镜子："人无于水监，当于民监。"（《尚书·酒诰》）在此基础上，孟子提出了系统的民本思想。孟子认为人民是诸侯立国之三宝："诸侯之宝三：土地、人民、政事"（《孟子·尽心上》），无土地则无以立国，无人民则无以存国，无政事则无以治国，他认为民众百姓是最宝贵的："民为贵，社稷次之，君为轻。"（《孟子·尽心上》）由此，孟子明确指出："得天下有道，得其民，斯得天下矣。"（《孟子·离娄上》）荀子继承儒家民本传统，也强调民的重要，尤其强调民心的重要。在荀子看来，让百姓为之尽力甚至为之赴死，固然能够富国强兵，但却都比不上得民心，得民心则得天下。这是王道与霸道的区别，也是儒家与法家的分野。

兴天下同利，除天下同害，天下归之

"为民兴利除害"（《管子·君臣下》），是中国传统民本思想的一个重要内容。其实，中国思想史上对"兴天下之利"讲得最多的并不是儒家，而是墨家。墨子指出，"仁人之所以为事者，必兴天下之利，除去天下之害，以此为事者也"（《墨子·兼爱中》）。下层社会出身的墨子痛斥统治阶层奢侈浪费，"暴夺民衣食之财"，他以"兴天下之利，除天下之害"

为己任，席不暇暖，躬行践履自己的"兼爱""非攻"等主张，连攻击墨家"无父无君"的孟子也由衷地赞叹墨子"摩顶放踵利天下为之"(《孟子·尽心上》)。

第十二章

君道篇

本篇详尽地论述了为君之道。荀子以"有乱君,无乱国"开篇,强调了君主对于国家安危强弱的关键作用。在荀子看来,为君之道主要体现为以下几个方面:首先,荀子以"仪正而景正""君射则臣决"等譬喻,阐明上行下效的道理,以及君主对社会风尚的影响,指出君主必须修身律己,为天下臣民作出表率;其次,君主要隆礼重法:"以礼分施,均遍而不偏";第三,荀子洞察古今,明确指出:"君人者,爱民而安,好士而荣,两者无一焉而亡",把爱民利民视为国家安危存亡的关键因素,这无疑是很深刻的思想;第四,要尚贤使能:"论德而定次,量能而授官,皆使人载其事,而各得其所宜",尤其强调君主不能因私而废公:"有私人以金石珠玉,无私人以官职事业。"

论德而定次
量能而授官

【原文】

有乱君，无乱国；有治人，无治法。羿之法非亡也，而羿不世中；禹之法犹存，而夏不世王。故法不能独立，类不能自行，得其人则存，失其人则亡。法者，治之端也；君子者，法之原也。故有君子则法虽省，足以遍矣；无君子则法虽具，失先后之施，不能应事之变，足以乱矣。不知法之义而正法之数者，虽博，临事必乱。故明主急得其人，而暗主急得其势。急得其人，则身佚而国治，功大而名美，上可以王，下可以霸；不急得其人而急得其势，则身劳而国乱，功废而名辱，社稷必危。故君人者劳于索之，而休于使之。《书》曰："惟文王敬忌，一人以择。"此之谓也。

合符节①、别契券者②，所以为信也；上好权谋，则臣下百吏诞诈之人乘是而后欺。探筹、投钩者③，所以为公也；上好曲私，则臣下百吏乘是而后偏。衡石、称县者④，所以为平也；上好倾覆，则臣下百吏乘是而后险。斗、斛、敦、概者⑤，所以为啧也⑥；上好贪利，则臣下百吏乘是而后丰取刻与⑦，以无度取于民。故械数者⑧，治之流也，非治之原也；君子者，治之原也。

【注释】

① 符节：中国古代朝廷传达命令、征调兵将以及用于各项事务的一种凭证，用金、铜、玉、角、竹、木、铅等不同原料制成。刻上文字，分成两半，用时双方各执一半，合之以验真假，如兵符、虎符等。

② 契券：古人从事买卖活动时所用的契据、证券。

③ 探筹、投钩：相当于今天的抽签、抓阄。

④ 衡石（dàn）、称县：指称重量的器物。衡：称。石：古代重量单位，一石为一百二十斤。称县：称和秤砣。县：通"悬"。

⑤ 斗、斛：均为量器，十斗为一斛。敦（duì）：古代量黍稷的器具，一斗二升为一敦。概：刮平斗、斛用的小木板。

⑥ 啧：通"赜"，深奥，意为探测、衡量。

⑦ 丰取刻与：多取少给。

⑧ 械数：指各种统一的度量衡器物。

【译文】

有把国家搞乱的君主，没有一定混乱的国家；有把国家治理好的人才，没有让国家自行治理好的法制。后羿的箭法没有失传，但后羿并不能使世代的人都能百发百中；夏禹治国的法制依然存在，但夏朝并没有世代为王。所以法制不能自动起作用，律令本身也不会自行实施，有用其法的人，法就起作用，没有用其法的人，法也就无用了。法制，只是治国的开端，君子，却是治国的根本。所以有了君子，即使法制不完善，也足以全面实行；没有君子，即使法制再完善，也不会根据情况灵活使用，依然会造成混乱。不懂立法含义而制定法律条文者，条文再完备，遇到实际问题时还是会手足无措。所以，贤明的君主孜孜以求的是人才，而昏庸的君主孜孜以求的是权势。渴望得到人才者，自身安逸，国家安定，功业卓著，名声美好，上可以称王，下可以称霸；不渴望人才而渴望权势者，徒劳无功，国家混乱，声名狼藉，陷社稷于危亡。因而，英明的统治者在寻觅人才的时候很辛苦，但在放手使用人才的时候就轻松了。《尚书》中说："文王恭肃谨慎，亲自选择一个人。"说的就是这个道理。

查验符节、辨识契券，是为了表明信用；但如果君主倾心于阴谋权术，大臣百官中那些奸诈之人就会借机欺诈。抽签、抓阄是为了表明公正；但如果君主偏私不公，大臣百官中那些徇私枉法之徒也会乘机徇私枉法。称等衡量工具是为了表明公平；但如果君主混淆颠倒标准，大臣百官也会乘机铤而走险。斗、斛等器具是为了统一标准的，但如果君主贪得无厌，大臣百官中也会乘机多取少与、聚敛无度。由此可见，制定度量衡等制度，并非治国的根本，德才兼备的君子才是治国的根本。

【品鉴】

有乱君，无乱国；有治人，无治法

儒家在"亲亲""尊尊"的原则下提倡德治，维护礼治，重视人的作用，强调治国者的道德、人格的巨大力量。强调有德者对庶民百姓的教化，是以有德者能居高位为前提的，呈现出贤人政治的特色，这是从德治、礼治的结合中得出的必然逻辑，由此而发展出为政在人、"有治人，无治法"等极端的"人治"主义。为强调德治而否定法治是不正确的。

故械数者，治之流也，非治之原也；君子者，治之原也

人能立法，亦能乱法。在荀子的政治理论中，法治是推行和维护礼治的手段，而礼则是立法的依据和指导原则："礼者，法之大分，类之纲

纪也","礼义生而制法度"。因而,德先刑后、德主刑辅的精神渗透于社会治理的方方面面也就在情理之中了。就中国古代社会的实际情况来说,法治能否有效实行,也确实不在法制本身,而更多地取决于以君主为首的统治者特别是执法者个人的意志。对实际案件的处理,在"情"与"法"的对峙、冲突中,道德和"情"的因素常常是占了上风的。在《孝义传》《刑法志》中,我们常常可以看到为给父母报仇而杀人者得到减刑、免刑甚至宽宥和恩赐的记载,这些孝子们虽因杀人而犯了国法,却因尽孝道而名垂青史。类似这种"法"屈就于"情"的判例在中国历史上屡见不鲜。

【原文】

请问为人君?曰:以礼分施,均遍而不偏。请问为人臣?曰:以礼侍君,忠顺而不懈。请问为人父?曰:宽惠而有礼。请问为人子?曰:敬爱而致文。请问为人兄?曰:慈爱而见友。请问为人弟?曰:敬诎而不苟。请问为人夫?曰:致功而不流,致临而有辨①。请问为人妻?曰:夫有礼,则柔从听侍;夫无礼,则恐惧而自竦也。

请问为国?曰:闻修身,未尝闻为国也。君者,仪也,仪正而景正②;君者,盘也,盘圆而水圆③;君者,盂也,盂方而水方。君射则臣决④。楚庄王好细腰,故朝有饿人。故曰:闻修身,未尝闻为国也。

君者,民之原也,原清则流清,原浊则流浊。故有社稷者而不能爱民、不能利民,而求民之亲爱己,不可得也。民不亲不爱,而求为己用、为己死,不可得也。民不为己用、不为己死,而求兵之劲、城之固,不可得也。兵不劲、城不固,而求敌之不至,不可得也。敌至而求无危削⑤，不灭亡，不可得也。……故君人者，爱民而安，好士而荣，两者无一焉而亡。

【注释】

① 功：疑为"和"。辨：别，指男女有别。

② 仪：日晷上的标杆，日晷是古代按照日影测定时刻的仪器。景：通"影"。

③ 盘：盛液体的圆形器皿。盂：盛液体的方形器皿。在"君者，盂也"后当有"民者，水也"四字。

④ 决：古代射箭时套在右手拇指上用来勾弦的套子，此处用作动词，指勾弦的动作。

⑤ 危削：危险、被削弱。

【译文】

请问怎样做君主？回答是：以礼义治国，全面普遍地推广礼义。请问怎样做人臣？回答是：以礼侍君，忠心顺从而不懈怠。请问怎样做父亲？回答是：宽厚慈惠而守礼义。请问怎样做儿子？回答是：敬爱父母而谨遵礼节。请问怎样做哥哥？回答是：慈爱而堪为朋友。请问怎样做弟弟？回答是：恭顺而认真。请问怎样做丈夫？回答是：和美而不放纵，亲近而又有别。请问怎样做妻子？回答是：夫守礼义时就温柔顺从，夫悖礼义时则心怀警惧。

请问如何治理国家？回答是：只听说过君主要修养道德，不曾听说过如何治理国家。君主就像是日晷上的标杆，百姓就像标杆投下的影子，标杆正影子就正；君主就像是盛水的盘子，百姓就像盘子里的水，盘子是圆的，水就是圆的；君主就像盛水的盂，百姓就像盂中的水，盂是方的，水就是方的。君主喜欢射箭，臣民立即争相效仿。楚庄王喜欢细腰的人，朝中就出现了为让腰细而忍饥挨饿者。所以说：只听说过君主要修养道德，不曾听说过如何治理国家。

君主，就像百姓的源头，源头清澈支流就清澈，源头混浊支流就混浊。所以统治者如果不爱护百姓、为百姓谋福利，却想要百姓亲近爱戴自己，那是不可能的；百姓不亲近爱戴自己，却想要百姓为自己竭尽全力、出生入死，那是不可能的。百姓不为自己竭尽全力、出生入死，却想要兵强马壮，城防固若金汤，那是不可能的。兵力不强大、城防不坚固，却想要强敌不来侵犯，那是不可能的；强敌压境，却还想国家不危险、不灭亡，那是不可能的。……所以，统治者能够爱护百姓，国家就平安、稳定；统治者能够尚贤使能，就能够建功立业、名播四海。如果这两点都做不到，那就难逃社稷覆亡之灾了。

【品鉴】

君者，仪也，仪正而景正

君主就像是日晷上的标杆，百姓就像这标杆投下的影子，标杆正影子就正。这是荀子关于君民关系的一个形象的比喻。

荀子还以"楚庄王好细腰，故朝有饿人"为例，阐释了上行之则下效之、上好之则下行之的道理。

在封建集权的社会，必然出现上有所好，下必甚焉的情况。在一个奉行贤人政治的社会里，强调君主、官员的道德标杆作用是很自然的。

君者，民之原也；原清则流清，原浊则流浊

这是荀子对于君民关系的另一种譬喻，与"君者，仪也，仪正而景正"意思相近。

君主所处的位置决定了其对天下人的巨大影响,《淮南子》对此是这样描述的:"人主之居也,如日月之明也。天下之所同侧目而视,侧耳而听,延颈举踵而望也。"荀子认为君主如高悬的日月一般为众目所瞩,是民众的表率和榜样,一举一动都有巨大的社会影响力,尤其是道德影响力。因而,君德直接关系到国家的兴衰:"齐庄公好勇,不使斗争,而国家多难,其渐至于崔杼之乱;顷襄好色,不使风议,而民多昏乱,其积至昭奇之难。""君人之道,处静以修身,俭约以率下。静则下不扰矣,俭则民不怨矣。"(《淮南子·主术训》)也就是说,君主只需要静心修持道德就足矣。《淮南子》进一步指出,作为君主,"非澹薄无以明德,非宁静无以致远,非宽大无以兼覆,非慈厚无以怀众,非平正无以制断"《淮南子·主术训》。可以看出,《淮南子》一书更多地体现的是道家"无为而治"的政治主张,但在强调君主应发挥其对整个社会的道德影响作用这一点上,与儒家思想并无二致。荀子同样强调君主首先应该成为天下人的道德楷模,掌握治国之道则是次要的:"闻修身,未尝闻为国也。"这也是中国历代选拔人才几乎都把"德"放在首位的原因所在。

有社稷者而不能爱民、不能利民,而求民之亲爱己,不可得也

孔子自述"吾道一以贯之",他的弟子解释道:"夫子之道,忠恕而已矣。"(《论语·里仁》)也就是说,忠恕之道是贯穿孔子思想的核心,而忠恕之道的核心则是推己及人:"己欲立而立人,己欲达而达人"(《论语·雍也》);"己所不欲,勿施于人"(《论语·颜渊》)。

忠恕之道作为处理人际关系的一般原则,同样也适用于君民关系。与后世对臣民单向的伦理要求不同,先秦时期,君臣、君民关系是双向度的。君臣关系上,君仁臣忠,君若不仁不义,臣可以远走高飞,择枝而栖,择主而侍;君民关系上,君若贪婪残暴、不爱民惜民,民可以揭

竿而起，诛杀"寇仇""一夫"。因而，"不仁而得国者，有之矣；不仁而得天下者，未之有也"（《孟子·尽心下》）。

"爱人者人恒爱之，敬人者人恒敬之。"（《孟子·离娄下》）作为统治者，不以爱民、利民为念，就别企望得到民心，别企望能够长治久安，这是千古不易的真理。

君人者，爱民而安，好士而荣，两者无一焉而亡

孟子认为诸侯有三宝，即土地、人民、政事，如果丢失土地、背离人民、荒废政事，诸侯也就要失其位了。在荀子看来，得民靠的是爱民，爱民、利民则民富国安；理政靠的是贤士，尊贤重能则政通人和。如果上无贤士辅助，下失去民心，也就难逃覆灭之厄运了。

《礼记》以"君心民体"之喻论君民关系，论述颇为精到："民以君为心，君以民为体。心庄则体舒，心肃则容敬。心好之，身必安之。君好之，民必欲之。心以体全，亦以体伤；君以民存，亦以民亡。"（《礼记·缁衣》）此喻取象生动，寓义深刻，与"水能载舟，亦能覆舟"之论有异曲同工之妙。《尚书》早有论曰："皇祖有训，民可近，不可下，民惟邦本，本固邦宁。"老百姓是立邦、安邦、兴邦之本，一切权力都只能够立于民这一根基之上，因此人君只有爱民、利民、取信于民，其政权才有可能强固，即所谓"本固邦宁"。可以说，"民惟邦本"之论概括了中国传统政治思想的精髓，这种自周公以降在政治理念上对民意的关注，构成了华夏政治文明史上一条影响绵长久远的主线。

【原文】

道者，何也？曰：君道也。君者，何也？曰：能群也。能群也者，何也？曰：善生养人者也，善班治人者也，善显设人者也，善藩饰人者也①。

论德而定次，量能而授官，皆使人载其事，而各得其所宜。

上以饰贤良而明贵贱，下以饰长幼而明亲疏，上在王公之朝，下在百姓之家，天下晓然皆知其非以为异也，将以明分达治而保万世也。故天子、诸侯无靡费之用②，士大夫无流淫之行，百吏官人无怠慢之事，众庶百姓无奸怪之俗，无盗贼之罪，其能以称义遍矣。故曰："治则衍及百姓，乱则不足及王公。"此之谓也。

至道大形：隆礼至法则国有常，尚贤使能则民知方，纂论公察则民不疑③，赏克罚偷则民不怠，兼听齐明则天下归之。然后明分职，序事业④，材技官能，莫不治理，则公道达而私门塞矣，公义明而私事息矣。如是，则德厚者进而佞说者止，贪利者退而廉节者起。

【注释】

① 班治：治理。显设：重用。藩饰：文饰，指通过人的衣着服饰来显示人不同的等级地位。

② 靡费：过度浪费。

③ 纂论：汇集各方议论、意见。公察：公正明察。

④ 序事业：做事情分清轻重缓急。

【译文】

道是什么呢？回答是：道就是君主治国的原则。君主是什么人呢？回答是：君主是能够把人们组织成社会群体的人。把人们组织成社会群体的人是什么样呢？回答是：是善于养育人的人，善于治理人的人，善于任用安置人的人，善于以衣着服饰来区分人的人。

审察德行来确定等级，衡量才能来授予官职，让每个人都各司其职、各得其宜。

尊贤良之人以区别尊卑贵贱，论长幼之序以辨明亲疏远近，上至王公朝廷，下到平民百姓，人人都知道圣明的帝王之所以要让贵贱亲疏有所区别，就是为了确定等级名分，实现天下大治，万世太平。所以天子、诸侯不会奢侈浪费，士大夫不会淫逸放荡，各级官吏不会玩忽职守，平民百姓没有奸诈乖戾之俗，没有人犯偷盗抢劫之罪，这就堪称道义普及于天下了。所以说："国家安定百姓也富饶，国家混乱王公也贫穷。"说的就是这个道理。

治理国家的最高境界是：推崇礼义法制，国家就有秩序；尚贤使能，百姓就明确了努力方向；汇集众议公正明察，百姓就不会心存疑惑；赏勤罚懒，百姓就不会懈怠懒惰；兼听各方、洞察一切，天下人就会归顺。然后明确职责，各种事情分清轻重缓急，任用有才有能者做事做官，方方面面都安排停当了，公正道义就会畅通无阻，谋私的门径就会被堵死，倡明为公的原则，私事也就止息了。这样，品德淳厚者得到重用，巧言谄媚者也就无立足之地了；贪婪敛财者被黜退，廉洁奉公者就会得到任用提拔。

【品鉴】

论德而定次，量能而授官，皆使人载其事，而各得其所宜

荀子强调等级制度的重要性，认为德、能是序定禄位等级的根本条件。"德以叙位，能以授官"（《致士》），荀子认为根据德行高低、能力大小授予相应职位，使人尽其才、才尽其用，使人们各安其位、各司其职、各得其宜，这是古代选贤任能所遵循的基本原则，也是维护社会等级秩序的基本要求。

隆礼至法则国有常，尚贤使能则民知方，纂论公察则民不疑，赏克罚偷则民不怠，兼听齐明则天下归之

这里，荀子列举了治国理政的几个根本方面：以"隆礼至法"来维护社会秩序，以"尚贤使能"来引导社会风气，以"纂论公察"来获取民众信赖，以"赏克罚偷"来激发社会活力，以"兼听齐明"来赢得政治清明、天下归心。以上可以说涵盖了治国理政的方方面面。可见，荀子心目中的理想人君，不仅应该具有高尚的道德操守，同时更应具备高度的政治智慧。

公道达而私门塞矣，公义明而私事息矣

古人认为，公与私是一对尖锐的矛盾，公私不能两全："利于私，必不利于公，公与私不两胜，利与害不两能。"（宋·杨万里《代萧岳英上宰相书》）同样，公道与私门、公义与私事也是势不两立的："公道达而私门塞矣，公义明而私事息矣"，"将相摄威擅势，私门成党，而公道不行。"（《淮南子·氾论训》）

在古人看来，人若出于公心，则事事畅达无阻；人若被私心蒙蔽，就会变得偏私狭隘，失去判断力："私视使目盲，私听使耳聋，私虑使心狂"（《吕氏春秋·序言》），"公则四通八达，私则一偏而隅"（明·薛瑄《读书录·体验》）。所以，必须破私而立公，即去私心而树公心，开公道而塞私门，明公义而息私事，要"以至公无私之心，行正大光明之事"（明·吕坤《呻吟语·应务》），而不能"以私害公"（汉·韩婴《韩诗外传》），因一己之私利损害公义。

先秦法家把荀子"塞私门"的主张付诸于他们的变法实践中，收到了很好的成效。例如，商鞅在秦国"上开公利而塞私门，以致民力，私劳不显于国，私门不请于君"（《商君书·壹言》），使秦国脱颖而出；吴起在楚国变法,"罢无能,废无用,损不急之官,塞私门之请,壹楚国之俗",廓清吏治,"使私不害公,谗不蔽忠"(《战国策·秦策三》),使楚国威服诸侯。

当然,法度严明、刑赏公正是"塞私门"的关键。对此,《淮南子》阐发道:"法者,天下之度量,而人主之准绳也。县法者,法不法也;设赏者,赏当赏也。法定之后,中程者赏,缺绳者诛。尊贵者不轻其罚,而卑贱者不重其刑。犯法者虽贤必诛,中度者虽不肖必无罪,是故公道通而私道塞矣。"(《淮南子·主训术》)

这里所谓的"私门"类似于我们今天所说的"后门",可见说情请托之风渊源已久。

德厚者进而佞说者止,贪利者退而廉节者起

贤德之士不会与奸佞小人同流合污,廉洁奉公者与贪污腐败者同样也势不两立。所以,品德淳厚者得到重用,巧言谄媚者自然也就无立足之地了;贪婪敛财者被黜退,廉洁奉公者才能得到任用提拔。如何才能使"佞说者止""贪利者退"呢?荀子认为必须实行法治,塞私门、明公义,借助强有力的赏罚机制惩恶进善。这一点荀子在《富国》篇中也有论述:"不威则罚不行。赏不行,则贤者不可得而进也;罚不行,则不肖者不可得而退也。"

【原文】

为人主者,莫不欲强而恶弱,欲安而恶危,欲荣而恶辱,是禹、桀之所同也。要此三欲,辟此三恶,果何道而便?曰:在慎取相,道莫径是矣。故知而不仁不可①,仁而不知不可,既知且仁,是人主之宝也,王霸之佐也。不急得,不知;得而不用,不仁。无其人而幸有其功，愚莫大焉。

今人主有六患：使贤者为之，则与不肖者规之；使知者虑之，则与愚者论之；使修士行之②，则与污邪之人疑之③。虽欲成功，得乎哉！譬之是犹立直木而恐其景之枉也④，惑莫大焉。

故古之人为之不然。其取人有道，其用人有法。取人之道，参之以礼；用人之法，禁之以等。行义动静，度之以礼；知虑取舍，稽之以成；日月积久，校之以功。故卑不得以临尊，轻不得以县重，愚不得以谋知，是以万举不过也。故校之以礼，而观其能安敬也；与之举措迁移，而观其能应变也；与之安燕，而观其能无流慆也；接之以声色、权利、忿怒、患险，而观其能无离守也。彼诚有之者与诚无之者，若白黑然，可诎邪哉⑤！故伯乐不可欺以马，而君子不可欺以人，此明王之道也。

人主欲得善射，射远中微者，县贵爵重赏以招致之⑥。内不可以阿子弟，外不可以隐远人⑦，能中是者取之，是岂不必得之之道也哉！虽圣人不能易也。

然而求卿相辅佐，则独不若是其公也，案唯便嬖亲比己者之用也，岂不过甚矣哉！故有社稷者莫不欲强，俄则弱矣；莫不欲安，俄则危矣；莫不欲存，俄则亡矣。古有万国，今有十数焉，是无它故，莫不失之是也。故明主有私人以金石珠玉，无私人以官职事业。是何也？曰：本不利于所私也。彼不能而主使之，则是主暗也；臣不能而诬能，则是臣诈也。主暗于上，臣诈于下，灭亡无日，俱害之道也。……故曰："唯明主为能爱其所爱，暗主则必危其所爱。"此之谓也。

墙之外，目不见也；里之前，耳不闻也；而人主之守司⑧，远者天下，近者境内，不可不略知也。无下之变，境内之事，有驰易龋差者矣，而人主无由知之，则是拘胁蔽塞之端也。耳目之明，如是其狭也；人主之守司，如是其广也；其中不可以不知也，如是其危也。然则人主将何以知之？曰：便嬖左右者，人主之所以窥远收众之门户牖向也，不可不早具也。故人主必将有便嬖左右足信者然后可，其知惠足使规物、其端诚足使定物然后可，夫是之谓国具。人主不能不有游观安燕之时，则不得不有疾病物故之变焉。如是，国者事物之至也如泉原⑨，一物不应，乱之端也。故曰：人主不可以独也。卿相辅佐，人主之基、杖也，不可不早具也。故人主必将有卿相辅佐足任者然后可，其德音足以填抚百姓、其知虑足以应待万变然后可，夫是之谓国具。四邻诸侯之相与，不可以不相接也，然而不必相亲也。故人主必将有足使喻志决疑于远方者然后可。其辩说足以解烦，其知虑足以决疑，其齐断足以距难，不还秩，不反君，然而应薄扞患足以持社稷然后可，夫是之谓国具。故人主无便嬖左右足信者谓之暗，无卿相辅佐足任使者谓之独，所使于四邻诸侯者非其人谓之孤，孤独而晻谓之危。国虽若存，古之人曰亡矣。《诗》曰："济济多士，文王以宁。"此之谓也。

【注释】

① 知：通"智"，下同。

② 修士：道德美好的人。

③ 疑：通"拟"，揣度。

④ 景：通"影"。枉：弯曲。

⑤ 诎：通"屈"，枉。

⑥ 县：通"悬"，这里指以爵位奖赏招揽人才。

⑦ 阿：偏袒。隐：埋没。

⑧ 守司：职责。

⑨ 泉原：即"泉源"。原：通"源"。

【译文】

作为人君，无不想国家强大而不是弱小，无不想政权稳定而不是危险，无不想得到荣耀而不是羞辱，圣君和暴君皆是如此。那么，由何途径才能实现这三个愿望、避免这三个恶果呢？回答是：慎重地选择卿相，没有比这更简捷的途径了。所以，有智慧而无仁德，不行；有仁德而无智慧，也不行；智慧、仁德集于一身，这是君主的宝贵财富，是称王天下、称霸诸侯的资本。不思贤若渴急于得到人才，是没有智慧；得到了人才而不重用，是没有仁德。没有贤人辅助而妄想建功立业，可谓愚不可及。

现在的国君在用人上有几大毛病：让有能力的人做事，却让没有能力的人去纠正；让有智慧的人谋划，却让愚蠢的人妄加议论；让道德高尚的人去执行，却让道德败坏的人去评判。如此这般，还想把事情做好，怎么可能呢？这就像立了一根笔直的木头，却担心其影子会弯曲一样，真是糊涂透顶了。

古人就不是这样：他们择人有一定的原则，用人有一定的方法。择人的原则，就是以礼作为检验标准；用人的方法，就是依据其德才而授予不同等级的职位。对其言行举止，用礼仪来衡量；对其谋略运筹，用成效来判断；对其长年累月所做的工作，用最后的绩效来考核。这样，卑微者不能凌驾于尊贵者之上，权势轻者不能评判权势重者，愚昧者不能批评智慧者，如此则万事无爽。所以选拔人才要以礼来考察评判，看其是否安泰恭敬；把他们放在动荡不安不断变化的环境中，看其是否能够处乱不惊、随机应变；把他们放在安逸舒适的环境中，看其是否放荡淫逸；让他们接触声色犬马、权势钱财、怨恨愤怒、灾祸危险，看其是否背离操守。这样，有德才与无德才者如黑白一般判然分明，怎能歪曲呢？所以，不可能以劣马去欺骗善于识马的伯乐，也不能以不肖庸人去欺骗善于识才的君子，这就是明君治国之道。

君主要求得技艺精湛、即使远处微小的目标也能够百发百中的射手，就要用尊贵的爵位、丰厚的奖赏来吸引他们。对内不能偏袒贵族子弟，对外不能埋没其他人，不论亲疏贵贱，只选取能射中目标者。这不正是获取人才的必由途径吗？即使圣人也不得不如此。

但当寻求辅助治国之卿相时却不是这么公正，而是任用身边的亲信及亲近逢迎自己的人，这不是大错而特错了吗？拥有国家政权者无不希望国家强盛，但国家却往往很快就衰弱了；无不希望国家太平，但国家却往往很快就陷入危难了；无不希望国家长治久安，但国家却往往很快就覆灭了。古代有成千上万个国家，现在仅存十多个了，都是失败在这一点上。所以，英明的君主可以把金银珠宝赠送与人，但绝不会把官位职权赠送与人，为什么呢？因为这对自己所喜爱的人并没有好处。明明庸碌无能却还要提拔重用他，说明君主暗弱；臣下庸碌无能却声称自己才华横溢，这是欺诈。君主暗弱，臣下欺诈，国家覆灭也就指日可待了，这是两相损害。……"英明的君主才真正懂得如何爱自己所爱的人，而昏庸的君主却会把自己所爱的人置于危险境地。"说的就是这个道理。

一墙之隔，不能看见；一里之外，不能听到。而君主的职责远及天下，近至境内，对所有的情况都要心中有数。天下大势变化无常，国家事务参差不齐，如果君主没有了解情况的途径，就会导致信息闭塞。人的所闻所见是有限的，而君主所辖范围广博，不了解情况是很自然的，但闭目塞听是很危险的。那么君主怎么才能了解外界的情况呢？回答是：左右身边的人是君主窥视远方监督众人的门户、窗口，不能不尽早安排好。所以君主一定要有亲信，其才智足以出谋划策，其品德足以稳定大局，这样的人是治国所必备的。君主有休息娱乐的时候，也有身体不适的时候，而各种国家大事源源不断接踵而至，一件事情处理不当，就可能导致混乱。所以说君主不能单枪匹马治理国家。卿相就像君主的几杖一样，是最可靠的助手，一定要尽早安排合适人选，其声名道德要足以安抚百姓，其智谋才能足以灵活应对各种局势，这样的人也是治国所必备的。周边国家相互接壤，不可能不相互接触，但也不必过于亲近，所以还必须有与四邻周旋又能独挡一方的人，其辩才足以解决纠纷，其智慧足以判断形势做出抉择，其果断足以远离祸患，不营私，不叛君，从容应对危机患难，维护国家的利益，这样的人也是治国所必备的。君主没有左右亲信就会"暗"，没有卿相辅助就会"独"，没有使者与诸侯灵活周旋就会"孤"，兼有三者，国家也就危机四伏、虽存犹亡了。《诗经》中说："人才济济，所以文王得以安宁。"说的就是这个道理。

【品鉴】

知而不仁不可；仁而不知不可

荀子说："既知且仁，是人主之宝也，王霸之佐也。"荀子认为，不思贤若渴急于得到人才，是没有智慧；得到了人才而不重用，是没有仁德；只有仁智兼备，才能得到天下。

西楚霸王项羽在楚汉之争中败于刘邦固然有很多原因，但可以肯定的是，在用人问题上的失策是项羽兵败自刎的一个重要原因。王夫之《读通鉴论》中载："陈平曰：项王所任爱，非诸项即妻之昆弟，虽有奇士不能用。故项羽尽不知人，有蔽之者也。"项羽刚愎自用，用人唯亲，重用的项氏族人就有项伯、项悍、项声、项庄、项它等，其他异姓亲信不多，陈平在楚营时只被任命为都尉。韩信则道："臣事项王，官不过郎中，位不过执戟，言不听，画不用，故倍楚而归汉。汉王授我上将军印，予我数万众，解衣衣我，推食食我，言听计用，故吾得以至于此。"(《史记·淮阴侯列传》)即使任人唯亲，项羽最后还是众叛亲离："为汉王之腹心者项伯也，其兄弟也；追而迫之到者吕马童也，其故人也；从之于大败之余者三十余骑，而兄弟姻亚不与焉。"(《读通鉴论》)与之相反，对手刘邦好谋能听，用韩信的话说就是"不能将兵，而善将将"(《史记·淮阴侯列传》)，赏有功，禄有能，英豪贤才愿归其麾下，楚营中不得意的谋臣良将都纷纷投奔刘邦。关于楚汉之争，刘邦有一段经典的总结，他向群臣坦言得人才是他得天下的关键："运筹策帷帐之中，决胜于千里之外，吾不如子房；镇国家，抚百姓，给馈饷，不绝粮道，吾不如萧何；连百万之军，战必胜，攻必取，吾不如韩信。此三人皆人杰也，吾能用之，此吾所以取天下也。项羽有一范增而不能用，此其所以为我擒也。"(《史记·高祖本纪》)

"知而不仁"和"仁而不知"也体现在其他方面。比如，春秋时期的宋襄公雄心勃勃想继承齐桓公的霸业，但他却是一个"仁而不知"的典型。公元前638年宋与楚战于泓水（今河南柘城西北），当时楚兵强大，大司马子鱼劝襄公趁楚人渡水之时截杀之，襄公却大讲仁义，要待楚兵渡河列阵才攻击之；当楚军上岸时，子鱼又劝宋襄公趁楚军此时阵列尚未成形时袭杀之，襄公再次拒绝，结果泓水一战宋军一败涂地。

其取人有道，其用人有法

贤主劳于求贤，而逸于治事。但求贤不是盲目的："取人"是有原则、有标准的，用人也是有艺术的。

古代论人、取才有观、验之法。观即观察、考察。如《六韬》中的"使之以财，以观其廉"(《六韬·龙韬》)，"富之，而观其无犯"(《六韬·文韬》），"使之，而观其无隐"（《六韬·文韬》）；《吕氏春秋》中的"通，则观其所礼"，"贱，则观其所不为"；（《吕氏春秋·论人》）《鹖冠子·天则》中的"临利，而后可以见信"，"临难，而后可以见勇"；等等。不过，最为系统的还当数《大戴礼记》中提出的"六征"法。所谓"六征"，即观诚、考志、视中、观色、观隐、揆德，在此基础上对人的品德作出综合评价。接着"六征"，《大戴礼记》还提出了"九用"，即选取九种可以使用的人才，以其才德不同而授予不同职位。

验即验证、考核人才的德性和才能。如《吕氏春秋》中的"喜之以验其守"、"乐之以验其僻"（《吕氏春秋·论人》）。《吕氏春秋》还主张通过"六戚四隐"来进一步加深对人的了解。所谓"六戚"是指"父、母、兄、弟、妻、子"，所谓"四隐"是指"交友、故旧、邑里、门郭"，目的是内外对照、确认一个人德才之无伪："内则用六戚四隐，外则用八观六验。人之情伪、贪鄙、美恶无所失矣，譬之若逃雨，污无之而非是，此先圣王之所以知人也。"（《吕氏春秋·论人》）

在用人方面，古人特别强调要因时而用人："治平尚德行，有事赏功能。"所以曹操的《求贤令》惊世骇俗，以才能为选人用人的唯一标准而置德行、名节、门第等于不顾："若必廉士而后可用，则齐桓其何以霸世！……唯才是举，吾得而用之。"后来在其《举贤勿拘品行令》中，曹操更明确地指出，对那些"不仁、不孝而有治国用兵之术"的人，要"各举所知，勿有所遗。"曹操把人无完人、慎无苛求的思想，把才重一技、用其所长的思想，把只用人才、不用庸才的思想推向了顶峰，充分表现了其超人的气魄和胆识。

另外，用人还要因人任事、知人善任："智者取其谋，愚者取其力，勇者取其威，怯者取其慎。"（唐·李世民《帝范·审官》）史载，唐太宗令封德彝举荐人才，封领命后很久都没有举荐一个人。太宗追问原因，封德说:"非不尽心,但于今未有奇才耳!"太宗责备他道:"君子用人如器,各取所长。古之致治者,岂借才于异代乎?正患己不能知,安可诬一世之人!"(《资治通鉴》卷一九二)人各有所长,用人就要根据不同人的特点而各取所长。曹操在知人善任方面也有出色表现。郭嘉在分析曹操十胜、袁绍十败时曾经指出:"绍外宽内忌,用人而疑之,所任唯亲戚子弟;公外简而内机明,用人无疑,唯才所宜,不问远近,此度胜四也。"(《三国志·魏书·郭嘉传》)比喻曹操并不因为外人忠于旧主或有人对自己谄媚而模糊选才用才的标准。蔡瑁、张允卖主求荣,曹操虽一时利用,但心中却早有处置;汉中杨松贪财卖主,献城给曹操,仍被曹操斩首示众。而对忠贞的张辽、文聘,曹操慧眼识才,不仅由衷赞赏,而且加官晋爵,委以重任。

取人之道,参之以礼;用人之法,禁之以等

选贤任能对于治国理政的重要性是不言而喻的,君主的首要任务就是选贤任能,但如何选贤、如何任能呢?或者说,如何选拔、考察、检验人才呢?荀子提出了"参之以礼"的"取人之道"和"禁之以等"的"用人之法"。

荀子提出,要以礼为标准,来考察、检验人在不同的环境中是否有违礼的行为,以此判断其品德高下;同时,要以实际取得的成效、绩效为标准,以此衡量其能力大小。简单地说,荀子认为必须通过实践来选拔和任用人才。《吕氏春秋》记载:"去尧恶得贤天下而试舜,舜恶得贤天下而试禹。"(《吕氏春秋·谨听》)也就是说,舜禹都是经过实践考察合格后方上任的;墨子也主张对人的考核要"听其言,观其行,察其所能"(《墨子·尚贤中》);《周礼》中说得更明确,用人要"考其德行,察其道艺"(《周礼·地官·司徒》);韩非子也主张在任人上要有"参验":

"观容服，听辞言，仲尼不能以必士；试之官职，课其功伐，则庸人不疑于愚智"；(《韩非子·显学》) 汉代王充主张"以九德检其行，以事效考其言"；王安石也认为，考察人才不仅要"审知其德，审知其才"，同时还要"试之以事"(《上仁宗皇帝书》)。

战国时齐威王就注重以实绩辨别贤佞，并作为选拔和赏罚官吏的根据。齐威王左右亲信众口一词地赞扬阿邑大夫，贬抑即墨大夫。齐威王不偏听偏信，他派人前往两地实地考察，结果发现事实与左右所言恰恰相反：即墨大夫是个刚正清廉的循吏，在他的治理下即墨人丰物阜，社会安定，而他之所以受谗毁是因为他没有巴结威王的左右；阿邑大夫庸碌腐败，阿邑田园荒芜，民不聊生，他之所以受到美誉是因为他贿赂了威王左右的亲信。威王知情后大怒，重赏了即墨大夫，处死了阿邑大夫和左右受贿者，于是"群臣耸惧，莫敢饰非，务尽其情。齐国大治，强于天下"(《资治通鉴》卷二)。西汉名将周亚夫得到汉文帝的赏识、重用，也是因文帝亲往军营犒劳将士时发现了周亚夫治军有方、才能出众。文帝临终时还嘱咐太子：如果国家发生动乱，可以任命周亚夫统率军队，定能转危为安。周亚夫不负所望，后来果然为平定七国之乱立下汗马功劳。

内不可以阿子弟，外不可以隐远人

无论在爵位官职的授予上，还是在刑罚奖赏的运作上，荀子都主张要对所有的人一视同仁："刑当罪""爵当贤""刑不过罪，爵不逾德""无恤亲疏，无偏贵贱"(《荀子·王霸》)，要求"无德不贵，无能不官，无功不赏，无罪不罚"(《荀子·王制》)。荀子打破了传统的爵位世袭制，这与墨子"官无常贵而民无终贱，有能则举之，无能则下之"(《墨子·尚贤上》)的主张是完全一致的。荀子这里所谓的"内不可以阿子弟，外不可以隐远人",也是就人才的选拔任用而言的。荀子强调,选拔任用人才必须以国家利益为重,不能以个人恩怨为选官标准,他还列举了周文王不阿亲疏拜姜子牙为相、齐桓公不记前嫌起用管仲为相的经典事例以为佐证。管子也曾说过:"不为爱亲危其社稷,故曰社稷戚于亲;不为爱人枉其法,故曰法爱于人。"(《说苑·至公》)汉代刘向也强调:"当公法则不阿亲戚。"(《吕氏春秋·去私》)

晋国大夫祁黄羊唯贤是举的故事流传甚广:他曾举荐自己的杀父仇人解狐出任县令,也曾举荐自己的亲儿子祁午出任法官,两人上任后都干得很出色。因此,孔子盛赞祁黄羊"大公无私":"外举不避仇,内举不避子。祁黄羊可谓公矣。"这与荀子所谓"内不可以阿子弟,外不可以隐远人"如出一辙。

有私人以金石珠玉,无私人以官职事业

金石珠玉是自家的、是私有的,是可以当做礼物馈赠他人的;官职事业是公家的、是国家的,是不能随意赠送的。

古人云:"人主有公赐无私惠,有公怒无私怨。""公赐"指为公的赏赐,"私惠"指个人恩惠。让君主"有公赐无私惠,有公怒无私怨",也许要求高了点,实际上也做不到。其实,领导也有自己的情感爱恶,也有自己的亲朋好友,为表达自己的感情,"赐"或"惠"是难免的。只是要牢记,用的应当是自家的东西,绝不可假公济私,绝不能把官职当"礼品"随意赠送。

当然,在中国古代,"国"即是君主的"家",国家的财产也就俨然是君主的私有财产,即便如此,也宁可以金石珠玉赐人、赠人,绝不能轻易授人官职。"私人以金石珠玉"损失的只是国家的财富,"私人以官职事业"丢掉的可能就是整个国家。

荀子"私人以金石珠玉，无私人以官职事业"一语，今天听来仍如醍醐灌顶，令人警醒。

唯明主为能爱其所爱，暗主则必危其所爱

这里，荀子站在领导者的角度分析了任人唯亲的危害。领导任人唯亲的目的，主观上无非是想给亲者带来利益、带来好处，结果却往往适得其反，不但害了自己，也害了亲者，是"俱害之道"。这是因为，如果领导偏私不公，让庸碌无能之辈占据高位，真正的德才兼备者自然会退避三舍，甚至受到排挤、压制；而庸碌无能者占据要职后，只有欺上瞒下、尔虞我诈以保全禄位。在上昏弱，在下欺诈，失败立而可待，自己和亲者也都成为受害者。如果不阿子弟，不隐远人，像文王那样唯德、唯才是举，事成功举之后，封侯子弟，百代受益。因而，荀子认为，"唯明主能爱其所爱，暗主则必危其所爱"，爱损之道昭然若揭。

第十三章

臣道篇

"臣道"即为臣的行为原则。荀子开篇即列出大臣的四种类型——态臣、篡臣、功臣、圣臣,描述了各自的特点,并举例。荀子还特别推崇谏、争、辅、拂四类大臣,誉之为"社稷之臣也,国君之宝也",并响亮地提出了"从道不从君"的口号,这既是本篇中最值得称道的,也为中国古代君臣关系之辨留下了一抹亮丽的色彩。

谏争辅拂之人
社稷之臣也

【原文】

　　人臣之论：有态臣者，有篡臣者，有功臣者，有圣臣者。……故用圣臣者王，用功臣者强，用篡臣者危，用态臣者亡。态臣用则必死，篡臣用则必危，功臣用则必荣，圣臣用则必尊。

　　从命而利君谓之顺，从命而不利君谓之谄；逆命而利君谓之忠，逆命而不利君谓之篡；不恤君之荣辱，不恤国之臧否，偷合苟容，以持禄养交而已耳，谓之国贼。君有过谋过事，将危国家、殒社稷之惧也，大臣、父兄有能进言于君，用则可，不用则去，谓之谏；有能进言于君，用则可，不用则死，谓之争①；有能比知同力②，率群臣百吏而相与强君挢君③，君虽不安，不能不听，遂以解国之大患，除国之大害，成于尊君安国，谓之辅；有能抗君之命，窃君之重，反君之事，以安国之危，除君之辱，功伐足以成国之大利④，谓之拂⑤。故谏、争、辅、拂之人，社稷之臣也。

　　伊尹、箕子可谓谏矣⑥，比干、子胥可谓争矣，平原君之于赵可谓辅矣⑦，信陵君之于魏可谓拂矣⑧。《传》曰："从道不从君。"此之谓也。故正义之臣设，则朝廷不颇⑨；谏、争、辅、拂之人信⑩，则君过不远；爪牙之士施，则仇雠不作⑪；边境之臣处，则疆垂不丧⑫。故明主好同而暗主好独，明主尚贤使能而飨其盛，暗主妒贤畏能而灭其功⑬。罚其忠，赏其贼，夫是之谓至暗，桀、纣所以灭也。

事圣君者，有听从，无谏争；事中君者，有谏争，无谄谀；事暴君者，有补削，无挢拂⑭。迫胁于乱时，穷居于暴国，而无所避之，则崇其美，扬其善，违其恶⑮，隐其败，言其所长，不称其所短，以为成俗。

恭敬而逊，听从而敏，不敢有以私决择也，不敢有以私取与也，以顺上为志，是事圣君之义也。忠信而不谀，谏争而不谄，挢然刚折，端志而无倾侧之心，是案曰是，非案曰非⑯，是事中君之义也。调而不流，柔而不屈，宽容而不乱，晓然以至道而无不调和也，而能化易，时关内之⑰，是事暴君之义也。若驭朴马，若养赤子，若食餧人⑱，故因其惧也而改其过，因其忧也而辨其故，因其喜也而入其道，因其怒也而除其怨，曲得所谓焉。《书》曰："从命而不拂，微谏而不倦，为上则明，为下则逊。"此之谓也。

有大忠者，有次忠者，有下忠者，有国贼者。以德复君而化之，大忠也；以德调君而补之，次忠也；以是谏非而怒之，下忠也；不恤君之荣辱，不恤国之臧否，偷合苟容，以持禄养交而已耳，国贼也。若周公之于成王也，可谓大忠矣；若管仲之于桓公，可谓次忠矣；若子胥之于夫差，可谓下忠矣；若曹触龙之于纣者，可谓国贼矣。

仁者必敬人。凡人非贤则案不肖也。人贤而不敬，则是禽兽也；人不肖而不敬，则是狎虎也。禽兽则乱，狎虎则危，灾及其身矣。《诗》曰："不敢暴虎，不敢冯河。人知其一，莫知其它。战战兢兢，如临深渊，如履薄冰。"此之谓也。故仁者必敬人。敬人有道：贤者则贵而敬之，不肖者则畏而敬之；贤者则亲而敬之，不肖者则疏而敬之。其敬一也，其情二也。

恭敬，礼也；调和，乐也；谨慎，利也；斗怒，害也。故君子安礼乐利，谨慎而无斗怒，是以百举不过也。

【注释】

① 争：同"诤"，拼死规劝。

② 比知同力：齐心协力。比：合。知：同"智"。

③ 挢：通"矫"，强力矫正。

④ 伐：战功。

⑤ 拂（bì）：通"弼"，辅助。

⑥ 伊尹：商初重臣，相传伊尹生于伊水边，成年后流落到有莘氏，以耕地为生，地位虽卑，而心忧天下，后来成为辅佐汤夺取天下的开国元勋，因此伊尹被列为"旧老臣"之首，受到隆重祭祀。箕子：殷商贵族，名胥余，因封国于箕（今山西太谷区东北），故称箕子，在纣朝内任太师辅朝政，纣旦夕饮酒作乐而不理政，箕子屡谏纣不听，便披发佯狂为奴，据说武王建周后箕子带领遗老故旧东渡到朝鲜，创立了箕子王朝。

⑦ 平原君：赵武灵王之子，惠文王之弟，与春申君黄歇、孟尝君田文、信陵君魏无忌并称"战国四公子"。平原君因贤能而闻名，礼贤下士，门下食客至数千人。赵孝成王时，秦军围攻赵都邯郸，食客毛遂自告奋勇，同平原君去楚国求援，说服了楚王派春申君率军救赵，并尽散家财，发动士兵坚守邯郸城池，直到楚军和魏信陵君援兵赶到解邯郸之围。

⑧ 信陵君：即魏无忌，魏昭王的儿子，战国四公子之一，为人仁爱宽厚，礼贤下士，士人因而争相前往归附于他，威名远扬，据说因魏国有他，各诸侯国连续十多年都不敢动兵侵犯魏国。

⑨ 设：安排，任用。颇：邪，偏邪。

⑩ 信：通"伸"，得志，得以施展抱负。

⑪ 爪牙之士：指勇士。施：施展其才。雠：仇。

⑫ 垂：通"陲"，边陲，边疆。

⑬ 独：自任其智，独断专行。飨：享受。盛：功业，成就。灭：掩没。

⑭ 补：弥补其缺失。削：除去其恶。挢拂：匡扶纠正。挢：通"矫"。

⑮ 违：通"讳"，避讳。

⑯ 案：则，乃。

⑰ 晓然：明白的样子。关：入，纳。内：通"纳"，指君主纳进谏之言。

⑱ 朴马：未经驯化的马。赤子：婴儿。食：喂。馁：同"餒"，饥饿。

【译文】

臣有阿谀奉承的态臣、篡夺君权的篡臣、功绩显赫的功臣、圣贤的圣臣之分。……任用圣臣则称王天下，任用功臣则国富兵强，任用篡臣则忧患丛生，任用态臣则必死于其手。任用态臣则自身难保，任用篡臣则置国家于危险境地，任用功臣则荣耀千古，任用圣臣则天下归心。

听从君主之命且有利于君主叫作顺从，听从君主之命但不利于君主叫作谄媚，违抗君主之命但有利于君主叫作忠诚，违抗君主之命但不利于君主叫作篡位。不顾君主荣辱，不管国家治乱，一味地迎合君主、奉承权贵，以求取高爵厚禄，这种人是国家的奸贼。君主谋虑不当、处事不妥，致使江山社稷有倾覆之危，这时如果有人能向君主进言规劝，君主若不听劝谏则弃之而去，这叫作劝谏；如果有人向君主进言规劝，君主拒不纳言则以死相谏，这叫作诤谏；如果有人能联合同心同德者，率领群臣百官一起强行纠正君主之过，君主虽然不服，也只好听从大家的意见，由此而消除国患，维护了国君的尊严和国家的安定，这叫作辅助；如果有人冒死抗旨，并假借君主之权而行违君命之事，最终使国家转危为安，免除了君主蒙受的耻辱，成就了国家的重大利益，这叫作匡正。劝谏、诤谏、辅助、匡正的人，是国家的重臣。

伊尹、箕子可以称得上是劝谏之臣，比干、子胥可以称得上是诤谏之臣，平原君对赵国可谓有辅助之功，信陵君对魏国则可谓有匡正之功了。古书上说："要依从正确的原则，而不能盲从国君。"说的就是这种人啊。所以，坚持真理的大臣得以主持政务，朝廷就无偏邪之事；劝谏、诤谏、辅助、匡正之臣得以施展抱负，君主即可无咎；能征善战之人得到重用，仇敌就不敢兴风作浪；守边之臣忠心耿耿，则疆土无虞。所以明君愿意与众臣齐心协力共谋国是，而昏君主则大权独揽、一意孤行；明君尚贤使能，重赏有功之臣，而昏君则嫉贤妒能，抹杀功臣的业绩。惩罚有功之忠臣，奖赏祸国之奸贼，这种昏庸的做法正是夏桀、商纣灭亡的原因。

侍奉圣明君主的，言听计从即可而无需劝谏；侍奉一般君主的，可以劝谏而无需曲意逢迎；侍奉暴君的，只能暗中矫枉补过而无力强行匡正。生逢乱世，与暴君为伍，而又走投无路、别无选择，只好为君主歌功颂德、文过饰非，渐渐也就习以为常了。

恭敬而谦虚，顺从而干练，处理政务摒弃个人好恶私利，凡事与明君保持一致，这是侍奉圣明君主的原则。忠诚守信而不阿谀，劝谏苦争而不谄媚，刚直不阿，行为端正，坚持原则，这是侍奉一般君主的原则。调和而不随波逐流，温顺而不俯就屈从，宽容而不胡作妄为，心平气和地摆事实讲道理来开导启发君主，感化改变君主暴虐的本性，适时劝谏使之接受正确意见，这是侍奉暴君的原则。侍奉暴君就像驾驭烈马，就像抚养初生婴儿，就像喂饥肠辘辘的人一样，要趁其害怕时使其改过，趁其忧虑时使其迁善，趁其高兴时使其认识到是非正误，趁其发怒时使其除恶去仇，由此而委婉地达到目的。《尚书》中说："从命而不违背，规劝而不懈怠，做君主要明智，做臣子要谦逊。"说的就是这种情况。

人臣有大忠、次忠、下忠、国贼之分。以道德覆盖熏陶君主而陶冶感化之，这是大忠；以道德来调养君主而匡救其恶，这是次忠；坚持原则劝谏君主却触其发怒，使君主蒙害贤之名，这是下忠；不顾君主荣辱、国家安危，苟且逢迎、结党营私、谋取高官厚禄，这是国家的奸贼。如周公对于周成王，可以说是大忠；如管仲对于齐桓公，可以说是次忠；如伍子胥对于夫差，可以说是下忠；如曹触龙对于商纣王，则可以说是国家的奸贼了。

仁爱者一定待人恭敬。人有贤人和不肖者两类。别人有贤德而不敬重，那就像禽兽一样无礼；对不肖者不恭敬，那无疑于戏弄老虎。如禽兽一样无礼就会作乱，戏弄老虎则是惹火烧身。《诗经》中说："不敢赤手空拳同老虎搏斗，不敢徒手越过大河。人们只知其一，不知其二。小心谨慎，就像身临深渊、脚履薄冰一样。"说的就是这种情形。所以，仁爱者一定恭敬地待人。恭敬地待人是有讲究的。对贤者是以尊贵的态度去敬，对不肖者是以畏惧的态度去敬；对贤者是敬中有亲，对不肖者则是敬而远之。同样是敬，感情是不一样的。

恭敬，符合待人礼节；谐调，符合音律；谨慎，对人有益；打斗，对人有害。君子一言一行都以符合礼节、符合音律、符合利益为要务，小心谨慎，不好勇斗狠，所以做什么事都不会有错。

【品鉴】

正义之臣设，则朝廷不颇

综观贞观之治，可圈可点之处甚多，而唐太宗的虚怀若谷、广开言路、从谏如流应该是最为难得之处。鉴于前朝隋炀帝"诛谏官以掩其过"的教训，唐太宗初登极即表明态度："人欲自照，必须明镜；主欲知过，必藉忠臣。主若自贤，臣不匡正，欲不危败，岂可得乎？""若人主所行不当，臣下又无诓诤，苟在阿顺，事皆称美，则君为暗君，臣为谀臣，君暗臣谀，危亡不远。"(《贞观政要·求谏》)唐太宗要求群臣："每看事有不利于人，必须极言规谏。"他还向大臣们保证："每有谏者，纵不合朕心，朕亦不以为忤。"他甚至说："每思臣下有谠言直谏，可以施于政教者，当拭目以师友待之。"(《贞观政要·政体》)为广开言路，唐太宗还进一步完善谏诤制度：一方面强化门下省对中书省所拟诏敕的封驳权，要求门下省对"诏敕有不稳便，必须执言，无得妄有畏惧，知而寝默"(《贞观政要·政体》)，从而大大减少了皇帝决策的失误；另一方面又要求宰相及三品以上官入廷议事，皆使谏官随之，若遇失误，即行论谏。

在唐太宗的倡导及魏征的带动下，贞观年代逐渐形成直谏与纳谏的良好政风，其中魏征一人所谏前后二百余事，皆切中时弊。唐太宗时期出现的"商旅野次，无复盗贼，囹圄常空，马牛布野，外户不闭"(《贞观政要·政体》)的昌盛局面，是与唐太宗的从谏如流分不开的，正如王夫之在《读通鉴论》中所评："当时言无不尽，而治得其理。"

谏、争、辅、拂之人，社稷之臣也

荀子列举了四类大臣：劝谏、诤谏、辅助、匡正之臣，称誉他们是社稷的重臣，是国家的宝贵财富。荀子认为，伊尹、箕子可以称得上是劝谏之臣，比干、子胥可以称得上是诤谏之臣，平原君对赵国可谓辅助之臣，信陵君对魏国则可谓匡正之臣。

历史上的谏、争、辅、拂之臣甚众，这里列举几人如下：

一是春秋时期的管仲。管仲辅佐齐桓公励志改革、富国强兵，并在"尊王攘夷"的号召下，南征召陵、北伐山狄，辅佐齐桓公成就了春秋首霸之功。

二是汉初三杰之首萧何。萧何劝说刘邦养百姓、纳贤才，坐镇关中，保障军饷，辅助刘邦建立了汉政权，立国后继续辅助高祖、惠帝两代皇帝，去世后以"萧规曹随"使西汉政权稳定，经济稳步发展。

三是三国时期蜀之诸葛孔明。诸葛亮"隆中对"揭示天下三分，联东吴赤壁拒曹，出师表老臣赤心，伐中原以酬壮志，抚百姓、示仪轨，赏功罚罪，以"鞠躬尽瘁，死而后已"的精神辅助一方疲弱小国，陈寿称之"识治之良才，管、萧之亚匹矣"（《三国志·诸葛亮传》）。康熙帝赞之曰："诸葛亮云：鞠躬尽瘁，死而后已。为人臣者，惟诸葛亮能如此耳。"（《清实录》卷三百）

四是唐朝魏征。魏征是唐太宗最得力的助手，以"犯颜直谏"而名垂青史。魏征以"上不负时主，下不阿权贵，中不侈亲戚，外不为朋党，不以逢时改节，不以图位卖忠"（《旧唐书·魏征传》）的精神，力谏太宗之过，辅助唐太宗开创了"贞观之治"。

五是万历首辅张居正。在明王朝百病丛生、危机四伏之际，张居正力挽狂澜于即倒，以其非凡的魄力和智慧，不遗余力整顿吏治，整肃教育，革新赋税，巩固国防，使奄奄一息的明王朝重新获得勃勃生机。张居正因厉行改革而彪炳史册，也因其巨大的历史功绩而被后世誉为"宰相之杰"。

谏、争、辅、拂之人信，则君过不远

人非圣贤，孰能无过？关键是怎么对待自己的过错。与"小人之过也必文"(《论语·子张》)不同，"君子之过也，如日月之食焉：过也，人皆见之；更也，人皆仰之。"(《论语·子张》)荀子认为，若是谏、争、辅、拂之臣当朝，君主的过错不时有人指出来，自然也就不会酿成大的祸患了。"邹忌讽齐王纳谏"可为例证。

春秋时期，齐国之成为首霸，与齐威王的开明政治息息相关。邹忌为相以后，察觉到了齐王朝政的弊端，就以自身取喻，用"臣诚知不如徐公美；臣之妻私臣，臣之妾畏臣，臣之客有求于臣，皆以美于徐公"的现身说法，与"宫妇左右莫不私王，朝廷之臣莫不畏王，四境之内莫不有求于王"相类比，从家事推到国事，指出齐威王所受的"偏私"、"敬畏"和奉承会更为"甚矣"。齐威王闻过则喜，果断地整顿和革新朝政，广开言路，诏令天下群臣吏民："能面刺寡人之过者，受上赏；上书谏寡人者，受中赏；能谤议于市朝，闻寡人之耳者，受下赏。"赏令一出，"群臣进谏，门庭若市"；"数月之后，时而间进"；"期年之后，虽欲言，无可进者。"齐国因此政通人和，邦安国治，齐威王威望布于天下，德名远播于诸侯，"燕、赵、韩、魏闻之，皆朝于齐。"(《战国策·齐策》)

与房玄龄、杜如晦、李靖、温彦博、戴胄、魏征等人同为"贞观名臣"的王珪是唐初有名的诤臣之一。有一次，太宗命其评论诸臣优劣，王珪从容对曰："孜孜奉国，知无不为，臣不如玄龄；才兼文武，出将入相，臣不如李靖；敷奏祥明，出纳唯允，臣不如彦博；处繁治剧，众务必举,臣不如戴胄;耻君不及尧、舜,以谏诤为己任,臣不如魏征;至于激浊扬清,嫉恶好善,臣于数子,亦有微长。"太宗大为称道,感慨地说:"卿如常居谏官,朕必永无过失。"(《资治通鉴·唐纪九》)王珪任谏议大夫时,多所献纳。太宗女南平公主下嫁王珪之子,按皇制,公主下嫁臣民并不拜见翁婆,但王珪坚持以"礼"行事,唐代公主下嫁拜见公婆就是自此开始的。

如果说求谏表明一种眼光和见识的话,纳谏就更需要一种勇气和胸怀,齐威王、唐太宗有这样的勇气和胸怀,所以才能威行天下。

明主好同而暗主好独

明君彻悟"兼听则明"之真谛,深知专横独断、不受谏言、阻塞言路必致社稷倾危,故广开言路,集思广益,与臣民齐心协力、共谋国是。传说夏禹治天下时,下令门悬鼓、钟、磬、铎、鼗等五种器具:"教寡人以道者击鼓,教寡人为义者击钟,教寡人以事者振铎,语寡人以忧者击磬,语寡人以狱讼者挥鼗"(《淮南子·论训》),以广泛征集不同意见,改过迁善。

昏君则喜欢大权独揽、一意孤行,如周厉王就以"弭谤"而闻名。厉王暴虐无道,发现口出怨言者则格杀勿论,以至于百姓见面四目相顾而不敢言:"国人莫敢言,道路以目",厉王反而大喜曰:"吾能弭谤矣,乃不敢言。"召公以"防民之口,甚于防川"劝谕他说,如果江河被堵塞,洪水一来就会冲垮堤坝,必然造成众多人伤亡,堵塞人民的口而不让他们说话,比堵塞江河的害处更大,"是故为川者决之使导,为民者宣之使言"。但厉王执迷不悟,独断专行,最终"国人暴动""厉王奔彘",昭示了"暗王好独"的必然归宿(《史记·周本纪》)。

强秦之所以二世而亡,原因之一也是秦始皇和秦二世独断专横,骄恣拒谏，任用佞人，阻断言路，以致于宦官赵高能够指鹿为马、欺上瞒下。正如《盐铁论·论诽》所论："塞士之途，壅人之口，道谀日进，而上不闻其过，此秦所以失天下而殆社稷也。"

隋炀帝不仅昏淫残暴，而且刚愎自用，"疾谏如仇"，公然宣称"我性不喜人谏"（《资治通鉴》卷一八二）。他撤废谏官谏议大夫，从制度上堵塞了大臣进言之路。对于那些敢于拿生命作赌注直言进谏的人，隋炀帝动辄降职罢官；而对那些阿谀之人却又视为心腹，屡加擢升，使官风迅速败坏，一发而不可收拾，很快就自食其果，断送了江山。

以德复君而化之，大忠也；以德调君而补之，次忠也；以是谏非而怒之，下忠也

以谏诤而闻名的魏征曾请求太宗让自己作良臣而不是忠臣："臣以身许国，直道而行，必不敢有所欺负。愿陛下使臣为良臣，勿使臣为忠臣。"（《旧唐书·魏征传》）太宗询问忠臣和良臣有何区别，魏征答道："良臣使身获美名，君受显号，子孙传世，福禄无疆；忠臣身受诛夷，君陷大恶，家国并丧，空有其名。"（《旧唐书·魏征传》）良臣辅助，君贤臣忠，家国无虞；忠臣则虽以死尽忠，但却使君主沦为暴君，徒有虚名而家国不保。荀子这里所谓的"大忠""次忠"都当归于"良臣"之列，而"谏非而怒之"则为忠臣。可见，在古人看来，刚疾死忠之臣重义但轻生，于国于家皆无好处；良臣则审时度势，以屈曲之道成鸿鹄之志，这才是值得推崇的。

敬人有道：贤者则贵而敬之，不肖者则畏而敬之；贤者则亲而敬之，不肖者则疏而敬之

恭则不辱，礼是必要的。"敬"是礼的要求。但礼是外在的，情是内

在的，因而敬人是大有讲究的。

荀子认为，敬人有一定的原则：对于贤德之人以景仰之心敬之，对于不肖之人以畏惧之心敬之；对于贤德之人以亲近之心敬之，对于不肖之人以疏远之心敬之。表面看起来都是尊敬，其实内心的感情是完全不一样的。

佛家有言："小人之量如针眼，不能容物。心如荆刺，常思害人。身如屋茅，见事生风。君子遇之一以礼，代之一以默。包之，可也。远之，可也。"（慧律禅师《茅蓬语录》）小人的气量像针眼那么小，不能够容纳他人；心像荆棘，常常想着加害别人；为人像房顶的茅草，无事生非。禅师说，君子遇到小人，首先要以礼相待，即以畏惧、疏远之心敬之；若不行，就以沉默待之。这其实就是敬"小人"之道。

第十四章

致士篇

"致士"即招引贤士,本篇提出了"衡听、显幽、重明、退奸、进良之术",即招纳贤才、摈弃奸邪的办法。荀子特别强调为政者应修养道德、平政治国,以自己的人格力量吸引天下英才:"刑政平而百姓归之,礼义备而君子归之。"另外,荀子还指出,任人、用人要落实在行动上而不是停留在口头上,还要珍惜、爱惜人才:"赏僭则利及小人,刑滥则害及君子。若不幸而过,宁僭勿滥。"

刑政平而百姓归之
礼义备而君子归之

【原文】

　　衡听、显幽、重明、退奸、进良之术①：朋党比周之誉，君子不听；残贼加累之谮②，君子不用；隐忌雍蔽之人③，君子不近；货财禽犊之请④，君子不许。凡流言、流说、流事、流谋、流誉、流愬，不官而衡至者⑤，君子慎之。闻听而明誉之，定其当而当，然后士其刑赏而还与之。如是则奸言、奸说、奸事、奸谋、奸誉、奸愬莫之试也，忠言、忠说、忠事、忠谋、忠誉、忠愬莫不明通，方起以尚尽矣。夫是之谓衡听、显幽、重明、退奸、进良之术。

　　川渊深而鱼鳖归之，山林茂而禽兽归之，刑政平而百姓归之，礼义备而君子归之。故礼及身而行修，义及国而政明，能以礼挟而贵名白⑥，天下愿，令行禁止，王者之事毕矣。

　　川渊枯则鱼龙去之，山林险则鸟兽去之，国家失政则士民去之。无土则人不安居，无人则土不守，无道法则人不至，无君子则道不举。故土之与人也，道之与法也者，国家之本作也。君子也者，道法之总要也，不可少顷旷也⑦。得之则治，失之则乱；得之则安，失之则危；得之则存，失之则亡。故有良法而乱者，有之矣，有君子而乱者，自古及今未尝闻也。传曰："治生乎君子，乱生乎小人。"此之谓也。

人主之患，不在乎不言用贤，而在乎不诚必用贤。夫言用贤者口也，却贤者行也⑧，口行相反而欲贤者之至、不肖者之退也，不亦难乎！夫耀蝉者⑨，务在明其火、振其树而已，火不明，虽振其树，无益也。今人主有能明其德，则天下归之若蝉之归明火也。

君者，国之隆也⑩；父者，家之隆也。隆一而治，二而乱。自古及今，未有二隆争重而能长久者。

师术有四，而博习不与焉：尊严而惮⑪，可以为师；耆艾而信⑫，可以为师；诵说而不陵不犯⑬，可以为师；知微而论，可以为师。故师术有四，而博习不与焉。水深而回，树落则粪本⑭，弟子通利则思师。

赏不欲僭，刑不欲滥。赏僭则利及小人，刑滥则害及君子。若不幸而过，宁僭勿滥。与其害善，不若利淫。

【注释】

① 衡听：全面听取各方意见。衡：平，不偏听。显幽：不雍蔽、埋没人才。重明：彰显贤明。退奸：摈弃奸邪之人。进良：招引、任用贤达。

② 残贼：残害人。加累：诬陷人。谮：诬陷，中伤。

③ 隐忌雍蔽：指妒忌阻碍招引贤才者。

④ 禽犊：古代用作馈赠的礼品，用以比喻干禄进身之物。

⑤ 流：无根源，无依据。愬：同"诉"，诉说。不官：指无正当途径。衡：通"横"。

⑥ 挟：同"浃"，周匝，周遍。贵名白：英名昭著。

⑦ 旷：荒废，耽误。

⑧ 却贤：屏退贤良。

⑨ 耀蝉：一种捕蝉方法，夜晚以火照蝉，蝉见光后就投火而来。

⑩ 隆：尊贵。

⑪ 惮：怕，这里意为有威严。

⑫ 耆艾：古以六十岁为耆，五十岁为艾，这里泛指老年人。

⑬ 诵：诵经。陵：超越。犯：触犯。

⑭ 回：回流，旋流。

【译文】

兼集众议、挖掘人才、显扬隐士、摒弃奸邪、任用贤良的办法如下：结党营私、阿谀奉承的吹捧，君子不听信；残害忠良、诬蔑陷害的诽谤，君子不采纳；嫉贤妒能之人，君子不亲近；以钱财行贿所托之事，君子不应允。但凡没有根据的流言蜚语、思想学说，还有无稽之事、无稽之谋，以及别有用心的誉美之言、诬陷之辞，对于这些来历不明的流言流说，君子要谨慎对待，要认真分析辨别，判断其正误是非，再对其施以惩罚或奖赏。这样，那些奸邪的言论、学说，奸诈的事情、计谋，以及那些别有用心的赞美和诽谤也就自行消亡了。这就是兼集众议、挖掘人才、显扬隐士、摒弃奸邪、任用贤良的办法。

河湖水深，鱼鳖就会蜂拥而至；山林繁茂，禽兽就会蜂拥而至；刑罚政令公正合理，百姓就会蜂拥而至；礼义完备，君子就会蜂拥而至。所以，坚持礼制则行为端正，遵守道义则政治清明，普遍推行礼义则名声昭著，这样就会天下归心、令行禁止，由此即可成就称王天下的大业。

河湖干涸，鱼鳖就会接踵离去；山林险恶，鸟兽就会接踵离去；国家政治昏暗，君子、百姓就会接踵离去。没有土地，百姓就无以安居；

没有百姓，土地就无人据守；没有礼制法则，百姓就不会归附；没有君子，礼制法则就无以实施。所以，土地、百姓以及礼制法度是国家的根本，而君子则是礼制法度的统领，须臾不可或缺。君子是国家治乱、安危、存亡的决定性因素。法制完善而国家混乱的情况是有的，但君子治国而国家混乱的情况，自古及今还未曾耳闻。古语说："国家的安定源于君子，国家的混乱源于小人。"说的就是这个道理。

君主之祸患，不在于嘴上说不说任用贤良，而在于行动上有没有表现出任用贤良的诚心。嘴上说任用贤良，这是口头上的；摒退贤良，却是行动上的。言行不一，却还妄想贤良云集、不肖者离开，这怎么可能呢？以灯火捕蝉，关键是点燃灯火、摇晃树干，如果不点火，摇树又有何用？君主若能向天下彰明其美德，那么天下贤良就会如蝉之赴火一样云集而归。

君主，是一国之中最尊贵的；父亲，是一家之中最尊贵的。只有一个最高权威，就会秩序井然；如果有两个权威，则必然发生混乱。古往今来，还没有两个权威并立、相互争权夺位而能够长治久安的。

具有四种道德则可以为人之师。尊贵庄严、不怒而威，可以为人师；年老德高、众望所归，可以为人师；熟谙经书、言行一致，可以为人师；以微知著、以一知万，可以为人师。具有以上四种道德则可以为人之师，其中还不包括学识渊博。水流湍急才有漩涡，落叶归根会增加养分，学生前途通达则思老师之深恩大德。

奖赏不能过分，惩罚也不能滥施。过分奖赏就会惠及小人，滥施刑罚则会害及君子。如果无法保持适度，则宁可过分奖赏也不能滥施刑罚。与其伤及君子，不如利及小人。

【品鉴】

朋党比周之誉，君子不听

孔子常以君子与小人相对，来表明自己的立场和观点。例如，"君子和而不同，小人同而不和""君子泰而不骄，小人骄而不泰""君子矜而不争，群而不党""君子周而不比，小人比而不周"等等。（分别见《论语》的《子路》、《卫灵公》、《为政》等篇）在儒家看来，"中庸"为"至德"，中庸是守正不偏，无过无不及，并不是和稀泥、做老好人，君子立身处世是有原则的，能否坚持这些原则正是君子与小人的区别所在。

"朋党比周之誉，君子不听；残贼加累之谮，君子不用；隐忌雍蔽之人，君子不近；货财禽犊之请，君子不许"，荀子以一组排比说明君子在选贤任能上所应当坚持的原则：不听信别有用心的奉承，不采纳诬蔑陷害的诽谤，不亲近嫉贤妒能之人，不应许行贿请托之事。这就是荀子主张的退奸进贤之道。

货财禽犊之请，君子不许

以财物行贿请托之事，君子是不能应允的。

川渊深而鱼鳖归之，山林茂而禽兽归之

可与荀子"玉在山而草木润，渊生珠而崖不枯"《荀子·劝学》互为参照。

人主之害，不在乎不言用贤，而在乎不诚必用贤

在诸侯争王竞霸、得人才者得天下的春秋战国时期，招纳贤才的重要性是不言而喻的。但君王是否真正从心底里敬重人才，则不但要"听其言"，更要"观其行"了。身为一国之君，若言行不一，把"用贤"停留在口头上，而把"却贤"落实在行动上，这样一旦失去诚信，再想网罗天下贤才恐怕就很难了。用人的关键还是要"用人不疑"，给人才以充分的尊重和信任，给他们搭建一片施展才华的广阔天地、自由空间，切实把"用贤"落实在行动上。

君者，国之隆也，父者，家之隆也。隆一而治，二而乱

《礼记》上道："国无二君，家无二尊。"(《礼记·丧服四制》)在家国一体的中国传统社会，家就是一个小国，国就是一个大家，父就是家庭里的皇帝，君主则是全社会的大家长，即"天子者，天下之父母也"(《盐铁论·备胡》)。君主和家长在其各自统辖范围内拥有独一无二的至上权威，皇权与父权是相辅相成的。

隆一而治，王权集中，天下必分贵贱之等级，这正是礼制的内容。荀子主张以礼治国，从建立等级社会秩序的需要出发，在张扬父权、皇权上可谓是不遗余力。荀子认为，一个家庭必须树立父系家长的权威才能和谐，一个国家只有树立了君主的权威才能统一。君主专制在于对权力的独占，具有强烈的排他性，对此荀子也有清楚的认识。所以他把君主摆在至尊无上的位置，大力树立和维护君主的权威，这已经明显带有法家思想的倾向，与孔孟儒家的主张大相径庭。

尊君隆君，强调君主的至上权威，这是中国社会走向大一统的理论前奏，同时也预示着儒学与政治的联姻，预示着儒学发展的新方向。从这个意义上我们也许可以说，在儒家思想由一家之言一派之说走向国家意识形态的进程中，荀子是董仲舒之前最为关键的一个环节。

"君者，国之隆也；父者，家之隆也。"如此简单而又如此透彻明白，它不但成了日后帝王统一天下的理论指南，荀子所描绘的等级秩序也成为中国古代两千多年的社会实践。

赏不欲僭，刑不欲滥。赏僭则利及小人，刑滥则害及君子。若不幸而过，宁僭勿滥

荀子介乎儒家和法家之间，援法入礼，主张礼刑并用、宽严相济、赏罚得当，即"赏不欲僭，刑不欲滥"，否则，轻易赏赐使小人沾光，轻易惩罚则会误伤君子。唐代魏征也说："夫刑赏之本，在乎劝善而惩恶……刑滥则小人道长，赏谬则君子道消。小人之恶不惩，君子之善不劝，而望治安刑措，非所闻也。"(《贞观政要·论刑法》)

但荀子的援法入礼毕竟是以礼治为本位、以法治为补充的，他虽然礼法并举，但又将礼置于法之上，认为"礼者，法之大分，类之纲纪也""礼义生而制法度"(《劝学》《性恶》)。将礼治置于法治之上，突出了人在治国实践中的决定性作用，这是儒家的基本立场。所以，与法家不同，荀子虽然肯定法治的效用，但反对严刑峻罚，反对"刑滥""刑繁"。荀子指出，如果把握不好刑赏的度，那就以宽为主，宁可过赏也不可多刑，以免伤害无辜。这颇有点西方司法中"宁纵勿枉"的精神。礼法互补、礼主刑辅这一治国模式的提出，既是对孔孟思想的继承，也是荀子在新的历史条件下对传统儒家思想的改造和创新，由此大大增强了儒家学说的社会适应能力，为汉代儒学独尊地位的确立奠定了基础。汉宣帝坦言"汉家制度"乃是"霸王道杂之"，就表明彼时受到独尊的儒术并非是"纯任德教"，而是杂糅了法家观念在内的新儒学。

第十五章

议兵篇

"议兵"即讨论用兵治军之道，荀子在本篇中阐述了自己的军事思想。从王道出发，荀子首先明确指出："兵要在乎善附民而已。"接着他论述了用兵的原则："重用兵者强，轻用兵者弱；权出一者强，权出二者弱"。他还提出了"六权""五术""三至"等为将之道，并指出军士应以服从为上："顺命为上，有功次之。"最后，荀子还总结了"兼人者有三术"的观点，并通过分析对比得出一个规律性的结论："以德兼人者王，以力兼人者弱，以富兼人者贫。"

彼兵者所以禁暴除害也非争夺也

【原文】

临武君与孙卿子议兵于赵孝成王前①,王曰:"请问兵要?"

临武君对曰:"上得天时,下得地利,观敌之变动,后之发,先之至,此用兵之要术也。"

孙卿子曰:"不然!臣所闻古之道,凡用兵攻战之本在乎壹民。弓矢不调,则羿不能以中微;六马不和②,则造父不能以致远;士民不亲附,则汤、武不能以必胜也。故善附民者,是乃善用兵者也。故兵要在乎善附民而已。"

临武君曰:"不然。兵之所贵者势利也,所行者变诈也。善用兵者,感忽悠暗,莫知其所从出。孙、吴用之,无敌于天下③,岂必待附民哉!"

孙卿子曰:"不然。臣之所道,仁人之兵,王者之志也。君之所贵,权谋势利也;所行,攻夺变诈也,诸侯之事也。仁人之兵,不可诈也;彼可诈者,怠慢者也,路亶者也④,君臣上下之间涣然有离德者也⑤。故以桀诈桀,犹巧拙有幸焉;以桀诈尧,譬之若以卵投石、以指挠沸;若赴水火,入焉焦没耳。故仁人上下,百将一心，三军同力，臣之于君也，下之于上也，若子之事父。弟之事兄，若手臂之扞头目而覆胸腹也⑥，诈而袭之，与先惊而后击之，一也。……"

孝成王、临武君曰："善！请问王者之兵，设何道、何行而可？"

孙卿子曰："凡在大王，将率末事也。臣请遂道王者诸侯强弱存亡之效、安危之势。君贤者其国治，君不能者其国乱；隆礼、贵义者其国治，简礼、贱义者其国乱。治者强，乱者弱，是强弱之本也。上足卬、则下可用也；上不足卬，则下不可用也。下可用则强，下不可用则弱，是强弱之常也。隆礼、效功，上也；重禄、贵节，次也；上功、贱节，下也；是强弱之凡也。好士者强，不好士者弱；爱民者强，不爱民者弱；政令信者强，政令不信者弱；民齐者强，民不齐者弱；赏重者强，赏轻者弱；刑威者强，刑侮者弱⑦；械用兵革攻完便利者强，械用兵革窳楛不便利者弱⑧；重用兵者强，轻用兵者弱；权出一者强，权出二者弱，是强弱之常也。……"

孝成王、临武君曰："善！请问为将？"

孙卿子曰："知莫大乎弃疑⑨，行莫大乎无过，事莫大乎无悔。事至无悔而止矣，成不可必也。故制号政令，欲严以威；庆赏刑罚，欲必以信；处舍收藏，欲周以固；徙举进退，欲安以重、欲疾以速；窥敌观变，欲潜以深、欲伍以参⑩；遇敌决战，必道吾所明，无道吾所疑，夫是之谓六术。无欲将而恶废，无急胜而忘败，无威内而轻外，无见其利而不顾其害，凡虑事欲孰而用财欲泰⑪，夫是之谓五权。所以不受命于主有三：可杀而不可使处不完，可杀而不可使击不胜，可杀而不可使欺百姓，夫是之谓三至。凡受命于主而行三军，三军既定，百官得序，群物皆正，则主不能喜，敌不能怒，夫是之谓至臣；虑必先事而申之以敬，慎终如始，终始如一，夫是之谓大吉。凡百事之成也，必在敬之，其败也必在慢之。故敬胜怠则吉，怠胜敬则灭；计胜欲则从，欲胜计则凶。战如守，行如战，有功如幸。敬谋无圹，敬事无圹，敬吏无圹，敬众无圹，敬敌无圹，夫是之谓五无圹⑫。谨行此六术、五权、三至，而处之以恭敬无圹，夫是之谓天下之将，则通于神明矣。"

临武君曰："善！请问王者之军制？"

孙卿子曰："将死鼓⑬，御死辔⑭，百吏死职，士大夫死行列⑮。闻鼓声而进，闻金声而退⑯，顺命为上，有功次之。令不进而进，犹令不退而退也，其罪惟均。不杀老弱，不猎禾稼⑰，服者不禽，格者不舍⑱，奔命者不获。凡诛，非诛其百姓也，诛其乱百姓者也；百姓有扞其贼⑲，则是亦贼也。以故顺刃者生，苏刃者死，奔命者贡⑳。微子开封于宋，曹触龙断于军，殷之服民，所以养生之者也，无异周人。故近者歌讴而乐之，远者竭蹶而趋之㉑，无幽闲辟陋之国，莫不趋使而安乐之，四海之内若一家，通达之属莫不从服，夫是之谓人师。《诗》曰：'自西自东，自南自北，无思不服。'此之谓也。王者有诛而无战，城守不攻，兵格不击，上下相喜则庆之。不屠城，不潜军，不留众，师不越时。故乱者乐其政，不安其上，欲其至也。"

临武君曰："善！"

陈嚣问孙卿子曰㉒："先生议兵，常以仁义为本。仁者爱人，义者循理，然则又何以兵为？凡所为有兵者，为争夺也。"

孙卿子曰："非女所知也！彼仁者爱人，爱人故恶人之害之也；义者循理，循理故恶人之乱之也。彼兵者，所以禁暴除害也，非争夺也。故仁者之兵，所存者神，所过者化，若时雨之降，莫不说喜[23]。……故近者亲其善，远方慕其德；兵不血刃，远迩来服，德盛于此，施及四极。

礼者，治辨之极也，强国之本也，威行之道也，功名之总也。王公由之，所以得天下也；不由，所以陨社稷也。故坚甲利兵不足以为胜，高城深池不足以为固，严令繁刑不足以为威。由其道则行，不由其道则废。

古之兵，戈、矛、弓、矢而已矣，然而敌国不待试而诎；城郭不辨，沟池不抇，固塞不树，机变不张[24]，然而国晏然不畏外而明内者，无它故焉，明道而钧分之，时使而诚爱之，下之和上也如影响，有不由令者，然后诛之以刑。故刑一人而天下服，罪人不邮其上[25]，知罪之在己也。是故刑罚省而威流，无它故焉，由其道故也。古者帝尧之治天下也，盖杀一人，刑二人，而天下治。传曰："威厉而不试，刑错而不用。"此之谓也。

凡兼人者有三术：有以德兼人者，有以力兼人者，有以富兼人者。

彼贵我名声，美我德行，欲为我民，故辟门除涂以迎吾入[26]。因其民，袭其处，而百姓皆安，立法施令莫不顺比。是故得地而权弥重，兼人而兵俞强[27]。是以德兼人者也。

非贵我名声也，非美我德行也，彼畏我威，劫我势，故民虽有离心，不敢有畔虑。若是，则戎甲俞众，奉养必费。是故得地而权弥轻，兼人而兵俞弱，是以力兼人者也。

非贵我名声也，非美我德行也，用贫求富，用饥求饱[28]，虚腹张口来归我食。若是，则必发夫掌窌之粟以食之，委之财货以富之，立良有司以接之，已期三年，然后民可信也。是故得地而权弥轻，兼人而国俞贫，是以富兼人者也。

故曰：以德兼人者王，以力兼人者弱，以富兼人者贫，古今一也。

【注释】

① 临武君：战国时楚国将领。孙卿子：即荀况。赵孝成王：名丹，赵惠文王的儿子。

② 六马：古代帝王的车，用六匹马拉，"六马"指同拉一辆车的六匹马。

③ 孙：孙武，春秋时齐国人，著名军事家，以善于用兵被吴王阖闾重用，率吴军西破强楚，北慑齐、晋，威震诸侯，《汉书·艺文志》著录《吴孙子兵法》八十二篇，今存十三篇，是我国现存最早的兵书。吴：吴起，春秋末期卫国人，他治军号令严明，军纪森严，赏罚严明，任贤用能，先辅助魏文侯，后辅助楚悼王南征百越之地，北灭陈国、蔡国，西征强秦，气势使韩、赵、魏胆颤。

④ 路亶：羸弱疲惫。路：通"露"。亶：通"瘅""疸"，病。

⑤ 涣然：散漫的样子。

⑥ 扞（hàn）：同"捍"，保卫，捍卫。

⑦ 侮：轻视。

⑧ 攻完：坚固。窳楛（yǔ kǔ）：粗糙、不牢固。

⑨ 知：通"智"。疑：疑惑，犹豫不决。

⑩ 伍、参（sān）：即叁、伍，指繁多而错杂，引申为把多方情况放在一起进行对照比较。

⑪ 孰：通"熟"，仔细考察。泰：宽裕，不吝啬。

⑫ 圹：通"旷"，疏忽大意。

⑬ 将死鼓：意即将帅到死也不能离开岗位。古代打仗时，主将自掌旗鼓指挥三军，战鼓是主将的指挥岗位。

⑭ 御死辔：驾驭战车者到死也不能放下缰绳。辔：马缰绳。

⑮ 士大夫：这里是指普通士兵。

⑯ 金声：指敲钲的声音。古代打仗进攻时击鼓，退兵时敲钲，钲是金属之器，所以又称金声。

⑰ 猎：通"躐（liè）"，践踏，踩。

⑱ 禽：通"擒"。格：击，打。

⑲ 扞（hàn）：捍卫，保卫。

⑳ 苏：通"傃"（sù），朝向。贡：向上进献，这里指把归顺的人交给上级处理发落。

㉑ 蹶：跌倒。竭蹶：竭尽全力奔走的样子。趋：快走。

㉒ 陈嚣：荀子的学生。

㉓ 存：这里指军队驻守的地方。说：同"悦"。

㉔ 辨（bàn）：通"办"，治理。扣（hú）：挖掘。塞：边防要塞。机变：指计谋。张：施展。

㉕ 邮：通"尤"，怨恨。

㉖ 涂：通"途"。

㉗ 俞：通"愈"，下同。

㉘ 用：因为。

【译文】

临武君和荀子在赵孝成王面前谈论用兵之道。赵孝成王问："用兵的要领何在？"

临武君答道："上得天时，下得地利，密切关注敌方动向，兵贵神速,先发制人,这是用兵之要。"

荀子说:"这样说是不对的。我听说古代所谓征战攻伐之道,在于统一百姓的思想。如果弓箭不协调,即使善射之后羿也不能射中目标;如果马匹步调不一致,即使善驾之造父也不能靠它们到达目的地;如果民众不归心,即使商汤、武王也不能取胜天下。善于让民众亲附归心,就是善于用兵。所以,用兵之要在于善于让民众亲附归心。"

临武君反驳道:"不对!用兵之道,贵在占据有利地形,并采取变幻莫测的战术来迷惑对方。善于用兵者,反应敏捷,神出鬼没。孙武、吴起以之而无敌于天下,何以一定要让民众亲附呢?"

荀子答道:"不是的,我所说的是仁义之师,其志在于称王天下;您所看重的是权术势利,所做的是攻城掠地、巧取豪夺,其志在于称霸诸侯。仁义之师是不可能被欺诈的,可以被欺诈的是那些疲惫赢弱、士气不振,以及君臣之间、将帅上下之间离心离德的军队。所以,以桀欺诈桀,也许还可以侥幸获胜;若以桀欺诈尧,那就如同以卵击石、以指止沸,就如同赴汤蹈火,其结果一定是粉身碎骨、万劫不复。仁义之师,将帅同心同德,三军众志成城,臣对君、下对上,就像子对父、弟对兄般恭敬顺从,就像手臂会本能地保护头、眼和身体一样,所以以欺诈的手段偷袭仁义之师与招呼之后再袭击并无二致。……"

孝成王、临武君赞道:"说得好!请问称王天下者有何用兵之道呢?"

荀子道:"对称王者来说,率兵打仗只是次要的事。我还是先说说称王天下者与称霸诸侯者的强弱、存亡、安危吧。国君贤能者国家安定,国君无能者国家混乱;尊崇礼义者国家安定,鄙视礼义者国家混乱。国家安定则强盛,动乱则衰弱,这是国家强弱的根本原因。君主令人敬仰,臣民就会为其尽力,反之臣民不会为之卖命。臣民为君主尽心竭力则国家强盛,反之国家就会衰弱,这是国家强弱的规律。崇尚礼仪、重视战功,这是上等的办法;重视爵禄、看重节操,这是次一等的办法;崇尚战功、轻视节操,这是下等的办法:这是强弱的一般情况。喜欢贤士的就强大,不喜欢贤士的就弱小;爱民者强,不爱民者弱;政令通达者强,政令不畅者弱;民众齐心协力者强,民众离心离德者弱;奖赏慎重者强,奖赏轻易者弱;刑罚威严者强,刑罚不力者弱;武器装备精良者强,武器装备不足者弱;谨慎用兵者强,轻率用兵者弱;令出一人者强,令出二人者弱,这是国家强弱的规律。……"

孝成王、临武君道:"好!请问做将领有何要领吗?"

荀子答道:"最高的智慧莫过于抛弃犹豫不决,最好的行为莫过于没有错误,最完美的事情莫过于无可后悔。事情能够做到无可后悔就是最高境界了,不必要求一定要成功。所以,制度号令要严肃而具威慑力,奖赏刑罚要言必信行必果,营垒的驻扎以及辎重物资的贮藏要周密无遗,军队的进退转移要安全而稳妥、紧张而迅速,窥探敌情要隐秘而细致、全面而准确,交锋决战时要以自己了解的敌情为依据,不要冒然行动,这是将领要掌握的六种策略。不要贪图职位怕被罢免,不要急于求胜而忽略了失败的可能,不要只以为自己治兵严明而轻视外敌,不要只看到有利的方面而对有害的方面视而不见,谋虑要周密、奖赏要丰厚,这是将领要全面权衡的五个方面。将领在三种情况下可以抗命:宁死也不能让军队驻扎在守备不完善的地方,宁死也不能硬打不能取胜之仗,宁死也不能让军队欺压百姓,这是将领要遵循的三条原则。将领受命而统帅三军,军队调配合理,各级军官安排妥当,各种事务有序运转,不因君主的奖赏而得意忘形,也不因敌人的诡计而怒火中烧,这是最合格的将领;作战之前深思熟虑,自始至终都保持谨慎、警惕,这叫作最大的吉利。一般说来,各种事情之所以成功一定在于谨慎对待,漫不经心必然失败。所以,谨慎而不怠慢就吉利,怠慢而不谨慎则必然招致覆灭;冷静而不冲动就顺利，冲动而不冷静则凶险。视攻战如防守一样不要轻率出击，视行军如作战一样毫不懈怠，视获胜如侥幸一样不要骄傲轻敌，慎重对待谋略而无疏漏，慎重处理军务而无疏漏，慎重对待军官而无疏漏，慎重对待士兵而无疏漏，慎重对待敌人而无疏漏，这叫作五种不疏漏。将领严格以此六种策略、五个方面、三条原则行事，谨慎而无疏漏，则堪称举世无双，达到了用兵如神的境界了。"

临武君答道："好极了！请再谈谈您对军队中制度的看法。"

荀子说："将军誓死而不离战鼓，驾驭战车者誓死而不离缰绳，军官誓死而不离职守，士兵誓死而坚持作战。听到鸣鼓而进，听到击钲而退，服从命令是第一位的，立功尚在其次。没有鸣鼓而进攻，与没有击钲而撤退，其罪相等。不诛杀老弱，不践踏庄稼，对不战而退的敌人不追杀，对负隅顽抗的敌人不放过，对四散逃命者不俘虏。不杀百姓，而是杀扰乱民心者；对为虎作伥者，也严惩不贷。所以，对不战而退者给其留条活路，对负隅顽抗者绝不留情，对缴械投降归顺者赦免其罪。微子启归顺周朝而被封在宋国，曹触龙负隅顽抗而被斩首于军中，而对商王朝那些归顺周朝的民众则与周民一视同仁。因而，近处的人众口一辞地讴歌周朝，远处的人也趋之若鹜投奔周朝，即使是闭塞偏僻边远的国家，也无不争先恐后前来归附，四海之内如同一家，凡人迹所至之处莫不归附周朝，这就叫作天下人的表率。《诗经》上说：'从西到东，从南到北，莫不服从。'说的就是这个情况。称王天下者的军队讨伐敌寇而不主动挑衅，敌军守城不战时不破城而入，敌军拚死抵抗时不强攻，敌军上下一心也为之高兴。不屠杀无辜百姓，不偷袭敌军，不长期在外据守，出征不逾时。所以，政治混乱的国家的人民翘首期待仁义之师的到来。"

临武君说："好极了。"

陈嚣问道："您谈论用兵之道，总是以仁义为根本。仁就是爱护他人，义就是循理而行，既然如此，为何又要兵戈相见呢？大凡动兵用武，都是以争城掠地为目的的。"

荀子说："这你就不明白了。仁就是爱人，正因为爱人，所以就对妨碍他们仁爱的人深恶痛绝；义就是循理而动，正因为循理，所以就对引起社会混乱的人深恶痛绝。仁义之师用兵的目的，就是除暴安良，而不是争城掠地。所以，仁义之师所在之地秩序井然，所过之处如春风化雨，百姓莫不欣喜雀跃。……所以近处的人亲近其善，远处的人仰慕其德，兵不血刃，远近百姓争相归顺。德行于此，而泽及天下。《诗》云：'善人君子忠于仁，坚持道义不变更。他的道义不变更，四方国家他坐镇。'说的就是这种情况啊。"

礼，是治理国家的最高准则，是使国家强盛的根本，是威行天下的途径，是成就功名事业的纲领。遵循礼就可以得到天下，违背礼就会丢掉政权。所以，坚甲利兵不足以取胜，高城深池不足以防御，严刑峻法不足以逞威。循礼而行则成功，悖礼而动则失败。

古代的兵器不过就是戈、矛、弓、箭之类，但却往往收到不战而胜之功；城防不坚固，边塞不严守，计谋不施展，但国家却平安昌盛、不畏外敌，原因就在于以礼义之道来协调臣民，适时使用而又真诚地爱护他们，臣民如影随形地追随君主，违者惩之以刑。这样就能够收到惩一人而天下服的效果，罪犯真诚伏法，并不怨恨君主。刑罚虽少却威行天下的原因，就是遵循了礼义之道。因而，古代尧帝治理天下时只杀一人、惩罚两人，就实现了天下大治。古书上说："有威严而不使用，有刑罚而不旅行。"说的就是这个道理。

大凡兼并别国的君主一般有以下三种办法：凭借美德懿行，凭借强大的武力，凭借雄厚的物质财富。

他国之民仰慕我们的名声，赞赏我们的德行，归心已久，所以敞开大门，夹道欢迎我们的到来。我们沿袭其风俗文化，百姓安居乐业，莫不遵纪守法。因而，兼并的结果是土地更广、权势更重、兵力更强，这是凭借美德懿行兼并他国。

他国之民既不仰慕我们的名声，也不赞赏我们的德性，只是慑于我们的武力威猛，所以百姓虽然有叛逆之心，却不敢行叛逆之事。这就不得不充实装备加强武力，军费开支必然增加。因而，兼并的结果是土地更广、权势更轻、兵力更弱。这是凭借武力兼并他国。

他国之民既不仰慕我们的名声，也不赞赏我们的德行，只是因为贫穷而追求富裕，因为饥饿而渴望有果腹之物，所以他们饥肠辘辘地来投奔我们。这就必须开仓赈济他们，分发财物使之富足，委任官吏来照顾他们，三年以后才能渐渐赢得其信任。因而，兼并的结果就是土地更广、权势更轻、国家更穷。这是凭借物质财富兼并他国。

所以说，依靠美德懿行兼并他国的称王天下，依靠武力兼并他国的导致国力削弱，依靠富足兼并他国的会越来越穷。这是千古不易的规律。

【品鉴】

兵要在乎善附民而已

孟子道："得道者多助，失道者寡助。"(《孟子·公孙丑下》)

明代吕坤在《直陈天下安危圣躬祸福疏》中道："人心者，国家之命脉也，不可失也。"得民心者得天下，这是千古不易的真理，用兵打仗也不例外。所以，当临武君提出用兵取胜的要领在于得天时地利、先发制人时，荀子却指出"兵要在乎善附民而已"。显然，在荀子看来，用兵不只是一个战术上的问题，更是一个政治问题。

能否让民众亲附归心，本身就涉及到战争是否正义的问题。在孔子看来，"天下有道，则礼乐征伐自天子出；天下无道，则礼乐征伐自诸侯出"(《论语·季氏》)。也就是说，儒家认为像西周时期那样"礼乐征伐自天子出"才是合乎义的。迨至春秋时期，随着周天子威信的日薄西山，礼崩乐坏，各路诸侯竞强争霸，纷纷"挟天子以令诸侯"，自此，"礼乐征伐自诸侯出"的兼并战争就连绵不断，田野荒芜，民不聊生，由此才有了孟子那句斩钉截铁的著名论断"春秋无义战"(《孟子·尽心下》)。显而易见，荀子所谓的"兵要在乎善附民而已"是与孔孟的思想一脉相承的。当然，衡量战争正义性的标准应当看发动战争的目的，而不是看战争是由什么人发动的，因而孟子笼统地说"春秋无义战"，也许过于武断了。

权出一者强，权出二者弱，是强弱之常也

无论治理国家，还是用兵打仗，荀子都主张权力的高度集中。这里所谓"权出一者强，权出二者弱"与荀子所谓"隆一而治，二而乱"表达了同样的思想。

知莫大乎弃疑

用兵打仗贵在果断。荀子认为，对将领来说，最高的智慧莫过于排除疑点。

"疑行无成，疑事无功。"(《商君书·更法》)其实，做任何事情，"弃疑"都是至关重要的。

凡诛，非诛其百姓也，诛其乱百姓者也

从王道仁政出发，儒家认为战争是为了禁暴除害，即"诛其乱百姓者也"，甚至是为了促进民生、增进民祉的，即"禁暴、戢兵、保大、定功、安民、和众、丰财者也"(《左传·宣公十二年》)。所以，即使"止

戈为武""以战止战"是必要的,也必须最大限度地争取不伤及无辜,不破坏民生,如本篇中荀子所谓"不杀老弱,不猎禾稼,服者不禽,格者不舍,奔命者不获"。

彼兵者,所以禁暴除害也,非争夺也

如前所述,衡量战争正义与否的标准,是看发动战争的目的。先秦军事家吴起认为战争的目的有五类,他还将战争分为五种性质:"凡兵之所起者有五:一曰争名,二曰争利,三曰怨恶,四曰内乱,五曰因饥。其名又有五:一曰义兵,二曰强兵,三曰刚兵,四曰暴兵,五曰逆兵。禁暴救乱曰义,恃众以伐曰强,因怒兴师曰刚,弃礼贪利曰暴,国乱人疲,举事动众曰逆。"(《吴子·图国》)

荀子认为,动武用兵的目的,应当是为了"禁暴除害",而不是攻城掠地,这恰好对应了吴起所谓的"仁义之师"。荀子认为,仁义之师遵循的是"仁义"二字,所以对有损仁爱的人深恶痛绝,对扰乱社会秩序的人恨之入骨,必欲除害安民,"凡诛,非诛其百姓也,诛其乱百姓者也"(《荀子·议兵》)。仁义之师"禁暴除害",故所经之处如春风化雨,百姓莫不欣喜雀跃。

中国文化以和为贵,古人对战争抱持慎重的态度。老子道:"兵者不祥之器,非君子之器,不得已而用之,恬淡为上。胜而不美,而美之者,是乐杀人;夫乐杀人者,则不可得志于天下矣。"(《道德经》三十一章)这其实也是诸子各家对战争的基本看法,甚至连兵家的孙武也认为"兵者国之大事,死生之地,存亡之道,不可不察""主不可以怒而兴师,将不可以愠而致战。合于利而动,不合于利则止"(《孙子兵法·计篇》)。与吴起一样,荀子也认为有些战争是为了争名利或泄私怨,"凡攻人者,非以为名,则案以为利也,不然则忿之也"(《富国》)。当然,在荀子看

来，这些也都是不义之战。先秦时期各家各派都强烈反对不义之战："兵强而无义者殆""兵不义不可"(《管子·侈靡》《管子·小问》)，对穷兵黩武者更是极力抨击，认为若"师出无名"，即使兵力再强，最终也要失败。由此可见，爱好和平、反对战争是中国文化由来已久的传统。

古代军队作战时，胜者为了炫耀武功，收集敌人尸首堆积于路旁，封土而成高冢，号称"京观"。最早记载"京观"的是《左传》。《左传·宣公十二年》上有这样一段记载：公元前597年，楚军在邲（今河南武陟东南）大败晋军，大臣建议将晋军阵亡者的尸体堆筑为"京观"，以使子孙不忘武功。楚庄王拒绝道："武这个字的意思就是要'止戈'，用武是为了禁暴、戢兵、保大、定功、安民、和众、丰财，这样才能使子孙不忘武功。现在我让两国子弟暴尸野外，是残暴；出动军队威吓诸侯，未能戢兵；暴而不戢，也不能保大；晋国仍然存在，也不算有功；违背民众意愿，不是安民；自己无德还和诸侯征战，何以和众；让别国混乱以为己荣，也不丰财。七项武德我不居其一，怎么能够让子孙纪念？古代圣王都是讨伐不敬者，也只有将罪大恶极者的尸首才会筑为京观。而这场战役中的阵亡者都是为了自己的国君尽忠，怎么能够将他们筑为京观？"最后楚庄王下令将晋军阵亡者妥善安葬。

兵不血刃，远迩来服

从王道仁政的政治立场出发，从战争除暴禁害的目的出发，儒家主张以"不战而战"为手段，视"兵不血刃、远迩来服"为战争的最高境界。

儒家认为，"杀人者死，伤人者刑，是百王之所同也"(《荀子·正论》)，因而，"杀人盈野"、"杀人盈城"者"罪不容于死"(《孟子·尽心下》)。孟子言辞激烈地说："有人曰'我善为阵，我善为战'，大罪也。"

(《孟子·离娄上》)孔子也认为:"善战者服上刑,连诸侯者次之,辟草莱任土地者次之。"(《论语·颜渊》)这也是孔子反对"如杀无道以就有道"(《论语·卫灵公》)和拒绝回答"卫灵公问阵"的深层原因。"苟能制侵陵,岂在多杀伤",杜甫的诗句可谓是对传统战争观的精辟概括。

事至无悔而止矣,成不可必也

凡事只要尽力而为、问心无愧就行了,并不一定要追求成功,也不一定要做到尽善尽美。所以,在荀子看来,"事至无悔而止矣,成不可必也。"

事情的成功与否,往往取决于天时、地利、人和三个方面各种因素的结合,"人和"固然重要,但也只是其中的因素之一。古人常讲"谋事在人,成事在天","谋"是过程,"成"是结果,"人"是主观努力,"天"是客观条件限制。很多情况下,过程是人能够把握的,结果却是人无法控制的,"人"与"天"相对抗时并不一定能战胜"天"。因而对人来说,追求过程的精彩比追求结果的完美更有意义。诚如王安石在《游褒禅山记》中所议:

> 世之奇伟、瑰怪、非常之观,常在于险远,而人之所罕至焉,故非有志者不能至也。有志矣,不随以止也,然力不足者亦不能至也。有志与力,而又不随以怠,至于幽暗昏惑而无物以相之,亦不能至也。然力足以至焉,于人为可讥,而在己为有悔;尽吾志也,而不能至者,可以无悔矣,其孰能讥之乎?

曾国藩在给其弟的家书中也语重心长地说道:"古来大战争、大事业,人谋仅占十分之三,天意恒居十分之七。往往积劳之人非即成名之人,成名之人非即享福之人。……吾兄弟但在积劳二字上着力,成名二字则不必问及,享福二字则更不必问矣。"

以德兼人者王，以力兼人者弱，以富兼人者贫，古今一也

荀子认为，兼并他国一般是经由以下三种途径：凭借美德懿行，凭借强大的武力，凭借雄厚的物质财富。依靠美德懿行兼并他国的称王天下，依靠武力兼并他国的导致国力削弱，依靠富足兼并他国的会越来越穷，这是千古不易的规律。在荀子看来，"以力兼人"意味着必须增加军费开支，其结果是"1+1 < 2"；"以富兼人"意味着把自己的财物分给他国，其结果也是"1+1 < 2"；只有"以德兼人"才能实现"1+1 > 2"的结果。

综观古今战争，荀子之言诚为是也。

第十六章

强国篇

　　荀子在本篇中论述了强国之道，明确提出"隆礼尊贤而王，重法爱民而霸，好利多诈而危，权谋倾覆幽险而亡"的观点。荀子还以秦国为例进一步阐发了自己的观点。他中肯地分析了秦"威动海内，强殆中国"的原因：地理和资源上的优势、民风淳朴、官吏恭俭忠信、君主英明果断等。与此同时，荀子也敏锐地意识到强秦之"忧患不可胜校也"，其原因就在于秦没有把"重法爱民"和"隆礼尊贤"的王霸之道糅合为一、兼施并用。

隆礼尊贤而王
重法爱民而霸

【原文】

故人之命在天，国之命在礼。人君者，隆礼尊贤而王，重法爱民而霸，好利多诈而危，权谋、倾覆、幽险而亡。

威有三：有道德之威者，有暴察之威者，有狂妄之威者。此三威者，不可不孰察也。……道德之威成乎安强，暴察之威成乎危弱，狂妄之威成乎灭亡也。

夫尚贤使能，赏有功，罚有罪，非独一人为之也，彼先王之道也，一人之本也，善善恶恶之应也，治必由之，古今一也。古者明王之举大事，立大功也，大事已博，大功已立，则君享其成，群臣享其功，士大夫益爵，官人益秩，庶人益禄。是以为善者劝，为不善者沮，上下一心，三军同力，是以百事成而功名大也。

应侯问孙卿子曰[①]："入秦何见？"

孙卿子曰："其固塞险[②]，形势便，山林川谷美，天材之利多，是形胜也。入境，观其风俗，其百姓朴，其声乐不流污，其服不挑[③]，甚畏有司而顺，古之民也。及都邑官府，其百吏肃然，莫不恭俭、敦敬、忠信而不楛[④]，古之吏也。入其国，观其士大夫，出于其门，入于公门，出于公门，归于其家，无有私事也，不比周，不朋党，倜然莫不明通而公也⑤，古之士大夫也。观其朝廷，其闲听决百事不留，恬然如无治者，古之朝也。故四世有胜⑥，非幸也，数也。是所见也。故曰：佚而治，约而详，不烦而功，治之至也。秦类之矣。虽然，则有其諰矣⑦。兼是数具者而尽有之，然而县之以王者之功名⑧，则倜倜然其不及远矣！是何也？则其殆无儒邪！故曰：粹而王，驳而霸⑨，无一焉而亡。此亦秦之所短也。"

积微，月不胜日，时不胜月，岁不胜时。凡人好敖慢小事，大事至然后兴之务之，如是则常不胜夫敦比于小事者矣。是何也？则小事之至也数，其县日也博，其为积也大⑩；大事之至也希⑪，其县日也浅，其为积也小。故善日者王，善时者霸，补漏者危，大荒者亡。

凡奸人之所以起者，以上之不贵义、不敬义也。夫义者，所以限禁人之为恶与奸者也。今上不贵义、不敬义，如是，则天下之人百姓皆有弃义之志，而有趋奸之心矣，此奸人之所以起也。且上者，下之师也，夫下之和上，譬之犹响之应声、影之像形也。故为人上者不可不顺也。夫义者，内节于人，而外节于万物者也；上安于主而下调于民者也。内外上下节者，义之情也。然则凡为天下之要，义为本，而信次之。古者禹、汤本义务信而天下治，桀、纣弃义倍信而天下乱。故为人上者，必将慎礼义、务忠信，然后可。此君人者之大本也。

堂上不粪，则郊草不瞻旷芸⑫；白刃扞乎胸⑬，则目不见流矢；拔戟加乎首⑭，则十指不辞断。非不以此为务也，疾养缓急之有相先者也。

【注释】

① 应侯：指范雎，战国时期魏国人，著名政治家、军事谋略家。范雎在秦任丞相十多年，辅佐秦昭王，他上承孝公、商鞅变法图强之志，下开秦始皇统一帝业，是秦国历史上继往开来的一代名相，也是我国古代在政治、外交等方面极有建树的谋略家，其"远交近攻"的谋略对后世用兵有着深远的影响。李斯在《谏逐客书》中高度评价范雎对秦国的贡献："昭王得范雎，强公室，杜私门，蚕食诸侯，使秦成帝业。"

② 固塞：指边塞。

③ 佻：通"佻"，轻薄。

④ 楛（kǔ）：粗疏，草率。

⑤ 倜（tì）然：疏远的样子。

⑥ 四世：这里指秦国孝公、惠文王、武王、昭襄王四个朝代。

⑦ 諰（xǐ）：忧虑，恐惧。

⑧ 县：通"悬"，衡量，比较。

⑨ 粹：精粹，这里指只尊崇儒家的礼义之道。驳：驳杂，这里指兼采各家学说。

⑩ 数：频繁。县：通"悬"，系结，占据。博：多。

⑪ 希：通"稀"，稀少。

⑫ 粪：扫除。瞻：通"赡"，丰富、充足，这里指时间充裕。旷：空，这里指闲暇。芸：通"耘"，除草。

⑬ 扞：通"干"，触犯。

⑭ 拔：一说当作"枝"，因为戟又称为"枝戟"；一说"拔"意为迅速。

【译文】

个人的命运系于天，国家的命运系于礼。作为一国之君，崇尚礼义、尊贤任能就能称王天下；重视法治、爱护百姓就能称霸天下；贪财好利、欺诈百姓就会陷入危险境地；玩弄权术、阴谋就会覆灭。

威力有三种：道德之威，暴察之威，狂妄之威。对这三种不同的威力不能不详加辨别。……道德之威能使国家强盛稳定，暴察之威会使国家走向衰微，狂妄之威则导致国家步入灭亡之途。

尚贤任能，奖赏有功者，惩罚有罪者，这不是某一个人做的事，这是先王的治国之道，是一统人心的根本，是行善得善作恶得恶的体现。治理国家必须遵循这一原则，古今无二。古代明君开辟伟大事业，大功告成之后，自己乐享其成，群臣分享其功，士大夫晋爵，官吏加官，众人增加俸禄，行善者得到鼓励，作恶者受到惩戒，上下同心同德，三军齐心协力，所以事业顺利、功成名就。

范睢问荀子："您到秦国见闻如何？"

荀子说："秦国边塞险峻，地势便利，山川秀美，自然资源丰富，这是自然环境上的优势。入境后考察其风俗人情，发现这里百姓淳朴，音乐不流于污浊淫荡，服装不妖艳轻佻，对官吏敬畏而顺从，有古代先民之遗风。到了官府衙门，看到官吏无不严肃认真，他们谦恭节俭、敦厚谨慎、忠诚守信、兢兢业业，恍然如古代之贤吏。到了秦的国都，看到士大夫们从家里径直到官府，从官府又径直回家，没有为私事奔忙的，没有结党拉派的，一派坦荡通达廉洁奉公的样子，俨然古代之良士大夫。朝廷中上朝时敏捷果断地处理各种事务，安闲愉快如无事可做一般，真像古代圣王的朝廷。所以秦国四代皆成就斐然，这不是侥幸，而是必然的。这就是我所看到的。君主自身安逸却能够治理好国家，法令条文简要却没有遗漏，政务不繁杂却富有成效，这是治国的最高境界。秦国已臻于此境了。虽然如此,秦国也不是就可以高枕无忧了。秦国虽然具备上述各种优势,但与称王天下的功德名声相比还相差甚远。为什么呢?大概是因为没有大儒吧!所以,用儒之礼义治国就能称王天下,各种学说兼用只能称霸诸侯,做不到其中一点者必然覆灭。这也是秦国的不足之处。"

积细微点滴的成效,每月积累不如每天积累,每季度积累不如每月积累,每年积累不如每季度积累。一般人都不屑于做小事,大事来了才竭尽全力去做,其功效比不上那些专心致志做好每一件小事的人。为什么呢?因为小事多,占据的时间多,积累起来成效也大;而大事很少,占据的时间少,积累起来成效也就小。所以,珍惜每一天时间的君主能够称王天下,珍惜每一季度时间的君主能够称霸诸侯,出了漏洞再去补救的君主就危险了,而那些荒废光阴无所事事的君主就难逃灭亡之命运了。

奸邪之人之所以兴起,是因为君主不尊崇、不推行礼义。制定礼义的目的,就是禁止人们为非作歹。当今之君主不尊崇、不推行礼义,百姓自然就会背信弃义、趋附奸邪,这就是奸邪之人兴起的原因所在。况且,君主是臣民的表率,臣民附和追随君主就如同响之应声、影之随形一样,因而君主不能不遵循礼义。礼义,对内可以调节个人的情感欲望,对外可以协调万事万物;对上可以让君主无忧,对下可以协调民众。调节内外上下,使之和谐融洽,这就是礼义的本质。因而,治理天下,礼义是根本,其次是诚信。夏禹、商汤正是以礼义为本,取信于民,而使天下大治;夏桀、商纣则弃义背信而致天下大乱。所以,君主必须慎重地对待礼义、诚信,这是做君主的根本。

没有时间清扫厅堂,就不会有余暇去铲除郊外的野草;锋刃顶在胸口,眼睛就顾不上看飞来的暗箭了;利戟架在脖子上,就会不顾十指被砍断的危险而去抵挡了。这并不是不把郊外的杂草、暗箭、手指当回事，而是因为有轻重缓急先后顺序之别。

【品鉴】

道德之威成乎安强，暴察之威成乎危弱，狂妄之威成乎灭亡也

荀子认为，"威"有三类：道德之威，暴察之威，狂妄之威。在"以德之国"的传统社会，最受推崇的自然是道德之威。荀子描绘了道德之威的特征：百姓贵之如天、亲之如父母、畏之如神明，故不赏而劝，不刑而威。对于以上三种"威"的结果，荀子有个明确的断语：道德的力量成就国家的安定富强，暴力的威慑使国家走向衰落，狂妄专政最终必然导致国家灭亡。

与暴虐专横的"暴察之威"和唯我独尊、不可一世的"狂妄之威"相比，道德如玉石一般温润人心、春雨一般滋养万物，其影响力更大、更持久，堪称"不威之威"。苏轼在《法威堂铭》中曾说："非德之威，虽猛而人不畏；非德之明，虽察而人不服。"也就是说，即使你有威猛强大的力量、明察秋毫的能力，如果缺少道德上的感召力，别人还是不会口服心服。所以，古人特别强调道德的力量，认为惟贤惟德能服于人："为政以德，譬如北辰，居其所而众星共之"（《论语·为政》），"道德不厚者，不可以使民"（《战国策·秦策一》）。比如周公之"一沐三握发""一饭三吐哺"，忠心为国，勤政爱民，令天下臣民归心。

传统社会不仅对于为官者的道德尤为看重，即所谓"做人可以一生不仕，为官不能一日无德"，还特别强调官吏必须以德化人、以德感人、以德育人。《围炉夜话》道："德足以感人，而以有德当大权，其感尤速。"事实上，古代各级官吏除了理政以外，还负有移风易俗、教化百姓的职责，在这方面取得突出成绩的官吏被称为"循吏"，以与"酷吏"相

对。"循吏"之名最早见于《史记》的《循吏列传》，后为《汉书》《后汉书》直至《清史稿》所承袭，成为正史中记述那些重农宣教、清正廉洁的州县级地方官的固定体例。司马迁在《循吏列传》中道："法令用以引导民众向善，刑罚用以阻止民众作恶。文法与刑律不完备时，善良的百姓依然心存戒惧地自我约束修身，是因为居官者行为端正不曾违乱纲纪。只要官吏奉公尽职按原则行事，就可以治理好天下，为什么非用严刑峻法不可呢？"这其实就是赞扬循吏是以身作则、教化百姓的典范，收到了"不教而民从其化，近者视而效之，远者四面望而法之"（《史记·循吏列传》）的功效。如西汉黄霸在宣帝时任扬州刺使、颍川太守，他为政外宽内明，力劝耕桑，推行教化，后世将他与渤海太守龚遂作为"循吏"的代表，称为"龚黄"。

"以霹雳手段，显菩萨心肠"的曾国藩也极为推崇道德之威，他自己就是一个尽显道德之威的典范。

积微，月不胜日，时不胜月，岁不胜时

无论是学习知识还是修养道德，古人都十分强调"积微"，认为"九层之台，起于累土；千里之行，始于足下"。日积月累，就会积少成多、积小成大、积微成著、积善成德、积隐成患。尤其强调在德行的修养上要防微杜渐："不矜细行，终累大德"（《尚书·旅獒》）。曾国藩对此亦深有感悟："古之成大业者，多自克勤小物而来。百尺之楼，基于平地；千丈之帛，一尺一寸之所积也；万石之钟，一株一两之所累也……朱子谓为学须殊积寸累，为政者亦未有不由铢积寸累而克底于成者也。"（《笔记二十七则·克勤小物》）

夫下之和上，譬之犹响之应声、影之像形也

季康子向孔子询问治国之道时，孔子答道："子欲善，而民善矣！君子之德风，小人之德草。草上之风，必偃。"（《论语·颜渊》）意思是说：你只要以善来治政，百姓自然会好起来，君子的德行就像风，百姓的德行就像草，风向哪边吹，草就跟着向哪边倒。孔子以风草之喻强调官员必须以身作则、行为世范。荀子也反复强调君主、君子的道德垂范作用。这里，荀子以"响之应声""影之像形"比喻上为下之表率、上之所为所倡对社会风气的巨大影响作用。

第十七章

天论篇

　　这是荀子探讨人与自然关系的一篇论文。针对当时社会上流行的天有意志、治乱在天、天命可畏等错误观点，荀子针锋相对地提出：第一，"天行有常，不为尧存，不为桀亡"，认为天就是不以人的意志为转移的自然界，它是按照自己的规律运行变化的；第二，"明于天人之分"，认为决定人类社会吉凶祸福的是人而不是天，社会的治乱与自然界并不相干；第三，"制天命而用之"，认为人应当积极认识自然，在顺应自然的基础上利用自然、改造自然，为人类谋福利。

从天而颂之
孰与制天命而用之

【原文】

天行有常①，不为尧存，不为桀亡。应之以治则吉，应之以乱则凶。强本而节用②，则天不能贫；养备而动时③，则天不能病；循道而不贰，则天不能祸。故水旱不能使之饥渴，寒暑不能使之疾，祅怪不能使之凶④。本荒而用侈，则天不能使之富；养略而动罕，则天不能使之全；倍道而妄行，则天不能使之吉。故水旱未至而饥，寒暑未薄而疾，祅怪未至而凶。受时与治世同，而殃祸与治世异，不可以怨天，其道然也。故明于天人之分，则可谓至人矣。

列星随旋，日月递照，四时代御，阴阳大化，风雨博施，万物各得其和以生，各得其养以成，不见其事而见其功，夫是之谓神。皆知其所以成，莫知其无形，夫是之谓天。唯圣人为不求知天。

治乱，天邪？曰：日月、星辰、瑞历，是禹桀之所同也，禹以治，桀以乱，治乱非天也。时邪？曰：繁启蕃长于春夏，畜积收藏于秋冬⑤，是又禹桀之所同也，禹以治，桀以乱，治乱非时也。地邪？曰：得地则生，失地则死，是又禹桀之所同也，禹以治，桀以乱，治乱非地也。

天不为人之恶寒也辍冬⑥，地不为人之恶辽远也辍广，君子不为小人之匈匈也辍行。天有常道矣，地有常数矣，君子有常体矣。君子道其常而小人计其功。《诗》曰："礼义之不愆，何恤人之言兮⑦！"此之谓也。

【注释】

① 行：道，规律。常：不变。
② 本：这里指农业生产。
③ 养备：供养充足。动时：应时而动，按季节劳作。
④ 袄怪：指怪异的自然现象。袄：同"妖"。
⑤ 繁启：指农作物纷纷发芽出土。蕃：繁盛。畜：同"蓄"。臧：同"藏"。
⑥ 辍：停止。
⑦ 恤：担心，忧虑。

【译文】

自然界的运行有其不变的规律，不会因为尧而存在，也不会因为桀而灭亡。顺应规律并采取正确的措施就吉祥，否则就会遭殃。加强农业生产而节约费用，老天就不能使之贫穷；供养充足而顺应农时劳作，老天就不会使其生病；遵循规律而无差失，老天就不会使其遭难。假如农业荒废又奢侈浪费，老天也不能使其富裕；假如供养不足又懒于劳作，老天也不能使其健康长寿；假如违背规律而胡作非为，老天也不能使其吉祥如意。没有水旱灾害却遭受饥荒，没有严寒酷暑却疾病缠身，没有怪异现象却出现灾祸。虽然所处的条件是一样的，一个是太平盛世，一个却遭受祸殃，这不能归咎于天，而是人的行为造成的。所以，明白了自然界与人类社会之间的区别，就堪称圣人了。

天上群星相随而动，日月交替照耀，四季依次更替，阴阳变化流行，风雨普施大地，万物相互协调而生长，各得滋养而成熟。看不到大自然化生万物的劳作，只见到其功效，这就是大自然的神奇。

社会的治与乱是由天决定的吗？日月、星辰、历象，这在大禹和夏桀时代是相同的，禹因此而治，桀因此而乱，可见治乱不在于天。是由时令决定的吗？万物春天发芽，夏天生长，秋天收获，冬天收藏，这在大禹和夏桀时代是相同的，禹因此而治，桀因此而乱，可见治乱不在时令。是由大地决定的吗？万物在土地上就生长，离开土地就死亡，这在大禹和夏桀时代是相同的，禹因此而治，桀因此而乱，可见治乱不在大地。

天不会因为人厌恶严寒而废止冬天，地不会因为人厌恶辽远而废止广阔，君子不会因为小人喧哗吵闹而改变自己。天有自己运行的规律，地有自己活动的法则，君子有自己行为的标准。君子循礼而行，而小人唯利是图。《诗经》上说："何必在意别人的闲言碎语呢？"说的就是这个意思。

【品鉴】

天行有常，不为尧存，不为桀亡

在中国传统社会，"天"具有多重意义：一是"物质之天"，即与大地相对的天空；二是"自然之天"，即自然界；三是"主宰之天""意志之天"，即有人格、有意志，能够赋予人吉凶祸福、能够主宰人特别是主宰王朝命运的至上神；四是"命运之天"，即天命、命运；五是"义理之天""道德之天"，即理学家所谓的宇宙的道德法则。因而，"天人之辩"

在传统社会具有非同寻常的意义,它不仅是中国古代思想家着力探讨的学术问题,更是关系到社会安危治乱的政治问题,所以司马迁自述其撰写《史记》的目的就是"究天人之际,通古今之变"。

荀子所处的时代,社会上天命鬼神思想流行,认为天有意志,能够主宰人类的吉凶祸福;天道和人事相互感应,天象的变化是由人的善恶引起的,也是人间祸福的预兆;天是人类道德的范本,天道是人类效法的对象。对此,荀子针锋相对、旗帜鲜明地指出:"天行有常,不为尧存,不为桀亡。"

荀子认为,自然界的运动变化有其自身固有的规律,它不会因为尧的圣明而存在,也不会因为桀的暴虐而消亡。自殷商以至明清,在人与自然的关系上,天人感应、天人合一的思想一直占据主流地位。从这个意义上说,荀子"天行有常"的论断可谓是"空前绝后"。

在荀子看来,自然界与人类社会各自遵循着自己的运行规律,天道与人道有着本质的区别,天不能主宰和支配人类社会的治乱存亡,只要国家强本节用、因时而作、循道而动,就一定会国泰民安。让人从天的阴影下走出来,强调人对于社会治乱的决定性作用,这是自春秋以来"吉凶由人"(《左传·僖公十六年》)的人文主义思潮的延续和发展。

可惜的是,经过汉代董仲舒对天人感应思想的神学化、系统化论证,"天行有常"的思想就逐渐湮没了,而受制于天人感应、"知人知性则知天"的传统思维,中国文化中始终缺少对"天行之常"即自然界运行规律的探讨。由此,科学技术在传统社会被视为不能登大雅之堂的"雕虫小技"而备受贬抑。可以大胆地想象一下,如果荀子"天行有常"的思想得到充分的重视,那么,中国科技史、中国思想文化史乃至中国历史特别是中国近代史也许就是另外一番写法了。

明于天人之分，则可谓至人矣

在中国思想史上，荀子是第一个提出"明于天人之分"的思想家。荀子认为，自然界和人类社会有各自运行的规律，也有各自不同的职分、不同的分工，发挥着各自不同的作用。在荀子看来，天就是没有意志的、客观存在的物质自然界，它"不为而成，不求而得"，这就是天的职分；而人则"不与天争职"，人的职分在于遵守天道和人道，"官人守天而自为守道也"，循礼由义，自强不息。"明于天人之分"，将"人"从"天"的控制的阴影中彻底解放、显现出来，掀开了笼罩在"天"上的神秘面纱，还之以客观自然存在的本来面目，这是对自殷周以来根深蒂固的"天人相通""天人感应"观念的彻底颠覆，也是荀子天论中最为光彩夺目的一笔。

天人相通、天人感应的思想可以溯源到商代的占卜："殷人尊神，率民以事神。"（《礼记·表记》）殷人把有意志的至上神即"帝"或"天帝"视为天地万物的主宰，遇到征战、田猎、疾病、行止等大小事务都要求卜于神，以测吉凶祸福。西周时以"天"取代了"帝"，周王被赋予了"天子"的称呼，以象征着君权神授。"天"不仅具有人格意志，更被赋予了道德属性："皇天无亲，惟德是辅"（《左传·僖公五年》），天命与人事息息相通。周公提出的"以德配天""敬德保民"更是天人合一思想的明确表达。及至春秋时期，"礼坏乐崩"在带来社会失序、诸侯争霸的同时，也氤氲着一种以人为本的崭新的社会思潮，"夫民，神之主也"（《左传·桓公六年》），即是这股人文思潮的典型写照。《左传》《国语》中载有许多关于天与人、神与民关系的精彩论述。例如，虢国的史嚚说："国将兴，听于民；将亡，听于神。"（《左传·庄公三十二年》）宋国的司马子鱼说："祭祀以为人也。民，神之主也。"（《左传·僖公十九年》）楚国的范无宁说："民，天之主也，知天，必知民矣。"（《国语·楚语上》）鲁国的闵子马说:"祸福无门,惟人自召。"(《左传·襄公二十三年》)郑国子产更进一步说:"天道远,人道迩,非所及也,何以知之?"(《左传·昭公十八年》)这些材料表明,具有人格神意义的"天"遭到了质疑,民和人被提到首要的地位,鬼神失去了自己至高无上的地位,一切要依人的意志为转移,这实质上是一种无神论的观点。但与此同时,天有意志、治乱在天的迷信思想也始终没有绝迹。例如,宋国有陨石坠落、六鹢退飞等不常见的现象,当时迷信的人即认为这些与人事的吉凶祸福有关(《左传·僖公十六年》);郑国的占星术者裨灶根据星辰的出没而推测人事祸福(《左传·昭公十八年》)。到了荀子所处的战国时期,"星坠木鸣"这种"天地之变、阴阳之化"的自然现象依然引起"国人皆恐",可见天人感应迷信思想之根深蒂固。

在继承前人唯物论思想的基础上,荀子明确提出了"天人之分",认为能够清醒地认识和区别对待自然界和人类社会不同职分的人是"至人"。"明于天人之分",一方面突出了人的主体性,使人类能够"序四时,裁万物,兼利天下"(《荀子·王制》),即掌握自然规律,根据四季变化安排生产,使天地万物更好地造福人类;另一方面是为了使人类"不与天争职",避免人类胡作非为,违背自然规律,破坏自然界生态平衡。

【原文】

楚王后车千乘,非知也;君子啜菽饮水[1],非愚也;是节然也[2]。若夫心意修,德行厚,知虑明,生于今而志乎古,则是其在我者也。故君子敬其在己者,而不慕其在天者;小人错其在己者[3],而慕其在天者。君子敬其在己者,而不慕其在天者,是以日进也;小人错其在己者,而慕其在天者,是以日退也。故君子之所以日进,与小人之所以日退,一也。君子小人之所以相县者[4],在此耳。

星队、木鸣⑤,国人皆恐。曰:是何也?曰:无何也,是天地之变,阴阳之化,物之罕至者也,怪之可也,而畏之非也。夫日月之有蚀,风雨之不时,怪星之党见⑥,是无世而不常有之。上明而政平,则是虽并世起,无伤也;上暗而政险,则是虽无一至者,无益也。

雩而雨,何也?曰:无何也,犹不雩而雨也。日月食而救之,天旱而雩,卜筮然后决大事,非以为得求也,以文之也。故君子以为文,而百姓以为神。以为文则吉,以为神则凶也。

大天而思之⑦,孰与物畜而制之⑧?从天而颂之,孰与制天命而用之?望时而待之,孰与应时而使之?因物而多之,孰与骋能而化之⑨?思物而物之,孰与理物而勿失之也?愿于物之所以生,孰与有物之所以成?故错人而思天,则失万物之情。

水行者表深⑩,表不明则陷。治民者表道,表不明则乱。礼者,表也。非礼,昏世也;昏世,大乱也。故道无不明,外内异表,隐显有常,民陷乃去。

万物为道一偏,一物为万物一偏⑪。愚者为一物一偏,而自以为知道,无知也。慎子有见于后,无见于先⑫;老子有见于诎,无见于信⑬;墨子有见于齐,无见于畸⑭;宋子有见于少,无见于多⑮。有后而无先,则群众无门;有诎而无信,则贵贱不分;有齐而无畸,则政令不施;有少而无多,则群众不化。

【注释】

① 啜:吃。菽:豆类。

② 节然:偶然。

③ 错:通"措",置,搁置,舍弃。

④ 县：通"悬"，悬殊，不同。

⑤ 队："坠"的古字。

⑥ 党：通"傥"，偶然。

⑦ 大：尊。思：仰慕。

⑧ 物畜：把天当成物来畜养、看待。

⑨ 骋能：发挥才能。

⑩ 表：水中所立的标识，用以显示水的深浅。

⑪ 一偏：一个侧面。

⑫ 慎子：即慎到，战国时期赵国人，早年学道家之学，后来从道家分离出来，成为法家代表人物之一，所以荀子说他"有见于后，无见于先"。慎子强调"法""势"，而忽视人的作用。

⑬ 老子：道家思想创始人，主张顺从自然、无为而治，以屈为伸、以柔弱胜刚强，所以荀子说他"有见于诎，无见于信"。诎：通"屈"。信：通"伸"。

⑭ 墨子：墨家思想创始人，主张兼爱、尚同，取消等级差别，所以荀子说他"有见于齐，无见于畸"。畸：不齐。

⑮ 宋子：宋钘，认为人的欲望是很少的，主张寡欲，所以荀子说他"有见于少，无见于多"。

【译文】

楚王外出时随从的车子有上千辆，并不是因为他聪明；君子吃粗茶淡饭，并不是因为他愚蠢，只是命运的偶然安排。至于意志端正、德行敦厚、谋虑精明，生在今天而能够追随古代圣贤，这些就取决于我们自己了。所以君子注重自己的努力，而不羡慕上天的恩赐；小人放弃自己的努力，只指望上天的恩赐。君子天天进步，而小人日日倒退，道理是一样的。君子、小人相差悬殊的原因就在这里。

流星坠落、树木鸣响，人们会感到恐慌。这是怎么回事呢？回答是：没什么，这是天地运动、阴阳变化造成的，是自然界中不常见的现象而已。对此而感到奇怪是可以的，若感到恐惧，那就不对了。日食月食的发生，风雨的不合时令，怪星的偶然出现，这是任何时代都有的现象。君主贤明而政治清明，即使这些现象同时发生，也没有什么妨害；君主昏庸而政治黑暗，即使没有这些现象出现，也毫无裨益。

祭祀求雨而得雨，这是怎么回事呢？回答是：没什么，如同不求雨也会下雨一样。发生日蚀、月蚀就敲打呼救，天旱时祭祀求雨，用占卜来决定大事，这并不是真要祈求什么，而只是用它来文饰政事。君子是把这些作为一种文饰，百姓则是把这些当成神乎其神的灵验之事。作为文饰是吉祥的，而若真以为有神灵，就是凶险的了。

尊崇天而仰慕它，何如把它当作物来蓄养而控制它？顺从天而赞美它，何如掌握其运行规律而利用它？盼望天时而等待它，何如顺应时节而役使它？听任万物繁衍生长，何如发挥人的才能去改变它？空想着让万物为我所用，何如治理万物而不让其浪费？思慕万物产生的奥秘，何如掌握万物成长的规律？所以，放弃人的努力，而去仰仗天的恩赐，那就不符合万物的本性了。

涉水过河者要凭借水深标志，标志不明确就会溺水；统治百姓者要以道为标准，标准不明确就会发生混乱，这个道就是礼义。违背礼义，社会就会昏暗，继而天下大乱。所以，治国的标准不能不明确，内政外事坚持不同的标准，内在外在的事物都遵循一定的规矩，百姓方可免除灾难。

万物是道的一个部分，一物是万物的一个部分。愚人只看到一个事物的一个侧面，就自以为把握了规律，这是无知的表现。慎子总是跟在别人后面跑，事前却不能有所建树；老子一味地委曲求全，却不懂得积极有为的重要；墨子强调平等兼爱，却没有看到人的等级差别；宋子以为人的情欲寡少，却不知道人的欲望是无穷的。只居后而不率先，大家就无所适从；只柔弱顺从而不有所作为，贵贱贤愚就无法区分；只讲平等而无等级差别，政令就无法推行；只主张清心寡欲而看不到人的各种欲望需要，就无法教化众人。

【品鉴】

君子敬其在己者，而不慕其在天者，是以日进也

由"天人之分"这一理念出发，荀子肯定人的主观能动作用，认为君子更注重自己的主观努力，竭尽所能承担起自己的职责，而不是徒然羡慕、消极等待上天的恩赐，所以能够不断进步。

前车之覆，后车之鉴。宋代陈规在《〈靖康朝野佥言〉后序》中探讨汴京失陷、靖康之难的原因时痛心疾首地指出，"治乱强弱，虽曰在天有数，未有不因人事得失之所致也"，"靖康京城之难，若非人事之失，则天亦不得而为灾"。明代吕坤在《直陈天下安危圣躬祸福疏》中开篇即道："臣闻治乱之兆，垂示在天；治乱之机，召致在人。"勇于反省、检视自身的过错而不怨天尤人、推卸责任，才能不断进步。

怪之可也，而畏之非也

《周易》曰："天垂象，见吉凶。"天人感应是传统社会根深蒂固的观念，而对于"星队、木鸣"之类令"国人皆恐"的自然现象，荀子所持的态度是：对这些罕见的现象感到好奇是无可厚非的，但若感到惊恐畏惧，那就大错特错了，因为这些不过是"天地之变、阴阳之化"的结果。把天道与人道剥离开来，从自然界本身来寻找自然现象发生的原因，这是荀子朴素唯物主义思想的体现。

君子以为文，而百姓以为神。以为文则吉，以为神则凶也

荀子的思想处处闪耀着理性的光辉。在荀子看来，天旱时祭祀求雨，用占卜来决定大事，君子是以此来文饰政事，百姓则是把这些当成神乎其神的灵验之事。君子理性而冷静地看到，天旱而雩、决大事求之于卜筮等只是一种神道设教的做法，只是对政事的一种文饰。而若真以为祭祷能够感动诸神、占卜能够预知未来，沉溺于神灵世界中受其支配，那就由吉而化凶了。

事实上，在中国文化中始终存在着精英文化与世俗文化两个看似对立的传统，这两个传统之所以能够并行不悖、相得益彰，就在于中国文化中所蕴含的深厚的理性精神，表现在人神关系上的"神道设教"，就是这种理性精神的突出表现，即荀子所谓"君子以为文，而百姓以为神"。所以，作为主流文化的儒家并不笼统地反对占筮祭神，但在君子修身和治国的层面，则认为"以为文则吉，以为神则凶"，"听于民"则吉，"听于神"则凶。这种道德和政治上的理性精神是中国传统文化的一个重要特点，也是传统文化灵活性、包容性、实用性的表现。

精英文化、高雅文化与大众文化、世俗文化如何协调发展？精英阶层如何理性地看待大众文化、世俗文化？在政策的制定和实施上，领导干部应该如何顺应民意、民情？"君子以为文，而百姓以为神"，荀子短短一句话不仅包含着传统文化的深厚内涵，更可以给我们带来不少的启迪。

从天而颂之，孰与制天命而用之

在"明于天人之分"的基础上，荀子明确提出了"制天命而用之"的光辉思想。他说：与其尊崇天仰慕天，何如把它当作物来蓄养而控制它？与其顺从天赞美天，何如掌握其运行规律而利用它？与其翘首以盼天时，何如因时制宜而主动作为？与其听任万物繁衍生长，何如发挥人

的主动性去改变它？与其空想着让万物为我所用，何如治理万物而不让其浪费？与其惊叹万物产生的奥秘，何如掌握万物成长的规律？

荀子用这一连串气势磅礴的反问，歌颂了人的力量，肯定了人的伟大，展示了人与自然关系的一片新天地、新境界。需要指出的是，荀子的"制天命而用之"是以"明于天人之分"为基础的，并不意味着人可以任意地改造自然、控制自然，而是在尊重自然规律的基础上对自然界的积极利用，它与后来所谓的"人定胜天"有着本质的区别。

万物为道一偏，一物为万物一偏

《荀子》有《解蔽》篇，是关于人应该如何破除一己之曲、全面客观地认识事物的专论。在荀子看来，宇宙万物是一个有机整体，世界上的事物都是宇宙这个整体中的不同部分。道是全体、是统帅、是根据，万事万物都是道的体现，是"道"的一个方面，一物又是万物中的一个方面。荀子这里已经从认识论上涉及到整体与部分的关系。

第十八章

正论篇

本篇就当时社会上流行的各种错误思想、言论进行诘难和批驳，内容涉及君民关系、法律法令、禅让制度、百姓的教化、薄葬厚葬，以及社会治乱、荣辱观、人的欲望的多寡等方方面面的问题，荀子逐一条分缕析，指出其错误所在、危害所在，并阐明自己的主张，澄清了是非，消除了混乱，统一了认识，为政治上的一统天下奠定了思想基础。

主道莫恶乎难知
莫危乎使下畏己

【原文】

世俗之为说者曰："主道利周①。"是不然。主者，民之唱也；上者，下之仪也②。彼将听唱而应，视仪而动。唱默则民无应也，仪隐则下无动也。不应不动，则上下无以相有也③。若是，则与无上同也，不祥莫大焉。故上者，下之本也。上宣明则下治辨矣，上端诚则下愿悫矣④，上公正则下易直矣。治辨则易一，愿悫则易使，易直则易知。易一则强，易使则功，易知则明，是治之所由生也。上周密则下疑玄矣⑤；上幽险则下渐诈矣⑥；上偏曲则下比周矣⑦。疑玄则难一，渐诈则难使，比周则难知。难一则不强，难使则不功，难知则不明，是乱之所由作也。故主道利明不利幽，利宣不利周。故主道明则下安，主道幽则下危。故下安则贵上，下危则贱上。故上易知，则下亲上矣，上难知则下畏上矣。下亲上则上安，下畏上则上危。故主道莫恶乎难知，莫危乎使下畏己。传曰："恶之者众则危。"《书》曰："克明明德。"《诗》曰："明明在下。"故先王明之，岂特玄之耳哉！

罪至重而刑至轻，庸人不知恶矣⑧，乱莫大焉。凡刑人之本，禁暴恶恶，且惩其未也。杀人者不死，而伤人者不刑，是谓惠暴而宽贼也，非恶恶也。故象刑殆非生于治古⑨，并起于乱今也。治古不然。凡爵列、官职、赏庆、刑罚，皆报也，以类相从者也。一物失称，乱之端也。夫德不称位，能不称官，赏不当功，罚不当罪，不祥莫大焉。昔者武王伐有商，诛纣，断其首，县之赤旆⑩。夫征暴诛悍，治之盛也。杀人者死伤人者刑，是百王之所同也，未有知其所由来者也。刑称罪则治，不称罪则乱。故治则刑重，乱则刑轻，犯治之罪固重，犯乱之罪固轻也。《书》曰："刑罚世轻世重。"此之谓也。

有义荣者，有势荣者；有义辱者，有势辱者。志意修，德行厚，知虑明，是荣之由中出者也，夫是之谓义荣。爵列尊，贡禄厚，形势胜，上为天子诸侯，下为卿相士大夫，是荣之从外至者也，夫是之谓势荣。流淫污僈，犯分乱理，骄暴贪利，是辱之由中出者也，夫是之谓义辱。詈侮捽搏，捶笞膑脚，斩断枯磔，藉靡后缚，是辱之由外至者也，夫是之谓势辱。是荣辱之两端也。故君子可以有势辱，而不可以有义辱；小人可以有势荣，而不可以有义荣。有势辱无害为尧，有势荣无害为桀。义荣、势荣，唯君子然后兼有之；义辱、势辱，唯小人然后兼有之。是荣辱之分也。圣王以为法，士大夫以为道，官人以为守，百姓以为成俗，万世不能易也。

【注释】

① 周：周密，这里意为隐瞒真情。

② 唱：倡导。仪：准则，榜样。

③ 有：当为"胥"字（王先谦说），通"须"。

④宣明：公开宣布，无所隐瞒。愿悫（què）：恭谨忠厚。

⑤周密：隐瞒真情。疑玄：疑惑糊涂。玄：通"眩"，迷惑。

⑥幽险：神秘莫测。渐诈：欺诈。

⑦偏曲：偏私不公。比周：结党营私，互相勾结。

⑧庸人：普通人，老百姓。

⑨象刑：即"象以典刑"，载于《尚书·舜典》，是中国古代最早的刑制记载。相传上古无肉刑仅用与众不同的服饰加之犯人以示辱，谓之象刑。

⑩县：通"悬"。旆（pèi）：旌旗。

【译文】

社会上有一种说法："君主治国，最好向百姓隐瞒真情。"这种说法是错误的。君主，是天下的倡导者，是天下人的楷模，天下人将随君主的倡导而应合，视君主的行为而行动。倡导者沉默不语，下面就无从响应；榜样隐匿不露，下面就无从效法。不响应不效法，上下也就不能相互依靠了，这与没有君主没什么两样，是最大的不祥。所以，君主是臣民的根本，君主政治清明无所隐瞒，臣民就方向明确；君主品德端正诚实，臣民就恭谨忠厚；君主公正无私，臣民就平和正直。方向明确则容易统一，恭谨忠厚则容易役使，平和正直则容易了解。容易统一则国力强大，容易役使则成效卓著，容易了解则对下面的情况心中有数，这是治理国家的根本所在。君主隐瞒实情，臣民就会怀疑迷惑；君主诡秘阴险，臣民就会尔虞我诈；君主偏私不正，臣民就会结党营私。有疑惑则难统一，奸诈则难役使，勾结则难了解。难统一就不会强大，难役使就无法建功立业，难了解就会被蒙在鼓里，这些都是祸乱产生的根源。所以，君主治国，一定要公开透明，而不能对下面隐瞒真情。上面公开透明，下面就安宁无事；上面隐瞒实情，下面就会惶惑不安、人人自危。臣民安宁就会尊崇君上，否则就会蔑视君主权威。所以，君主平易近人，臣民就会亲近君上，如此就可以稳坐江山了；君主神秘难测，臣民就会畏惧君主，如此其地位也就岌岌可危了。所以，对统治者来说，最坏的莫过于让百姓难以了解，最危险的莫过于让百姓心怀畏惧。俗语说："被众多的人讨厌是一件危险的事情。"《尚书》上说："能够彰明自己美好的道德。"《诗经》上说："下面明明朗朗。"古代圣王的政策法令都昭明于天下，怎么能故弄玄虚呢？

罪大恶极，却只施以轻微刑罚，百姓善恶难辨，则必然导致社会混乱。刑罚的根本就是惩治犯罪、禁止作恶，防患于未然。若杀人者不偿命，伤人者不受刑，这是施惠和宽宥犯罪者，而不是惩恶禁暴。所以如"象刑"这样的刑罚大概并不是产生于古代治世，而是产生于当今乱世。古代治世并非如此。爵位、官职、奖赏、刑罚，都是与行善作恶相对应的。一件事情不公正，就会引起祸乱。人的德行与爵位不相称，能力与官职不相称，奖赏与功劳不相称，惩罚与罪行不相称，这些都是国家混乱的不祥之兆。周武王讨伐商纣王时，诛杀了纣王并斩首示众，这种惩暴诛恶的行为是大治之世的盛事。杀人者偿命，伤人者受刑，自古以来即是如此。刑罚与罪行相称则社会安定，否则就会引起混乱。社会安定刑罚就重，社会混乱刑罚就轻。这是因为，破坏了社会的安定刑罚自然要重，而触犯扰乱社会的罪行本来就轻。正如《尚书》上所说："刑罚的轻重是随着时代不同而不同的。"

荣辱各有两个方面：义荣、义辱、势荣、势辱。志意美好，德行淳厚，思虑明智，这些都是由于自己修身立德而自然具有的荣誉，是义荣；爵位尊贵，俸禄丰厚，权势强大，在上是天子诸侯，在下是卿相大夫，这些都是由外部权势带来的荣誉，是势荣。荒淫邪恶，放荡不羁，冒犯名分，违逆情理，骄横淫逸，贪财好利，这是由自身修养不足带来的耻辱，是义辱；被人辱骂撕打，或鞭笞受刑，甚至断头车裂，这是外部权势强加于身的耻辱，是势辱。这就是荣与辱的两个方面。所以，君子可能遭受势辱，而不会有义辱，小人可能享受势荣，但不会有义荣。遭受权势上的耻辱无碍于成为尧那样的圣人，拥有权势上的荣誉也无妨于成为桀一样的暴君。只有君子才能兼具义荣和势荣，小人会兼有义辱和势辱。这就是荣与辱的分别。圣王以之为法则，士大夫以之为正道，官吏以之为守则，百姓以之为习俗，这是亘古不变的。

【品鉴】

主道利明不利幽，利宣不利周

针对社会上关于"君主治国应当对下隐瞒真情"的说法，荀子指出，君主是百姓正确行为的倡导者、是天下人效法模仿的榜样，如果倡导者沉默不语、榜样隐匿不露，天下百姓就无从响应、无从效法，上下的沟通交流也就断了。荀子认为，上面如果公开透明，下面就会人心稳定、安宁无事；上面如果隐瞒实情，下面就会惶惑不安、人人自危。所以，治国一定要公开透明，而不能隐瞒真情、欺哄百姓。

主道莫恶乎难知，莫危乎使下畏己

作为领导，是否一定要高高在上，让部下觉得神秘莫测、心怀畏惧，才能树立自己的权威呢？荀子给出了否定的答案。荀子认为，对统治者来说，最坏的莫过于让百姓琢磨不透，最危险的莫过于让百姓害怕自己。

君子可以有势辱，而不可以有义辱

中国历史上，荀子最早系统地论述了荣辱观。荀子以"义"为准则，把荣辱分为势荣、义荣、势辱、义辱，并且毫不含糊地指出，"君子可以有势辱，而不可以有义辱；小人可以有势荣，而不可以有义荣。有势辱无害为尧，有势荣无害为桀。"

荀子认为，"荣辱之大分"不在于"利"或"势"，而在于"义"。"爵列尊，贡禄厚，形势胜"，与功名利禄、门第势位等外在功利性的东西相对应的是"势荣"，"势荣"无助于君子道德人格的完善；"志意修，德行厚，知虑明"，与坚定意志、美德懿行、聪慧睿智等内在人格相对应的则是"义荣"；因"流淫污浸，犯分乱理，骄暴贪利"等恶劣行径而招致的是"义辱"；因被诽谤诬陷、强暴欺凌而招致的则是"势辱"，"势辱"无损于君子的道德人格。尽管"义荣"与"势荣"并非绝对不可相容，但真正的、根本的"荣"体现于对"义"的坚守上。君子可能遭受势辱，而不会有义辱，小人可能享受势荣，但绝不会有义荣。也就是说，财富的多寡、社会地位的高低，并不是判定荣辱、评价自己和他人的价值标准，一个人即使再贫穷、再卑微，即使受尽屈辱欺凌，只要德行美好，仍然会受到他人和社会的尊敬，即荀子所谓"有势辱无害为尧"，遭受权势上的耻辱无碍于成为尧那样的圣人；反之，一个人即使富甲天下、位列公侯，却骄横淫逸、违法乱纪、贪婪暴虐，还是会被他人和社会所鄙视，即荀子所谓"有势荣无害为桀"，拥有权势上的荣耀也无妨于成为桀一样的暴君。

以坚持道义为荣、以弃义背义为耻，荀子的这种荣辱观为后世思想家所继承发展，形成了以取义求荣、明耻避辱为主要内容的荣辱观。汉代陆贾说："贱而好德者尊，贫而有义者荣。"(《新语·本行》)王符也认为："宠位不足以为尊我，而卑贱不足以卑己"(《潜夫论·论荣》)，"有勋德于民而谦损者，未尝不光荣也。"(《潜夫论·遏利》)这些宝贵的精神财富，几千年来成就了道德史上无数可圈可点的佳话、可歌可泣的故事。联想今天社会上种种令人痛心疾首的弃义求利行为，反省荀子关于势荣、义荣、势辱、义辱的论述，对我们今天树立正确的荣辱观、加强社会主义核心价值观建设大有裨益。

第十九章

礼论篇

本篇是荀子关于礼的专论，系统地阐述了礼的起源、礼的作用、礼的根源、礼的内容。关于礼的起源，荀子认为，礼义是圣人制定的，目的是调节人无限的欲望与有限的物质财富之间的矛盾，避免纷乱争斗，维护社会秩序，保持社会安定；关于礼的作用，在荀子看来，礼的作用主要体现在两个方面：一是养，即"养人之欲，给人之求"，二是"别"，即"贵贱有等，长幼有序，贫富轻重皆有称者"，确立新的社会等级秩序；关于礼的根源，荀子认为礼本于天地、祖先、君师，也就是后世祭祀的天、地、君、亲、师；关于礼的内容，荀子围绕着"礼者，谨于治生死者也"这一论题，重点论述了丧葬之礼和祭祀之礼，对于我们认识古代礼制具有重要价值。

君子既得其养
又好其别

【原文】

　　礼起于何也？曰：人生而有欲，欲而不得，则不能无求；求而无度量分界①，则不能不争；争则乱，乱则穷。先王恶其乱也，故制礼义以分之②，以养人之欲，给人之求，使欲必不穷于物，物必不屈于欲③，两者相持而长④，是礼之所起也。故礼者，养也。……君子既得其养，又好其别⑤。曷谓别？曰：贵贱有等，长幼有差，贫富轻重皆有称者也。

　　礼有三本⑥：天地者，生之本也；先祖者，类之本也；君师者，治之本也。无天地恶生？无先祖恶出？无君师恶治？三者偏亡焉⑦，无安人。故礼上事天，下事地，尊先祖而隆君师。是礼之三本也。

　　礼者，以财物为用，以贵贱为文，以多少为异，以隆杀为要⑧。文理繁，情用省，是礼之隆也；文理省，情用繁，是礼之杀也；文理、情用相为内外表里，并行而杂⑨，是礼之中流也。故君子上致其隆，下尽其杀，而中处其中。

　　礼者，谨于治生死者也。生，人之始也；死，人之终也。终始俱善，人道毕矣。故君子敬始而慎终，终始如一，是君子之道，礼义之文也。夫厚其生而薄其死，是敬其有知而慢其无知也，是奸人之道而倍叛之心也。君子以倍叛之心接臧谷⑩，犹且羞之，而况以事其所隆亲乎！故死之为道也，一而不可得再复也，臣之所以致重其君，子之所以致重其亲，于是尽矣。故事生不忠厚、不敬文谓之野，送死不忠厚、不敬文谓之瘠⑪。君子贱野而羞瘠，故天子棺椁七重，诸侯五重，大夫三重，士再重，然后皆有衣衾多少厚薄之数，皆有翣菨文章之等以敬饰之，使生死终始若一，一足以为人愿，是先王之道，忠臣孝子之极也。

故曰：性者，本始材朴也⑫；伪者⑬，文理隆盛也。无性则伪之无所加，无伪则性不能自美。性伪合，然后圣人之名一，天下之功于是就也。故曰：天地合而万物生，阴阳接而变化起，性伪合而天下治。天能生物，不能辨物也⑭；地能载人⑮，不能治人也；宇中万物、生人之属，待圣人然后分也。

祭者，志意思慕之情也。愅诡、唈僾而不能无时至焉⑯。故人之欢欣和合之时，则夫忠臣孝子亦愅诡而有所至矣。彼其所至者甚大动也，案屈然已⑰，则其于志意之情者惆然不嗛⑱，其于礼节者阙然不具。故先王案为之立文，尊尊亲亲之义至矣。故曰：祭者，志意思慕之情也，忠信爱敬之至矣，礼节文貌之盛矣，苟非圣人，莫之能知也。圣人明知之，士君子安行之，官人以为守，百姓以成俗。其在君子，以为人道也；其在百姓，以为鬼事也。

【注释】

① 度量分界：限度，止境。

② 分：名分，这里用作动词，即确定等级、职位、名分等。

③ 屈（jué）：竭尽。

④ 相持：相互制约。

⑤ 别：指人与人之间的等级差别。

⑥ 本：根源，本源，根本。

⑦ 偏亡：缺少一个方面。

⑧ 文：车服旗帜等文仪装饰。隆：丰厚。杀（shài）：减等，节省。

⑨ 杂：集，配合使用。

⑩ 倍叛：背叛了自己以往的态度，不能始终如一。倍：通"背"。接：对待。臧：奴仆。谷：孺子，小孩子。

⑪ 瘠：薄。

⑫ 材朴：材质，未加工的材料。

⑬ 伪：人为。

⑭ 辨物：治理万物。

⑮ 载人：养育人。

⑯ 愅（gé）诡：感动的样子。唈（yì）僾（ài）：心情郁闷不乐的样子。

⑰ 屈然：空缺的样子，内心空虚的样子。

⑱ 惆然：惆怅、伤感的样子。嗛（qiè）：满足。

【译文】

礼是如何起源的呢？回答是：人生来就有欲望，欲望不能满足，就不能不去追求；如果一味地追求而没有限度，就不能不发生争夺；争夺必然引起混乱，混乱就会陷入困境。古代的圣王厌恶这种混乱，所以制定了礼义来确定人们的名分，以此来调节人们的欲望、满足人们的需求，使人们的欲望不会由于财物匮乏而得不到满足，财物也不会因为人们的欲望无止境而消耗殆尽，使财物和欲望在相互制约中增长，这就是礼的起源。所以礼是用来调养人的欲望的。……君子不仅要满足各种欲望，还需要有等级区别。什么叫等级区别呢？回答是：身份上有尊卑高下之序，辈分上有长幼差别，贫穷的富裕的、权势轻的权势重的都要各自遵循与其身份相称的规定。

礼有三个本源：天地，是生命的本源；先祖，是种族的本源；君主和老师，是治国的本源。没有天地，哪里会有生命？没有先祖，哪里会有人类？没有君师，哪里能够治国？三者缺一，人都不得安宁。所以，所谓礼，就要上侍奉天，下侍奉地，尊重先祖，崇敬君主和老师。这就是礼的三个本源。

礼，是以财物用度为载体，以车服旗帜等纹饰的不同来显示贵贱身份，以财物车马的多少来体现等级差别，以仪式的隆重或俭省为关键。纹饰礼仪之多胜过内在情感，礼就过于隆重了；纹饰礼仪过少不足以表达内在情感，礼就过于简单了。礼仪与情感表里一致、内外协调，这就坚持了礼的中道。所以，君子行礼当隆重则隆重，当简略则简略，持守中道。

恭敬谨慎地对待生死，这是礼的要求。诞生，这是人生命的开始；死亡，这是人生命的终结。按照礼的要求妥善地对待生死，才算是尽全人道了。君子既敬畏生命，又慎重地对待死亡，始终循礼而动，这是君子的行为准则，也是礼的要求。人活着的时候善待之，人死时却怠慢之，人有知觉时尊敬之，无知觉时却轻忽之，这是奸邪之辈的做法，是背叛之心的体现。君子对奴仆、小孩有背叛之心都觉得羞愧，何况是对自己的至亲呢？丧葬之礼是不可能再重复的，所以臣要厚葬君，子女要厚葬父母，这是臣子忠孝之心的最好表达。侍奉活人不恭敬不忠厚是无礼，对待死人不恭敬不忠厚是刻薄。所以天子的棺椁是七层，诸侯的是五层，大夫的是三层，士的是两层。棺椁上的图案装饰也都体现出不同的等级，藉此表达敬饰之意，事死事生始终一致，一切都用来满足人的意愿，这是先王的规制，也是忠臣孝子的最高境界。

人先天的本性，是人天生的材质；后天人为的加工，则表现为礼节仪式的隆重盛大上。没有本性作为基础，后天的礼仪就无从施加；没有后天的加工，人的本性不会日臻完美。先天的本性与后天的礼仪相辅相成，才能成就圣人之名，成就天下之功。所以说，天地相接而万物产生，阴阳相交而变化无穷，性伪相合而天下大治。天能产生万物，却不能驾驭万物；地能养育万民，而不能治理万民；世上万事万物都有待于圣人制定礼义名分，才能各得其所。

祭祀，是为了表达人们对死者的思念仰慕之情。亲人去世后，活着的人心情郁闷或思念亲人却无从表达。人们欢聚时，忠臣孝子往往会触景生情，生发思念君主、双亲之情。这种感情真诚强烈，难以控制，如果不借助某种仪式表达出来，心里会郁闷空虚，怅然若失，礼节上也不周全。所以古代帝王制定了祭祀礼仪，让人们藉此表达尊尊、亲亲之情。可见，祭祀只是表达人们对死者思慕之情的一种礼仪。圣人明谙这一点，士君子循之而行，主持祭祀者以之为职守，百姓以之为习俗。对君子来说，这是治理社会的一种形式；对于百姓来说，则是敬奉鬼神的一种活动。

【品鉴】

制礼义以分之，以养人之欲，给人之求

礼治是荀子思想中最突出的内容，也是荀子区别于孔子、孟子的鲜明特色。荀子如此推崇礼，礼是缘何而产生的呢？荀子认为，人生来就有欲望，"欲多而物寡，寡则必争矣"（《富国》），如果每个人都一味地、

没有限度追求欲望的满足，必然发生纠纷争夺，进而引起混乱，陷社会于无序中。为了解决"欲多而物寡"的矛盾，就必须"制礼义"来确定人们的名分等级，按照贵贱等差进行物质生活资料分配，以此调节人的欲望、满足人的需求，这就是礼的起源。荀子以此论证了确立等级秩序的合理性。

使欲必不穷于物，物必不屈于欲，两者相持而长

荀子认为，人生而具有饮食男女、声色犬马之情，生而具有好逸恶劳、趋利避害之性，必须占有财物来满足自己的欲望、性情之需，财物有限，而欲壑则难填。为了协调物与欲的矛盾，人们制定了礼义制度，以此来调节人们的欲望，满足人们的需求，使人的欲望不会由于财物匮乏而得不到满足，财物也不会因为人无止境的欲望而消耗殆尽，使有限的财物与无限的欲望在相互制约中实现相辅相成、平衡增长，这就是制定礼义的目的。

君子既得其养，又好其别

"养"即满足人的欲望，"别"即"贵贱有等，长幼有差，贫富轻重皆有称者"的等级差别，通过"别"而实现物与欲的"相持而长"，实现社会秩序的稳定和谐，这就是礼所要达到的目的。

换句话说，"好其别"只是一种手段，等级差别并不是礼的最终追求。荀子称礼为"群居合一之理"，也就是说，维护人与人之间的和谐、保持社会的统一才是礼的最高价值目标，即所谓"礼之用，和为贵"(《论语·学而》)。

上事天，下事地，尊先祖而隆君师。是礼之三本也

"天地君亲师"作为中华民族的祭祀对象历史悠久，旧时大户人家多设"天地君亲师"牌位或条幅供奉于中堂，这是古代祭天地、祭祖、祭圣贤等民间祭祀的综合。祭天地源于古代以天为至上神的自然崇拜，以地配天，天地化育、滋养万物；祭祀君王源于君权神授观念，封建社会君王是国家的象征，所以祭祀君王也有祈求国泰民安之意；祭亲是由原始的祖先崇拜发展而来，在宗法传统社会得到进一步强化；祭师即祭圣贤、先师。

"天地君亲师"何时合并在一起祭祀已不可详考，但到《荀子》始有明确的表述，这一点是没有疑问的。荀子提出"礼有三本"："天地者，生之本也；先祖者，类之本也；君师者，治之本也。"他认为天地是世间万物生命的本源，先祖是人这一祖类的本源，君师是社会治乱的本源，因而要"上事天，下事地，尊先祖而隆君师"，即祭天敬地、孝亲忠君、尊师重教。董仲舒承继荀子，也反复强调："天地者，万物之本，先祖之所出也。……君臣父子夫妇之道取之，此大礼之终也"（《春秋繁露·观德》），"是故仁义制度之数，尽取之天"（《春秋繁露·基义》）。

明朝后期以来，崇奉"天地君亲师"在民间广为流行，把五者作为祭祀对象也已很普遍。清雍正初年，第一次以帝王和国家的名义确定"天地君亲师"的次序，并对其意义进行诠释，特别突出了"师"的地位和作用。民国时期，适应推翻帝制的需要，"天地君亲师"衍变为"天地国亲师"或"天地圣亲师"。无论如何，"天地君亲师"成为祭拜的对象，充分地表现出中国民众对天地的感恩、对君师的尊重、对长辈的怀念之情，同时也体现出传统社会敬天法地、孝亲顺长、忠君爱国、尊师重教的价值取向。

敬始而慎终，终始如一，是君子之道，礼义之文也

恭敬谨慎地对待生死，"事死如生，事亡如存"，循礼而动，始终如一，这是君子的行为准则，也是礼的要求。

"生，事之以礼；死，葬之以礼，祭之以礼。"（《论语·为政》）父母在世时敬养父母，父母过世时厚葬父母，其后逢年过节还要祭祀父母，这是儒家孝道的基本要求，也是礼的要求，所以荀子说："礼者，谨于治生死者也。"

其实，与孟、荀相比，孔子更重视的是礼的内容而不是形式，孔子明确地表示："礼，与其奢也，宁俭；丧，与其易也，宁戚。""祭思敬，丧思哀，其可已矣。"无论丧礼还是祭礼，孔子更看重的是诚心。到了孟子则提出"仁人之掩其亲亦必有道"（《孟子·滕文公上》），这个"掩亲之道"就是厚葬。在孟子看来，厚葬最能显示人子的孝心："养生者不足以当大事，惟送死可以当大事。"（《孟子·离娄下》）荀子也提倡厚葬，用荀子的话说就是："夫厚其生而薄其死，是敬其有知，而慢其无知也，是奸人之道而倍叛之心也。"

儒家的厚葬主张被纳入礼制、孝道，并伴随着后世统治者对孝道的强化而走向了极端，以致于厚葬相习成风，权贵豪门极尽奢侈豪华，庶民百姓不惜倾家荡产，产生了很多负面效应。

祭者，志意思慕之情也

传统文化处处充盈着人文关怀、人文精神，丧礼、祭礼就是如此。

自孔子开始，儒家对鬼神就采取"敬而远之"的态度。对鬼神的隆重祭祀，旨在求得祭祀者自我精神上的慰藉、心理上的满足以及"慎终追远"等实际需要，儒家对此并不讳言："祭如在，祭神如神在？"（《论语·八佾》）"祭祀之礼，主人自尽焉尔，岂知鬼神所享？"（《礼记·檀弓》）荀子在这里也坦言，祭祀只是为了表达对死者的思念仰慕之情，也就是荀子所谓的"其在君子，以为人道也；其在百姓，以为鬼事也"，"君子以为文，而百姓以为神"（《荀子·天论》）。所以，冯友兰先生认为，儒家对丧礼、祭礼意义的解释不是宗教的，而完全是诗的、艺术的，由此诗意地满足了人们心理情感的要求，这可以说是儒家自孔子以来就一以贯之的传统，也是传统文化人文精神的真切体现。

第二十章

乐论篇

礼与乐，是维护中国古代社会秩序的经纬，荀子以"乐合同，礼别异"凸显了音乐的地位与作用。针对墨家"非乐"的主张，荀子从对音乐起源的追溯开始，从多个方面阐述了音乐的作用，比如，对于音乐在陶冶人的心性情操、和睦人际关系、强化社会等级秩序、移风易俗等方面的作用，荀子无不予以透彻的分析和精辟的论述。

乐也者
和之不可变者也

【原文】

　　夫乐者，乐也，人情之所必不免也，故人不能无乐。乐则必发于声音，形于动静，而人之道，声音、动静、性术之变尽是矣。故人不能不乐，乐则不能无形，形而不为道①，则不能无乱。先王恶其乱也，故制《雅》《颂》之声以道之，使其声足以乐而不流，使其文足以辨而不諰②，使其曲直、繁省、廉肉、节奏足以感动人之善心，使夫邪污之气无由得接焉。是先王立乐之方也，而墨子非之，奈何！

　　故乐在宗庙之中，君臣上下同听之，则莫不和敬；闺门之内，父子兄弟同听之，则莫不和亲；乡里族长之中，长少同听之，则莫不和顺。故乐者，审一以定和者也，比物以饰节者也，合奏以成文者也，足以率一道，足以治万变。是先王立乐之术也，而墨子非之奈何！

　　故听其《雅》《颂》之声，而志意得广焉；执其干戚③，习其俯仰屈伸，而容貌得庄焉；行其缀兆，要其节奏，而行列得正焉，进退得齐焉。故乐者，出所以征诛也，入所以揖让也。征诛揖让，其义一也。出所以征诛，则莫不听从；入所以揖让，则莫不从服。故乐者，天下之大齐也，中和之纪也，人情之所必不免也。是先王立乐之术也，而墨子非之奈何！

夫声乐之入人也深，其化人也速，故先王谨为之文。乐中平则民和而不流，乐肃庄则民齐而不乱。民和齐则兵劲城固，敌国不敢婴也④。如是，则百姓莫不安其处，乐其乡，以至足其上矣。

乐者，圣王之所乐也，而可以善民心，其感人深，其移风易俗，故先王导之以礼乐而民和睦。夫民有好恶之情而无喜怒之应则乱。先王恶其乱也，故修其行，正其乐，而天下顺焉。故齐衰之服⑤，哭泣之声，使人之心悲；带甲婴胄，歌于行伍，使人之心伤⑥；姚冶之容，郑、卫之音，使人之心淫；绅、端、章甫，舞《韶》、歌《武》，使人之心庄⑦。故君子耳不听淫声，目不视女色，口不出恶言。此三者，君子慎之。

凡奸声感人而逆气应之，逆气成象而乱生焉；正声感人而顺气应之，顺气成象而治生焉。唱和有应，善恶相象，故君子慎其所去就也。君子以钟鼓道志，以琴瑟乐心，动以干戚，饰以羽旄，从以磬管。故其清明象天，其广大象地，其俯仰周旋有似于四时。故乐行而志清，礼修而行成，耳目聪明，血气和平，移风易俗，天下皆宁，美善相乐。故曰：乐者，乐也。君子乐得其道，小人乐得其欲。以道制欲，则乐而不乱；以欲忘道，则惑而不乐。故乐者，所以道乐也。金石丝竹，所以道德也。乐行而民乡方矣。故乐者，治人之盛者也，而墨子非之。

且乐也者，和之不可变者也；礼也者，理之不可易者也。乐合同，礼别异，礼乐之统，管乎人心矣⑧。穷本极变，乐之情也；著诚去伪，礼之经也⑨。

乱世之征：其服组，其容妇，其俗淫，其志利，其行杂，其声乐险，其文章匿而采，其养生无度，其送死瘠墨，贱礼义而贵勇力，贫则为盗，富则为贼。治世反是也。

【注释】

① 道：引导。

② 不愃（xǐ）：不邪。

③ 干戚：古代表演战争内容时所用的舞具。干：盾牌。戚：斧头。

④ 婴：通"撄"，侵扰。

⑤ 齐衰：也作"齐缞"，丧服，在"五服"中次于斩衰，位列二等。其服用粗麻布制成，边缘部分缝制整齐，有别于"斩衰"的毛边。

⑥ 婴甲：带头盔。行伍：军队行列。扬：通"扬"，昂扬。

⑦ 绅：官员的腰带。端：礼服。章甫：礼帽。《韶》：指舜时的《韶》乐。《武》：指周武王时的《武》乐。

⑧ 统：关键。管：约束。

⑨ 著诚：表明真诚。著：彰明、表明。

【译文】

音乐，就是愉悦快乐，这是人情所不可避免的，所以人不能没有音乐。人愉悦快乐，就会抒发为歌咏吟唱的声音，表现为手舞足蹈的行为，人的一切，包括言行举止、喜怒哀乐就都体现在音乐中了。所以，人不可能不快乐，快乐就要表现为行为，如果不对这种行为加以引导就会流于混乱。先王厌恶这种混乱，所以制作了《雅》《颂》之乐对其加以引导，使其声足以表达快乐的情感而又不流于淫荡，使其词足以阐发正确的道理而又不流于花哨，使其律婉转悠扬、繁简交错、缓急相间，足以感发人的善心，远离邪恶龌龊之气。这是先王创制音乐的原则，墨翟先生反对音乐有何道理呢？

在宗庙中演奏音乐，君臣上下一起欣赏，则莫不和谐相敬；在家庭中，父子兄弟一起欣赏音乐，则莫不和睦相亲；在乡里乡亲中，老少一起欣赏音乐，则莫不和谐顺从。演奏音乐时，一定要先定一个音，用它来调定其他的音，并配合各种乐器调整节奏，共同合奏和谐之音，以此来统帅为人之道，表达各种情感变化。这是先王创制音乐的原则，墨翟先生反对音乐有何道理呢？

聆听《雅》《颂》之乐，心胸会变得开阔；看着人手持干戚等舞具表演各种俯仰伸展的动作，神情会变得肃穆；按着要求的排列行走，跟着音乐的节奏进退，行列就会整齐，进退就会一致。所以，音乐用于出征打仗，可以鼓舞军士的勇气；用于宗庙祭祀，可以培养人们的礼让感情，二者没有本质的区别。对外用于征伐，所有人都要听指挥；对内用于礼让，所有人都要服从。所以，音乐是用来一统天下人心的，是用来和顺人之性情的，是表达感情所不可或缺的。这是先王创制音乐的原则，墨翟先生反对音乐有何道理呢？

音乐是发自内心的，感人至深，化人至快，所以先王认真谨慎地制作音乐。音乐中正平和，民众就和睦协调而不妖冶淫荡；音乐肃穆庄重，民众就同心同德而不陷于纷乱。民众和睦协调、同心同德，国家就强大，城池就坚固，敌国就不敢侵犯，那么，百姓就可以安居乐业，君主就心满意足。

音乐是圣人制作的，可以使民心向善，音乐感人至深，能够改变风俗。所以先王以礼乐引导人心，百姓和睦亲善。人有好恶之情，如果没有表达喜怒哀乐的方式，心境就会乱。先王不愿意这样，所以就制定了礼乐以化导其心其行，天下于是大顺。丧服，哭声让人心生悲哀；披甲带胄歌于军中，让人心生伤痛；妖冶之貌、靡靡之音，让人心生淫逸；穿戴整齐跳《韶》乐舞，唱《武》乐歌，让人心生肃穆。所以君子耳不听淫声，目不看邪色，口不出恶言。这三者是君子所应该特别慎重的。

大凡受奸邪之声感染，就会生叛逆之心，付诸行动就会大乱；受正气感染，顺应而治，则天下安宁。有唱有和，有善有恶，所以君子要谨慎地选择。君子以钟鼓表明其心志，以琴瑟欢愉其心情，借助干戚、羽旄、磬管等舞具乐器表达情志。其清明如天，其广大如地，其俯仰旋转如四时。音乐使其志向坚定，循礼使其行为无违，耳聪目明，心意平正，移风易俗，天下太平，美与善相辅相成。音乐令人欢愉快乐，君子乐在得其道，小人乐在满足了欲望。以礼义节制欲望，则乐而不乱；欲望压过了礼义，则陷入惑乱。所以，音乐是追求快乐的，金石丝竹中蕴涵着道德，音乐的熏染会使百姓行为有节制。可见，音乐是圣人治理人心的重要手段，而墨翟竟然抨击音乐。

音乐是和谐人心、和睦人际不可或缺的手段，礼制是治理社会不可变更的原则。音乐使人齐心协力、同心同德，礼制使人有贵贱长幼等级之别，礼乐的关键是约束人心。源于内心、极尽人喜怒哀乐各种情感变化，这是乐的本质；彰明真诚，去掉虚伪，这是礼的实质。

乱世的特征是：服饰华美，男人像女人一样花枝招展，风俗邪淫，人们私欲熏心，品行污秽，音乐邪僻不正，文章华而不实，生活奢侈腐化，丧礼刻薄，轻忽礼义，崇尚勇力，所以穷则为盗，富则倾轧。安定的社会则与之相反。

【品鉴】

乐也，人情之所必不免也，故人不能无乐

儒家强调"德教""礼教""诗教""乐教"，传统所谓的"六经"是

《诗经》《尚书》《礼记》《乐经》《周易》《春秋》等六部经典的统称，传统所谓的"六艺"即礼、乐、射、御、书、数，这是古代学子必须具备的六种才能。在"六经"和"六艺"中，"乐"都是其中的重要内容。

《乐记》在分析音乐的起源时指出："凡音者，人心生者也。情动于中，故形于声，声成文谓之音。"音乐是发自内心的，是人心与外物相互交感的产物，是人的哀、乐、喜、怒、敬、爱等内在情感的外在体现。荀子这里也是讲音乐是人情感的自然流露和真实表达。

因顺人情而治天下，这是先秦各派思想家达成的共识。"凡治天下，必因人情"（《韩非子·八经》），"上之为政，得下之情则治，不得下之情则乱"（《墨子·尚同下》）。儒家特别强调道德教育要以人性、人情为基础，要顺应人性、人情，因势利导而施教。因而，荀子"乐者，人情之所必不免也，故人不能无乐"一语可以说确定了音乐存在的合理性，也确定了乐教的合理性、必要性。

夫声乐之入人也深，其化人也速

乐教是传统道德教育的重要形式。关于音乐对人的感化、陶冶，孔子有深切的体会："子在齐闻韶，三月不知肉味。"（《论语·述而》）孔子对韶乐大加赞赏，称其"尽善尽美"，并感慨道："不图为乐之至于斯也。"（《论语·述而》）由此，孔子提出"成于乐"的主张，即把音乐修养视为道德修养的最高境界。

荀子非常重视乐教，他在批评墨子"非乐"思想的同时，也深刻地阐述了乐教的功能和意义。荀子称赞"声乐之入人也深，其化人也速"，音乐以婉转美妙、和谐优雅的弦律来滋润人的心灵，陶冶人的性情，培养人的节操，感人至深，化人至速。在荀子看来，音乐至少具有以下几种功能：

一是陶冶性情，导人向善。音乐"足以感动人之善心"，"可以善民心"，"以道制欲"，"使夫邪污之气无由得接焉"。

二是和谐人际关系。"君臣上下同听之，则莫不和敬"；"父子兄弟同听之，则莫不和亲"；"长少同听之，则莫不和顺"。

三是调节行为举止。"听其《雅》《颂》之声，而志意得广焉"，"行其缀兆，要其节奏，而行列得正焉，进退得齐焉"，"故乐者，出所以征诛也，入所以揖让也"。

四是表达、统一情感。"且乐者，先王之所以饰喜也；军旅铁钺者，先王之所以饰怒也"，"是故喜而天下和之，怒而暴乱畏之"。

五是移风易俗。音乐中正平和，"则民和而不流"，音乐严肃庄重，"则民齐而不乱"，"移风易俗，天下皆宁，美善相乐"，"故先王导之以礼乐而民和睦"。

由此，荀子的结论是："乐者，治人之盛者也。"其实，先秦时期，"乐"与"政"的关系受到普遍重视。思想家们强调政事的和顺不仅是通过法令、法规加以保障，而且必须循天道、顺人情，因而礼乐并用成为维护社会等级秩序的重要手段。

乐合同，礼别异

"乐者，天地之和也。礼者，天地之序也。和，故百物皆化；序，故群物皆别。"(《礼记·乐记》) 礼，是对上下、尊卑、长幼关系的外在规范，体现的是秩序；乐，是人内在情感的自然流露，表达的是情感。传统社会把乐与礼相提并论，"乐由中出，礼自外作"，乐重在陶冶人内心的和谐，礼重在维护社会秩序，即荀子所谓的"恭敬，礼也；调和，乐也"，礼与乐相辅相成、相得益彰，实现了一种完美的和谐，"乐者为同，礼者为异。同则相亲，异则相敬。乐胜则流，礼胜则离。"(《礼记·乐记》)

以道制欲，则乐而不乱；以欲忘道，则惑而不乐

强调中和、中正、中庸，这是儒家文化的重要特点。所以，在重视抒发内在自然情感的同时，儒家又十分强调礼对情感的节制与规范，要求做到"乐而不淫""乐而不流""乐而不乱"。乐的独特作用在于调和人心，使礼的名分等级获得内在情感的保证。由此，儒家十分重视音乐的格调和品位，认为一首好的乐曲应当是美与善的统一："乐由天作，礼以地制，过制则乱，过作则暴。"（《礼记·乐记》）由此，乐中有礼、礼乐相济就成为礼乐之教的必然要求："以道制欲，则乐而不乱；以欲忘道，则惑而不乐。"（《论语·学而》）礼乐之和，被赋予了君臣父子、长幼尊卑的等级道德内涵。

礼乐之统，管乎人心矣

其实，无论"乐合同"，还是"礼别异"，都只是一种手段，以礼乐相济而实现谨严的等级秩序与和谐的社会氛围的有机统一，实现既定社会秩序的合谐稳定，这才是最终的目的，即所谓"和为贵"。

礼乐相济所追求的"和"至少包含三个方面的含义：

一是社会秩序的和顺稳定。礼通过规定每个人的名份地位，使人人各守其份，屈己敬人，揖让不争："乐至则无怨，礼至则不争"，"暴民不作，诸侯宾服，兵革不试，五刑不用，百姓无患，天子不怒，如此则乐达矣；合父子之亲，明长幼之序，以敬四海之内，天子如此，则礼行矣。"（《史记》卷二十四）

二是人际关系的和睦融洽。封建社会的人际关系既是等级的，又是伦理的。通过礼乐教化，可使君臣和敬、父子和亲、长幼和顺，实现"天下皆宁，美善相乐"的社会理想。

三是人的身心和谐。礼由外入，乐自内出，礼乐相合，则意味着内外的统一、身心的和谐:"故闻宫音,使人温舒而广大;闻商音,使人方正而好义;闻角音,使人恻隐而爱人;闻徵音,使人乐善而好施;闻羽音,使人整齐而好礼。"(《史记》卷二十四)因此,"君子不可须臾离礼,须臾离礼则暴慢之行穷外;不可须臾离乐,须臾离乐则奸邪之行穷内。"

第二十一章

解蔽篇

"解蔽"即克服认识上的片面性。本篇论述了认识论方面的问题，重点阐发了"蔽"的危害和"解蔽"的意义。荀子认为，"凡以知，人之性也；可以知，物之理也"，人有认识事物的能力，客观事物本身也是可以认识的。与此同时，荀子认为，囿于各种局限，人在认识方面往往容易犯主观性、片面性的错误，即"蔽于一曲，而闇于大理"，这是认识上的最大弊病，由此带来思想上的极大混乱和实践中的极大祸患。为此，荀子提出了"虚壹而静"的解蔽方法，以此来克服主观性、片面性的弊病，达到全面透彻地认识事物、把握事物发展规律的目的。

凡人之患
蔽于一曲而闇于大理

【原文】

　　凡人之患，蔽于一曲，而闇于大理①。治则复经，两疑则惑矣②。天下无二道，圣人无两心。今诸侯异政，百家异说，则必或是或非，或治或乱。乱国之君，乱家之人，此其诚心莫不求正而以自为也，妒缪于道而人诱其所迨也③。私其所积，唯恐闻其恶也；倚其所私，以观异术，唯恐闻其美也。是以与治虽走而是己不辍也，岂不蔽于一曲而失正求也哉！心不使焉，则白黑在前而目不见，雷鼓在侧而耳不闻，况于使者乎！德道之人④，乱国之君非之上，乱家之人非之下，岂不哀哉！

　　故为蔽：欲为蔽，恶为蔽；始为蔽，终为蔽；远为蔽，近为蔽；博为蔽，浅为蔽；古为蔽，今为蔽。凡万物异则莫不相为蔽，此心术之公患也⑤。

【注释】

　　①患：病。蔽：蒙蔽，这里指思想认识上的片面性、局限性。曲：局部，部分。

② 治：这里指"治蔽"，即纠正片面性。复经：复归正道。两：指"一曲"与"大理"两个方面。

③ 缪：通"谬"。迫：通"怡"，喜爱。

④ 德：通"得"。

⑤ 心术：思想方法。

【译文】

一般人的通病，就是容易局限于片面性的认识，而不能全面认识事物。纠正了偏见，才能回归认识的正道，若陷于片面与整体的矛盾，心中必然产生疑惑。天下没有两个对立的真理，圣人没有两种对立的思想。现在众诸侯国政令各异，百家学说争锋，其中必然有正确的，有错误的，有给国家带来安定的，也有导致国家混乱的。搞乱国家的君主以及搞乱思想的学者，其本意莫不是想追求正道，只是由于他们心怀偏见，又受人诱惑，所以偏离了正道。他们偏爱自己已形成的认识，唯恐听到对这些认识的非议；他们以自己的偏见来观察认识其他思想，唯恐听到对这些思想的赞誉。与正确的认识背道而驰，还自以为是，固执己见，这不是被一孔之见所蒙蔽而偏离了正道吗？不用心思考、辨别，即使黑白在眼前也会视而不见，雷鼓在耳边也会听而不闻，更何况心里已有偏见了呢？那些坚持真理的人，受到了来自搞乱国家的君主和搞乱思想的学者上下两方面的非难攻击，太悲哀了！

有哪些蔽呢？心之所好是蔽，心之所恶也是蔽；只注重开始是蔽，只注重结果也是蔽；专注于远处是蔽，只看到眼前也是蔽；浅陋无知是蔽，博学而不专也是蔽；泥古不化是蔽，知今而不知古也是蔽。万事万物都是有差异的，有差异就会互相形成蔽塞，这是人思想认识上的通病。

【品鉴】

凡人之患，蔽于一曲，而闇于大理

盲人摸象是个家喻户晓的故事，讽喻人只对事物有片面认识，却还固执己见、自以为是。在荀子看来，只看局部，不看全体，只见树木，不见森林，这其实是人的通病。管中窥豹，往往被一孔之见所蒙蔽。囿于思维的局限性，只获得对事物的片面性认识并不可怕，荀子认为，怕的是明明与正确的认识背道而驰，却还固执己见，以致偏离正道越来越远，甚至南辕北辙。

白黑在前而目不见，雷鼓在侧而耳不闻

为了克服"一叶障目，不见泰山"的认识偏差，就要摒弃主观偏见，细心学习，专心思考，这样才能明辨是非。相反，自以为是，先入为主，就会对事物的真实视而不见、听而不闻，失去判断力。

凡万物异则莫不相为蔽，此心术之公患

任何事物都是相对的，有所执则必有蔽。人们很容易只看到一点一面而不及其余，如知近不知远、知始不知终、知古不知今，造成认识的片面性和局限性。

【原文】

昔人君之蔽者，夏桀、殷纣是也。桀蔽于末喜、斯观，而不知关龙逢，以惑其心而乱其行①。纣蔽于妲己、飞廉，而不知微子启，以惑其心而乱其行②。故群臣去忠而事私，百姓怨非而不用③，贤良退处而隐逃，此其所以丧九牧之地而虚宗庙之国也④。桀死于鬲山，纣县于赤斾⑤。身不先知，人又莫之谏，此蔽塞之祸也。

昔人臣之蔽者，唐鞅、奚齐是也⑥。唐鞅蔽于欲权而逐载子，奚齐蔽于欲国而罪申生⑦；唐鞅戮于宋，奚齐戮于晋。逐贤相而罪孝兄，身为刑戮，然而不知，此蔽塞之祸也。故以贪鄙、背叛、争权而不危辱灭亡者，自古及今，未尝有之也。

昔宾孟之蔽者，乱家是也⑧。墨子蔽于用而不知文，宋子蔽于欲而不知得，慎子蔽于法而不知贤，申子蔽于势而不知知，惠子蔽于辞而不知实，庄子蔽于天而不知人。故由用谓之道，尽利矣；由俗谓之道，尽嗛矣；由法谓之道，尽数矣；由势谓之道，尽便矣；由辞谓之道，尽论矣；由天谓之道，尽因矣。此数具者，皆道之一隅也。夫道者，体常而尽变，一隅不足以举之。曲知之人，观于道之一隅而未之能识也，故以为足而饰之，内以自乱，外以惑人，上以蔽下，下以蔽上，此蔽塞之祸也。孔子仁知且不蔽，故学乱术，足以为先王者也⑨。一家得周道，举而用之，不蔽于成积也⑩。故德与周公齐，名与三王并⑪，此不蔽之福也。

圣人知心术之患，见蔽塞之祸，故无欲无恶、无始无终、无近无远、无博无浅、无古无今，兼陈万物而中县衡焉⑫。是故众异不得相蔽以乱其伦也。

【注释】

① 末喜：即"妹喜"，夏桀的宠妃。斯观：夏桀身边的佞臣。关龙逢：夏朝的贤臣，因直言劝谏夏桀而被夏桀杀死。

② 妲己：商纣王的宠妃。飞廉：纣王身边的佞臣。微子启：纣王的哥哥，纣王荒淫无道，微子启谏而不听，远走隐居。

③ 怨非：怨恨、咒骂。非：通"诽"。

④ 九牧：九州的长官，这里指代九州，"牧"为古代治民之官。

⑤ 鬲山：即历山、历阳山，在今安徽和县西北四十里，传说夏桀被流放于此。县：通"悬"。斾（pèi）：古代旗末端状如燕尾的垂旒，泛指旌旗。

⑥ 唐鞅：战国时宋康王的佞臣，后被宋康王所杀。奚齐：春秋时晋献公的宠妃骊姬的儿子，后被里克所杀。

⑦ 载子：载骦，曾任宋国太宰，后来被唐鞅驱逐而逃往齐国。申生：晋献公的太子，奚齐的异母兄，晋献公听信谗言，迫使申生自杀。

⑧ 宾孟：也称"宾萌"。孟：通"萌""氓"，民，战国时期对游士的称呼。乱家：杂家，指下文墨子、宋子等人。

⑨ 知：通"智"。乱术：孔子无常师而无处不学，这里指治国之术。

⑩ 周：全面。成积：即已有的知识、习惯。

⑪ 三王：指三代开国之王，即夏禹、商汤、周文王。

⑫ 县：通"悬"。衡：称，指标准。

【译文】

过去君主中有蔽塞不明的，如夏桀、商纣。夏桀被妹喜、斯观所蒙蔽，不重用关龙逢这样直言进谏的忠臣，心被迷惑，行为昏乱；商纣被妲己、飞廉所蒙蔽，不信任贤臣微子启，心被迷惑，行为昏乱。所以，群臣都弃忠诚之心而谋求私利，百姓怨声载道，不为之效力，贤良之士无不隐遁，这就是桀、纣失去天下、丢掉政权的原因所在。夏桀命丧鬲山，商纣悬首示众，他们自己不知对错，别人又不敢进谏，这就是蔽塞之祸患啊。

过去大臣中有蔽塞不明的，如唐鞅、奚齐。唐鞅一心追逐权力而驱逐了载子，奚齐权欲熏心而无端加罪于申生，结果唐鞅被杀于宋，奚齐被戮于晋。唐鞅驱逐有德才的国相，奚齐加罪于孝顺的兄长，自身遭受杀戮还不明就里，这就是蒙蔽的祸害啊。所以，贪婪卑鄙、背叛君主、争权夺利，而不招致危险耻辱乃至灭亡之祸者，亘古未有。

过去游士中有蔽塞不明的，如那些杂家学派的学者。墨子只盯着实用而不懂得礼义文饰的作用，宋子只看到人寡欲而没有看到人贪得无厌的一面，慎子只强调法的威力而忽视了任用贤良的重要，申子只看到权势的威力而不懂得智慧的重要，惠子专注于言辞辩论而不务实际，庄子只强调顺应自然而对人的力量视而不见。这样，把实用视为真理，心里便只有功利了；把寡欲视为真理，心里便只有满足感了；把法律视为真理，心里便只有律令条文了；把术势视为真理，心里便只有术势的便利了；把言辞视为真理，心里便只有诡辩巧说了；把顺应自然视为真理，心里便只有听天由命了。这些都只是真理的一个方面。真理本身是不变的，但却能囊括一切变化，对事物一个方面的认识是不足以概括全部真理的。有些人往往一知半解，却自以为掌握了全部真理，既害了自己，又迷惑了别人，在上者蒙蔽了下面的人，在下者蒙蔽了上面的人，这就是蔽塞的祸患啊。孔子仁德明智而且不被蒙蔽，其思想足以辅助圣王。孔子这一派掌握了真理并推广应用于实践，不被成见旧习所蒙蔽。所以孔子的德行堪与周公相等同，名声堪与三代开国之王相并列，这就是不被蒙蔽之幸啊。

圣人了解思想认识上的片面性，也看到了蔽塞带来的祸患，所以既无所好，也无所恶；既不偏重开端，也不偏重结果；既不只盯着远处，也不只盯着眼前；既不过分广博，也不浅陋无知；既不泥古，也不薄今，而是全面考察事物，确定一个客观中正的标准，使得众多差异和对立面不会互相蒙蔽而混淆真相，造成片面性的认识。

【品鉴】

夫道者，体常而尽变，一隅不足以举之

真理只有一个，对事物的片面性认识是不足以概括全部真理的。

作为先秦百家争鸣的集大成者，荀子以睿智的眼光俯视、检讨诸子学说，析百家之长，解百家之蔽。荀子认为，诸子各有所长，但却都"蔽于一曲"。荀子认为，墨子只重功利而否定了礼乐教化，宋子过于强调寡欲而漠视了人的利益，慎子只主张严刑峻法而忽略了贤良的作用，申子专注于权势而不懂得运用智慧，惠子精于辩论而不务实际，庄子偏执于顺应自然而置人的能动性于不顾。应当说，荀子对诸子的评价是中肯的、客观的，显示了一个大思想家的智慧和胸怀。荀子作为百家争鸣的理论总结者是当之无愧的。

兼陈万物而中县衡焉

荀子强调客观、全面、多角度地分析问题，使认识不偏执于某一事物和事物的某一个方面。为解除蔽患，就要摒弃个人的好恶偏见，"目视备色，耳听备声"，全面了解、考察事物，仔细进行分析、比较、鉴别、取舍，确定一个客观中正的标准，这样就不会被各种事物的差异所蒙蔽而扰乱了对事物本质的认识。这就是荀子提出的"兼陈中衡"，即全面地、客观地、辩证地认识事物的方法。

【原文】

何谓衡？曰：道①。故心不可以不知道。心不知道，则不可道而可非道②。

人何以知道？曰：心③。心何以知？曰：虚壹而静。心未尝不臧也，然而有所谓虚④；心未尝不满也，然而有所谓壹；心未尝不

动也，然而有所谓静。人生而有知，知而有志⑤。志也者，臧也，然而有所谓虚，不以所已臧害所将受谓之虚。心生而有知，知而有异，异也者，同时兼知之。同时兼知之，两也，然而有所谓一，不以夫一害此一谓之壹。心，卧则梦，偷则自行⑥，使之则谋。故心未尝不动也，然而有所谓静，不以梦剧乱知谓之静⑦。未得道而求道者，谓之虚壹而静。

心者，形之君也，而神明之主也⑧，出令而无所受令。自禁也，自使也，自夺也，自取也，自行也，自止也。故口可劫而使墨云，形可劫而使诎申，心不可劫而使易意⑨，是之则受，非之则辞。故曰：心容，其择也，无禁，必自见，其物也杂博，其情之至也不贰。

故曰：心枝则无知，倾则不精，贰则疑惑⑩。以赞稽之⑪，万物可兼知也。身尽其故则美，类不可两也，故知者择一而壹焉。

【注释】

① 道：指真理，即事物的根本道理和普遍规律。
② 可：肯定，认同。
③ 心：古人不了解大脑的功能，所以把心当成思维器官。
④ 臧：通"藏"，贮存，贮藏，这里指记忆。
⑤ 志：记忆。
⑥ 偷：放松，涣散。
⑦ 剧：烦乱。
⑧ 君：支配者。主：主宰。
⑨ 墨：通"默"。云：说。诎：通"屈"。申：通"伸"。易：改变。
⑩ 心枝：注意力分散，精神不集中。倾：思想出现偏差。
⑪ 赞：帮助。稽：考察。

【译文】

　　这个标准是什么呢？标准就是真理、规律。所以人不能不认识和把握真理、规律，否则就会否定真理，而去推崇那些违背规律的错误思想认识。

　　人凭借什么认识规律、真理呢？凭借的是心。心怎么能认识真理呢？靠的是虚心、专一、宁静。人都有丰富的知识，但却必须虚心，而不能固执己见；人都有对立性的认识，但却必须专一，而不能互相排斥；人总是思绪飞扬、思虑万千，但却必须宁静，而不能扰乱思维。人生来就有智能，有记忆，心里要贮藏大量的信息，但还必须"虚"，不让心中已有的知识和认识去妨碍自己接受新的知识，这就叫虚心；人生来就有智能，能辨别不同的事物，产生不同的认识，但还必须"一"，不让一种认识妨碍另一种认识，这就叫专一；人睡觉时则做梦，涣散时则胡思乱想，用心则能够思考，心总在活动，但却必须"静"，不让梦幻思绪扰乱心智就叫"宁静"。对于寻求真理、寻求规律的人，一定要告诉他们虚壹而静的道理。

　　心，是身体的统帅、精神的主宰，它发出命令而不接受命令。心的各种活动都是自我决定的。可以强制嘴巴说话或缄默，可以胁迫身体弯曲或伸直，但不能强迫心改变自己的意志，心里认为对的就接受，心里认为错的就拒绝。心的状态是，其选择是不受限制的，一定要自己去观察发现，其接纳的事物繁杂而广泛，却专注而无所旁顾。

　　精神分散，就不可能获得知识；不专注，认识就不可能精深；三心二意，就会疑惑不定。根据规律来考察事物，就能全面地认识事物。明白了事理，认识才能臻于完美，对同一类事物的认识是一致的，所以智者根据规律来考察事物。

【品鉴】

虚壹而静

虚心、专一、宁静，这就是荀子提出的认识和把握事物规律的方法。

"虚"是对"臧"而言的，"不以所已臧害所将受谓之虚"。所谓"虚"就是要"虚其心"，让心变成一尘不染的白纸、一物不装的容器，不让心中已有的知识和认识妨碍自己接受新知识、形成新认识，也就是要摒弃成见、偏见，增强对新知识的接受能力。

"壹"是对"两"而言的，"不以夫一害此一谓之壹"。所谓"壹"，就是要"壹其心"，不让心中对立性的认识互相排斥，不让一种认识妨碍另一种认识。

"静"是对"乱"而言的，"不以梦剧乱知谓之静"。所谓"静"就是要"静其心"，专心致志，心无旁骛，不让胡思乱想来扰乱思维。

荀子认为，正确处理好"臧"与"虚"、"两"与"壹"、"乱"与"静"三对矛盾，做到"虚壹而静"，就能达到"坐于室而见四海，处于今而论久远，疏观万物而知其情，参稽治乱而通其度"的"大清明"境界。可以说，荀子的辩证思维水平是他那个时代无人能够企及的。

"虚"后才能"明"，"静"后才能"观"，所以"致虚极，守静笃"也被老子视为认识和修养的方法。

心枝则无知，倾则不精，贰则疑惑

荀子认为，"目不能两视而明，耳不能两视而聪"，认识事物必须专心致志，如果精神涣散，心猿意马，就不能认识事物，即使认识了也不会精深，认识不精深遇事必然疑惑不解。在《劝学》篇中，荀子还引用蚯蚓和螃蟹为例，说明"用心一"与"用心躁"的结果是大相径庭的："蚓无爪牙之利，筋骨之强，上食埃土，下饮黄泉，用心一也。蟹八跪而二螯，非蛇蟺之穴，无可寄托者，用心躁也。"

【原文】

凡观物有疑，中心不定，则外物不清。吾虑不清，则未可定然否也。冥冥而行者①，见寝石以为伏虎也②，见植林以为立人也，冥冥蔽其明也；醉者越百步之沟，以为跬步之浍也③，俯而出城门，以为小之闺也，酒乱其神也。厌目而视者④，视一以为两；掩耳而听者，听漠漠而以为哅哅⑤，势乱其官也。故从山上望牛者若羊，而求羊者不下牵也，远蔽其大也；从山下望木者，十仞之木若箸，而求箸者不上折也，高蔽其长也。水动而景摇，人不以定美恶，水势玄也⑥。瞽者仰视而不见星⑦，人不以定有无，用精惑也。有人焉，以此时定物，则世之愚者也。彼愚者之定物，以疑决疑，决必不当。夫苟不当，安能无过乎？

凡以知，人之性也；可以知，物之理也。以可以知人之性，求可以知物之理，而无所疑止之，则没世穷年不能遍也。其所以贯理焉虽亿万，已不足以浃万物之变，与愚者若一。

为之无益于成也，求之无益于得也，忧戚之无益于几也，则广焉能弃之矣⑧。不以自妨也，不少顷干之胸中。不慕往，不闵来，无邑怜之心⑨，当时则动，物至而应，事起而辨，治乱可否，昭然明矣。

周而成，泄而败，明君无之有也；宣而成，隐而败，暗君无之有也。故君人者周则谗言至矣，直言反矣，小人迩而君子远矣。《诗》云："墨以为明，狐狸而苍。"此言上幽而下险也。君人者宣则直言至矣，而谗言反矣，君子迩而小人远矣。《诗》云："明明在下，赫赫在上。"此言上明而下化也。

【注释】

① 冥冥：昏暗不明的样子。

② 寝石：横卧的石头。

③ 浍（kuài）：小沟渠。

④ 厌：压，按。

⑤ 漠漠：寂静无声。啕啕：喧哗声。

⑥ 景：通"影"。玄：通"眩"，摇曳不定。

⑦ 瞽（gǔ）者：瞎子。

⑧ 几：危机。广：通"旷"，远。

⑨ 邑：通"悒"，郁闷不乐的样子。

【译文】

　　观察事物，心中疑惑、思绪纷乱时，对事物的认识就是模糊的。自己认识不清时，不要轻易作判断。夜行者会把横卧的石头误当成伏虎，把矗立的树木误当成站着的人，这是由于黑暗蒙蔽了其视力；醉酒者趟过百米宽的河沟，以为自己只是跨过了半步宽的沟渠，低头走到城门前，还误以为是个小门，这是酒扰乱了其神志；捂住眼睛看，会把一个当成两个，捂住耳朵听，会把寂静当成喧哗，这是由于外力扰乱了其感官。所以，从山上远望牛像羊一样，但找羊的人不会下山来牵它，因为知道是距离使之变小；从山下望山上的树，七丈高的树木像根筷子，但求取筷子的人是不会上山去折的，因为知道是高山使之变矮；水中的倒影跟着水摇曳，人们不会以此来判定容貌的美丑，因为知道是晃动的水花了人的眼睛；瞎子抬头看不见星星，人们不会以此来判定星星的有无，因为知道是眼睛看不见东西。如果有人在这种情况下判断事物，那就愚不可及了。愚人判断事物，是用疑惑去判断疑惑，如此判断一定不得当。

判断如果不得当，又怎么能没有错误呢？

认识事物，这是人的本性；可以被人认识，这是事物的自然之理。以人能够认识事物的本性，去探求事物可以被认识的规律，而事物本身是无穷尽、无止境的，因而，如果认识没有一定的目标，人就是辛苦一生也不可能穷尽所有的事物。有的人虽然学富五车，但却不能举一反三，把握事物变化的规律，这与一无所知的愚人没什么两样。

如果再努力也是徒劳无功，再追求也是两手空空，再忧虑也无助于危机的解决，那就应该把这些事情抛得远远的，不让它们妨碍自己，不把它们放在心里干扰自己。不羡慕过去，不担忧未来，不沉溺于忧愁怜悯之情中，时机成熟则立即行动，遇到事情及时处理，遇到问题及时解决，这样，治乱对错也就一目了然了。

隐瞒真情会成功，公开真情会失败，这样的事在明君那里绝不会发生；公布真情会成功，隐瞒真情会失败，这样的事情也绝不会发生在昏君身上。所以，君主若喜欢隐瞒真情，谗言将接踵而至，而直言则难觅其踪，小人会纷至沓来，而君子则销声匿迹。《诗经》上说："把黑色说成光明，把黄色指为黑色"，说的就是君主昏庸、臣属奸邪的情形。相反，若君主做事光明磊落，谗言、小人就会销声匿迹，而直言、君子就会纷至沓来。《诗经》上说："在下之臣堂堂正正，是因为在上之君正大英明"，说的就是这种在上英明、在下被感化的情形。

【品鉴】

凡观物有疑，中心不定，则外物不清

正确认识的获得，取决于许多因素。荀子认为，人的思维状态会影响到对事物的认识和判断，心中疑惑、思绪纷乱时，认识就会模糊混乱。荀子举例说，夜行者在黑暗中会把石头误当成伏虎、把树误当作人；酒

醉者神志混乱，摸不着自己的家门。关于人的思维状态对人的认识的影响，《大学》一书中也有所论及："所谓修身在正其心者，身有所忿懥[①]，则不得其正；有所恐惧，则不得其正；有所好乐，则不得其正；有所忧患，则不得其正。心不在焉，视而不见，听而不闻，食而不知其味。"

以疑决疑，决必不当

不要用疑惑的认识来判断捉摸不定的事物，自己认识不清时，不要轻易作判断、下结论。

凡以知，人之性也；可以知，物之理也。

人具有认识客观事理的能力，能够认知事物，这是人的本性；可以被人认识，这是事物的自然之理。荀子这里把认识主体和认识客体作了明确的区分，肯定了人的认识能力，也肯定了世界的可知性。可以说，荀子的认识论达到了其所处时代认识论上的最高水平。

[①] 身：朱熹注曰此处应为"心"。

第二十二章

正名篇

　　"正名"即辨正名称、名分，使名实相符。名实关系是古代思想家非常重视的一个问题。本篇即是荀子深刻、系统地论述名实关系的名篇，也是中国古代的逻辑学杰作。荀子的论述是围绕制名的意义以及如何制名展开的。在荀子看来，"制名以指实"。使名实相符的目的有两个：其一是"明贵贱"，确立等级秩序。荀子认为制名、正名是统一人们思想、实现国家长治久安的根本。"名定而实辨，道行而志通"，这正是荀子强调正名的政治意义。其二是"辨同异"。即辨明事物类别，以便交流沟通思想。关于制定名称的根据，荀子认为是"天官"和"心"，即对事物的感性认识和理性认识，"同则同之，异则异之"。荀子提出，事物名称的确定以"约定俗成"为宜，同时还要"稽实定数"。即要以事物的实际内容为基础，这与唯物主义认识论是一致的。另外，荀子在篇中还探讨了追求情欲的满足与追求道的关系，提出人应当"重己役物"，而不能"以己为物役"，沦为物欲的奴隶。

名定而实辨
道行而志通

【原文】

　　故王者之制名，名定而实辨①，道行而志通，则慎率民而一焉。故析辞擅作名以乱正名，使民疑惑，人多辨讼，则谓之大奸，其罪犹为符节、度量之罪也。故其民莫敢托为奇辞以乱正名，故其民悫，悫则易使，易使则公。其民莫敢托为奇辞以乱正名，故壹于道法而谨于循令矣。如是，则其迹长矣。迹长功成，治之极也，是谨于守名约之功也。

　　异形离心交喻，异物名实玄纽②，贵贱不明，同异不别，如是，则志必有不喻之患，而事必有困废之祸。故知者为之分别制名以指实，上以明贵贱，下以辨同异。贵贱明，同异别，如是，则志无不喻之患，事无困废之祸，此所为有名也。

　　然则何缘而以同异？曰：缘天官。凡同类、同情者，其天官之意物也同，故比方之疑似而通，是所以共其约名以相期也。……喜、怒、哀、乐、爱、恶、欲，以心异。心有征知。征知，则缘耳而知声可也，缘目而知形可也。然而征知必将待天官之当簿其类然后可也。五官簿之而不知，心征知而无说，则人莫不然谓之不知。

此所缘而以同异也。

名无固宜，约之以命。约定俗成谓之宜，异于约则谓之不宜。名无固实，约之以命实，约定俗成谓之实名。名有固善，径易而不拂③，谓之善名。

君子之言，涉然而精，俛然而类，差差然而齐④。彼正其名，当其辞，以务白其志义者也。彼名辞也者，志义之使也，足以相通则舍之矣，苟之，奸也。故名足以指实，辞足以见极，则舍之矣。

性者，天之就也；情者，性之质也；欲者，情之应也。以所欲为可得而求之，情之所必不免也。以为可而道之，知所必出也。故虽为守门，欲不可去，性之具也。虽为天子，欲不可尽。欲虽不可尽，可以近尽也；欲虽不可去，求可节也。所欲虽不可尽，求者犹近尽；欲虽不可去，所求不得，虑者欲节求也。道者，进则近尽，退则节求，天下莫之若也。

有尝试深观其隐而难其察者，志轻理而不重物者，无之有也；外重物而不内忧者，无之有也。行离理而不外危者，无之有也；外危而不内恐者，无之有也。心忧恐则口衔刍豢而不知其味，耳听钟鼓而不知其声，目视黼黻而不知其状，轻暖平簟而体不知其安⑤。故向万物之美而不能嗛也⑥。假而得问而嗛之，则不能离也。故向万物之美而盛忧，兼万物之利而盛害。如此者，其求物也，养生也？粥寿也⑦？故欲养其欲而纵其情，欲养其性而危其形，欲养其乐而攻其心，欲养其名而乱其行。如此者，虽封侯称君，其与夫盗无以异；乘轩戴绂⑧，其与无足无以异。夫是之谓以己为物役矣。

心平愉，则色不及佣而可以养目，声不及佣而可以养耳，蔬食菜羹而可以养口，粗布之衣、粗䌷之履而可以养体，局室、庐庚、葭稾蓐、尚几筵而可以养形⑨。故无万物之美而可以养乐，无势列之位而可以养名。如是而加天下焉,其为天下多,其和乐少矣。夫是之谓重己役物。

无稽之言,不见之行,不闻之谋,君子慎之。

【注释】

① 实:指客观事物。

② 异形:指不同的人。离心:指不同的思想。交喻:相互交流。玄纽:混乱交错,纠缠不清。玄:通"眩"。

③ 径易:简洁了当。拂:违背。

④ 涉然:深入的样子。俛然:俯就的样子,引申为贴切。"俛":同"俯"。差差然:参差不齐的样子。

⑤ 平簟:都是指席子。

⑥ 向:通"享"。嗛:同"慊",满足。

⑦ 粥:同"鬻",出卖。

⑧ 轩:古代士大夫以上乘坐的车子。绕:通"冕",古代士大夫以上戴的礼帽。

⑨ 局室:狭小的尾子,"局"意为促狭。尚:同"敞",破旧,质朴。

【译文】

圣王之所以制定名称,是因为名称一旦确定,实际事物就能够辨别清楚了;制定名称的原则一旦统一,人们就可以相互交流,思想也就统一了。所以,玩弄言辞,擅自制定名称混淆黑白,使民众疑惑不明,争辩不已,这种人堪称大奸之人,其罪行与伪造符节、度量衡是一样大的。若没有人敢假借伪造的奇谈怪论来混淆正确的名称,百姓就忠实,忠实就好管理,好管理就功效卓著。若没有人敢假借伪造的奇谈怪论来混淆正确的名称，百姓就会遵守礼义，谨守法令，如此则功业长远。功效卓著，功业长远，这是治理国家的最高境界，而这都当归功于百姓对事物名称的谨守。

不同的人有不同的思想，要相互交流，不同的事物名实不符，混杂交错，贵贱不能区分，同异也不能辨别，如此则必然面临着思想不能明晰地表达、事情陷入困顿荒废的危险。睿智的人为了对此加以区别，就制定了名称来表达事物，对上可以分清贵贱，对下可以区分事物的类别。分清了贵贱，区分了类别，人们的思想就不会再有不能沟通交流之弊，事物也不会再有困顿废止之忧患，这就是制定名称的原因。

根据什么来辨别事物的同异呢？根据的是人的各种感觉器官。人类的情感相同，他们对同类事物的感觉也大体相同，所以通过各种摹仿或感觉大体相当就可以相互沟通，所以能够共同约定名称来相互交流。……人的喜、怒、哀、乐、爱、恶、欲等各种感情，则要靠心来分辨。心有检验感官认识的能力。虽然如此，还是要靠耳朵来辨别声音，靠眼睛来认识形状，所以心一定要靠感官接触外界事物后才能发挥作用。假如感觉器官接触了事物没有感知，心里装满了感觉的材料却不能分辨，人们就会把这种情况称为无知。这就是人们区别名称之异同的根据。

名称没有最合适的，人们共同约定给某个事物命名，约定成了习惯，也就是最合适的，违背了约定就不合适。名称没有固定的，人们约定了用来指代某个事物，约定成为习惯，就成了某个事物的固定名称了。名称有好坏之分，简单清晰，不会使人误解，这就是好名称。

君子的言论，深刻而精当，中肯而有条理，纵横驰骋而一以贯之。君子用正确的名称、恰当的言辞表达自己的思想。名称和言辞只是表达思想的载体，只要达到表达的目的就足够了，过于枝蔓敷衍，就是邪说了。所以，名称足以指代事物，言辞足以表达主旨就行了，不必多言。

人的本性是天生的，情感是本性的实质，欲望是情感的反映。为满足人的欲望而去追求，这是人之常情。认为可以做而去做，这是人之理智的必然选择。所以，即使贱为守城门者，欲望也难以根除，这是本性所具有的；即使贵为天子，欲望也不能完全满足。欲望虽然不能满足，但是可以接近于无；欲望虽然无法完全满足，但是可以节制。欲望虽然不能消尽，但追求可以达到极致；欲望虽然不能完全满足，但求之而不得，理智的人自然会有所节制。也就是说，秉持大道品德高尚的人或者让自己的欲望接近于无，或者节制自己的欲望，天下人莫不如此。

再试着探讨一些隐秘而难以觉察的事情：内心轻视大道而不重视身外之物的人是没有的；重视身外之物而内心不忧虑的人是没有的；行为背离大道而不遭遇危险的人是没有的；遭遇危险而内心不恐惧的人是没有的。如果内心忧虑，即使吃乳猪也尝不出其美味，即使听钟鼓也闻不到其美声，即使看锦绣华彩也见不到其美色，即使穿着轻柔的衣服、睡在华丽平整的席子上，也感觉不到安逸。享受着万物之美而感觉不到满足，即使有瞬间的满足，仍然无法摆脱烦恼。享受着万物之美却还忧虑，拥有着优厚的资源却成了祸害。像这样追求物质利益的人，究竟是为了保养生命，还是损害生命呢？本是为了满足欲望，反倒放纵了情欲；本是为了保养生命，反倒危害了身体；本是为了追求快乐，却败坏了心情；本是为了提高声望，反倒扰乱了行为。这样的人，即使称君封侯，也与盗贼无异；即使乘车戴冕，也与遭酷刑的人无异。这就叫作自己被身外之物所役使。

内心平静愉快，所视不过平常之物而仍可养眼，所听不过平常之声而仍可养耳，所食不过粗茶淡饭而仍可养口，所穿不过敝衣烂履而仍可养身，所住不过僻巷陋室而仍可养体。所以，虽然没有万物之美但却能享受到快乐，虽然没有权势地位但却葆有美名。如果把天下交给这样的人来治理，他一定会谋求天下人的利益，而不是自己的享乐。这就叫作重视自己而役使万物。

没有根据的话，没有见过的事，没有听过的谋略，君子一定要慎重对待。

【品鉴】

志轻理而不重物者，无之有也

如果内心没有远大的精神追求，就会看重身外之物，就会陷入无尽的物质欲望中，没有例外。

外重物而不内忧者，无之有也

孔子曾表示不愿意与小人共事，原因在于："其未得之也，患不得之；既得之，患失之。"（《论语·阳货》）没有得到时为得不到而忧心忡忡，得到之后又因担心会失去而忧心忡忡，这就是成语"患得患失"的出处。孔子比较君子与小人曰"君子怀德，小人怀土；君子怀刑，小人怀惠"（《论语·里仁》），这也正是"君子坦荡荡，小人常戚戚"（《论语·述而》）的原因所在。

"熙熙攘攘为名利，时时刻刻忙算计。"所求愈多，所患也就愈多：太在乎事情能否成功，太在乎成败会给自己带来什么，太在乎别人怎么评价自己，而恰恰忽略了事情本身。在这样的重荷之下，结果往往事与愿违，越想得到，却往往越易失去。

"外重物而不内忧者，无之有也。"患得患失、过分计较自己的利益，往往会成为成功的心理障碍。"宠辱不惊，闲看庭前花开花落；去留无意，漫随天外云卷云舒。"保持平常心，不落入彀中，少一分虑患，即多一分安宁，多一份幸福。

以己为物役

荀子认为，心怀忧惧，则会寝不安眠、食不甘味，对外界一切美好的事物都失去兴趣，甚至听而不闻、视而不见。

科学家的研究成果为荀子的说法提供了科学依据。研究显示，一个人的情绪会影响到其对不同味道的敏感度。当然，这不是荀子的关注点。荀子所要表达的是，人若过于追求外在的物质享受，则难免沉溺于欲望与失望的交替轮换中，心怀忧惧而不得安宁。"向万物之美而不能嗛也"，哪怕拥有极多美好的物质也不能满足而常怀忧惧。这样，即使封侯称君，又与穷困潦倒的盗贼何异呢？荀子称之为"以己为物役"，即人为物所支配，失去了独立人格，成为物欲的奴隶，这在荀子看来是最可悲的。

君子循于理，故常舒泰；小人役于物，故常忧戚。庄子也认为被物所役的人生是可悲的。庄子喟然反问道："人为物役，心为形使，终身役役而不见其成功，苶然疲役而不知其所归，可不哀邪？人谓之不死，奚益？"(《庄子·齐物论》) 被功名利禄束缚而奔波劳碌，不知道人生的归宿在哪里，这样的人生不可悲吗？这样生不如死，活着又有何意义呢？正是为了摆脱心灵的束缚，庄子才"乘物以游心"(《庄子·人世间》)，寄情山水、遨游天地，追求人生的逍遥和精神的自由。

心平愉，则色不及佣而可以养目，声不及佣而可以养耳，蔬食菜羹而可以养口

北宋儒学家周敦颐要求受学于他的程颢、程颐兄弟"寻孔颜乐处、所乐何事"(《宋史·道学传》)。由此，"寻孔颜乐处"也成为宋明理学家津津乐道的问题。

"孔颜乐处"何在？"所乐"又是何事呢？《论语》里有两段话可以视为对于"孔颜乐处"的经典描述：

饭疏食饮水，曲肱而枕之，乐亦在其中矣。(《论语·述而》)

一箪食，一瓢饮，在陋巷，人不堪其忧，回也不改其乐。(《论语·雍也》)

吃的是粗茶淡饭，手臂弯曲当枕头，住的是僻巷陋室，孔子、颜回却依然自得其乐。快乐不在于物质享受，而在于精神情操的追求，只要心中有对道的追求，则虽处在贫穷的环境中，也照样可以悠然自在，保持快乐的心境。这是一种安贫乐道、达观自信的处世态度与人生境界。《论语》又载孔子对自己的描述："其为人也，发愤忘食，乐以忘忧，不知老之将至云尔。"(《论语·述而》)可见，所谓"孔颜乐处"，不是乐其贫，而是乐其道也。

与孔子一样，荀子所看重的也是对"道"的追求，并在这种坚持不懈的追求中获得心灵的充实与精神的快乐"虽无万物之美而可以养乐，无势列之位而可以养名"，荀子称之为"重己役物"，即重视个人的独立意志、独立人格，控制、支配物欲，不为名累，不为物役。这种以人为本、"重己役物"的人文精神陶冶了无数志向高远、品行高洁之士。

无稽之言，不见之行，不闻之谋，君子慎之

耳听为虚，眼见为实。荀子强调君子必须谨言慎行，对所听、所见、所闻都要三思而后行，熟虑而后行，不能人云亦云、害己误人。

第二十三章

性恶篇

　　针对孟子的性善说，荀子开宗明义、旗帜鲜明地提出了"人之性恶，其善者伪也"这一命题，并围绕着这一命题，系统地阐述了自己的性恶学说。荀子首先澄清了"性"与"伪"的区别，并以问答的形式从多个角度批驳了性善说，论证了性恶说。荀子继之阐发了他"化性起伪"的思想主张，强调礼义法度、后天教育及自我道德修养的重要性。性恶论是荀子社会政治思想的基石。

人之性恶
其善者伪也

【原文】

　　人之性恶，其善者伪也①。今人之性，生而有好利焉，顺是，故争夺生而辞让亡焉；生而有疾恶焉②，顺是，故残贼生而忠信亡焉；生而有耳目之欲，有好声色焉，顺是，故淫乱生而礼义文理亡焉。然则从人之性，顺人之情，必出于争夺，合于犯分乱理，而归于暴③。故必将有师法之化，礼义之道，然后出于辞让，合于文理，而归于治。用此观之，然则人之性恶明矣，其善者伪也。

　　故枸木必将待檃栝烝矫然后直④；钝金必将待砻厉然后利⑤；今人之性恶，必将待师法然后正，得礼义然后治。今人无师法则偏险而不正，无礼义则悖乱而不治。古者圣王以人之性恶，以为偏险而不正，悖乱而不治，是以为之起礼义、制法度，以矫饰人之情性而正之，以扰化人之情性而导之也。始皆出于治，合于道者也。今之人，化师法，积文学，道礼义者为君子；纵性情、安恣睢而违礼义者为小人。用此观之，然则人之性恶明矣，其善者伪也。

　　孟子曰："今之学者，其性善。"曰：是不然。是不及知人之性，而不察乎人之性、伪之分者也。凡性者，天之就也，不可学，不可事；礼义者，圣人之所生也，人之所学而能，所事而成者也。不可学、不可事而在人者谓之性；可学而能、可事而成之在人者谓之伪。是性、伪之分也。今人之性，饥而欲饱，寒而欲暖，劳而欲休，此人之情性也。今人饥，见长而不敢先食者，将有所让也；劳而不敢求息者，将有所代也。夫子之让乎父，弟之让乎兄，子之代乎父，弟之代乎兄，此二行者，皆反于性而悖于情也；然而孝子之道，礼义之文理也。故顺情性则不辞让矣，辞让则悖于情性矣。用此观之，然则人之性恶明矣，其善者伪也。

问者曰："人之性恶，则礼义恶生？"应之曰：凡礼义者，是生于圣人之伪，非故生于人之性也。……故圣人化性而起伪，伪起而生礼义，礼义生而制法度。然则礼义法度者，是圣人之所生也。故圣人之所以同于众，其不异于众者，性也；所以异而过众者，伪也。夫好利而欲得者，此人之情性也。假之人有弟兄资财而分者，且顺情性，好利而欲得，若是则兄弟相拂夺矣；且化礼义之文理，若是则让乎国人矣。故顺情性则弟兄争矣，化礼义则让乎国人矣。

【注释】

① 伪：后天人为的行为。

② 疾恶：嫉妒、憎恨。

③ 从：通"纵"，放纵。分：名分，等级。暴：乱。

④ 枸木：弯曲的木材。檃栝：矫正弯木的工具。烝：烘烤加热，使木材变软以便矫正。

⑤ 金：指刀剑等金属武器或工具。砻（lóng）：磨砺。厉：磨砺。

【译文】

人的本性是恶的，善是后天人为教化的结果。人生而贪利，顺着这种天性，则必然互相争抢掠夺而不是推辞谦让；人生而有妒忌憎恨之心，顺着这种天性，则必然互相残杀陷害而不是忠诚守信；人生而有耳目声色之欲，顺着这种天性，则必然产生淫乱，礼义也随之消失殆尽。可见，若是放纵人的本性，依顺人的情欲，就必然造成争夺，犯上作乱、违背礼义的事情也会层出不穷，导致社会动乱。因而，一定要有贤师、法度的教化，要有礼义的引导，这样人们才会互相推辞谦让，才能与礼义制度相符合，实现社会的安定。由此看来，人之性恶是很明显的，善是后天人为的结果。

弯曲的木材必须用工具加以矫正或烘烤后才能变直，金属器具必须经过磨砺才能锋利，人邪恶的本性必须通过贤师、法度的教化才能改正，有礼义的约束才能得到治理。现在的人没有贤师、法度的教化，所以行为邪恶；没有礼义的约束引导，所以悖乱残暴。古代圣王认为人性本恶，人邪僻不正，违法乱纪，所以制定了礼义法度，用来整饬、矫正人的性情行为，用来教化、引导人的性情行为。当今之世，但凡遵循礼义法度及贤师教诲、积善修道者都成为君子，而放纵情欲、恣意妄为、违背礼义法度者都成为小人。由此看来，人之性恶是很明显的，善是后天人为的结果。

孟子说："人之所以学习，是因为人的本性是善的。"这是不对的，这是既不了解人的本性，也不明察人先天本性与后天人为之间的区别。所谓人性，是先天自然而有的，是既不可学习，也不可以改造的；礼义，是圣人制定的，是人可以学习，也可以经过努力而做到的。不可以学习、不可以改造，是人生来具有的，这叫本性；可以学习、可以改造，取决于人后天努力的，这叫人为。这就是先天本性与后天人为的区别。饿了想吃饱，冷了想穿暖，累了想休息，这是人的性情。现在有人虽然饿了，但在年长者跟前不敢先吃，要推辞谦让；虽然累了但不敢休息，要争着为长辈代劳。儿子谦让父亲，弟弟谦让兄长，儿子为父亲代劳，弟弟为兄长代劳，这些行为看起来都是与人性人情相悖的，但却是符合孝悌之道，符合礼义的要求。顺应性情就不会辞让，辞让则违背了人的性情。由此看来，人之性恶是很明显的，善是后天人为的结果。

有人问："既然人性本恶，礼义又是从哪里来的呢？"回答是：礼义是圣人后天制定的，而不是出自人的本性。……圣人改造人的恶性，倡导人为的善行，并由此而制定出系统的礼义法度。可见礼义法度是圣人制定的。就本性而言，圣人与众人是一样的，圣人不同于众人之处是后天人为的结果。贪利好得，这是人的本性。假如有弟兄要分财产，如果由着各自贪财好利的本性，那么弟兄之间就要互相争抢不已了。如果经过礼义法度的教化，即使不认识的人之间也会互相谦让。可见，顺着性情则兄弟相争，循着礼义则陌路相让。

【品鉴】

人之性恶，其善者伪也

关于人性善恶的争论，在孟子的时代已成为思想家关注的一个焦点。《孟子》一书记载了告子与孟子关于人性善恶的争论。告子主张性无善恶。在告子看来，"性"就是人生而具有的自然本能："生之谓性"，"食色，性也"。告子认为，如同"水无分于东西"一样，性也"无分于善不善"(《孟子·告子》)。显然，告子所谓人性主要是就人的自然本性、生理属性而言的。孟子则以人的社会道德属性作为立论的根据，去构筑他的性善论大厦。

孟子认为，人生而具有恻隐之心、羞恶之心、辞让之心、是非之心，孟子称之为"四端"。"端"即善的萌芽，也即发展为善的潜在可能性。孟子强调，"善端"虽然是天赋的、是人心所固有的，但还必须通过加强自我修养和道德教育去加以扩充和发展，"四端"才能变成仁、义、礼、智四种善德。性善论是孟子"仁政"学说的基础。

虽然同是儒家大师，荀子与孟子在人性方面的观点却截然相反。荀子从人的本能、人的自然属性立论，认为人的本性是恶的，善是后天人为的结果。

首先，荀子从人的避害趋利之性和耳目声色之情出发，认为人性是恶的。荀子认为，人生而有贪得无厌、妒忌暴虐之性，生而有饮食男女、声色犬马之欲，如果放纵人的性情而不加以节制，则必然产生争夺、淫乱，辞让忠信、礼义廉耻将丧失殆尽，社会秩序也会陷入混乱、崩溃。

其次，从仁、义、礼、智等礼仪教化的起源，荀子认为人性是恶的。在荀子看来，木需要矫正才能直，钝金需要磨砺才能锋利，贤师圣王制定了礼义法度，就是为了整饬、矫正、约束、改变人的恶性。

再次，从"其善者伪也"这个角度出发，荀子认为，人的本性是恶的。荀子认为："可学而能，可事而成之在人者，谓之伪。"也就是说，能够模仿学习的东西就称为伪，"善"是后天的，是人们学习仿效贤师圣王、化性起伪的结果："凡礼义者，是生于圣人之伪，非故生于人之性也。"人天生的本性则是恶的。

由此，荀子进一步得出这样一个结论："故圣人之所以同于众，其不异于众者，性也；所以异而过众者，伪也。"也就是说，在人性上，圣人与凡人并无二致；圣人之善是通过不断地学习积累而来的，这就是圣人的超凡脱俗之处。因而，同孟子一样，荀子也十分强调后天学习教育的重要性。

一个言性善，一个道性恶，出发点迥然相反，但结论却完全一致，都是强调后天学习和教育的重要性。孟、荀的人性学说可以说是对司马迁所谓"天下一致而百虑,殊途而同归"的最好诠释。

【原文】

孟子曰:"人之性善。"曰:是不然。凡古今天下之所谓善者,正理平治也;所谓恶者,偏险悖乱也。是善恶之分也已。今诚以人之性固正理平治邪?则有恶用圣王,恶用礼义矣哉!虽有圣王礼义,将曷加于正理平治也哉!……今当试去君上之势,无礼义之化,去法正之治,无刑罚之禁,倚而观天下民人之相与也。若是,则夫强者害弱而夺之,众者暴寡而哗之,天下悖乱而相亡不待顷矣。用此观之,然则人之性恶明矣,其善者伪也。故善言古者必有节于今①,善言天者必有征于人。凡论者,贵其有辨合②,有符验,故坐而言之,起而可设,张而可施行。今孟子曰"人之性善",无辨合符验,坐而言之,起而不可设,张而不可施行,岂不过甚矣哉!故性善则去圣王、息礼义矣;性恶则与圣王,贵礼义矣。故檃栝之生,为枸木也;绳墨之起,为不直也;立君上,明礼义,为性恶也。用此观之,然则人之性恶明矣,其善者伪也。

直木不待檃栝而直者,其性直也。枸木必将待檃栝烝矫然后直者,以其性不直也。今人之性恶,必将待圣王之治,礼义之化,然后皆出于治,合于善也。用此观之,然则人之性恶明矣,其善者伪也。

曰:"圣可积而致,然而皆不可积,何也?"曰:可以而不可使也③。故小人可以为君子而不肯为君子,君子可以为小人而不肯为小人。小人君子者,未尝不可以相为也,然而不相为者,可以而不可使也。故涂之人可以为禹则然,涂之人能为禹,则未必然也。虽不能为禹，无害可以为禹。足可以遍行天下，然而未尝有能遍行天下者也。夫工匠、农、贾，未尝不可以相为事也，然而未尝能相为事也。用此观之，然则可以为，未必能也；虽不能，无害可以为。然则能不能之与可不可，其不同远矣，其不可以相为明矣。

【注释】

① 节：符合，验证。

② 辨合：古代作为凭证的一种方式，将物一分为二，各持其一，两半相合为验。

③ 使：强迫。

【译文】

孟子说："人性本善。"这是不对的。古往今来，人们所谓善就是符合正道、遵守礼义法度，所谓恶就是乖僻邪恶、违背礼义法度，这就是善与恶的区别。如果真的认为人的本性就符合正道、符合礼义法度，还要圣王、还要礼义法度做什么呢？即使有圣王和礼义法度，对一个正道风行、秩序井然的社会又有何益呢？……如果削弱君主的权威，停止礼义教化，废除法度刑罚，冷眼旁观，试想天下百姓会如何相处呢？其结果一定是强者恃强凌弱、巧取豪夺，众人一拥而上、趁火打劫，天下大乱、社稷覆灭只是瞬间的事情。由此看来，人之性恶是很明显的，善是后天人为的结果。大凡谈论古代，一定要以今天的事情作参照；谈论天道，一定要以人事作验证。建言立论，最重要的是要有根有据，可以验证。这样，坐着谈论的事情，起身就可以部署安排，推广即可实施。而今孟子说人性本善，却没有任何根据，只是坐而空谈，既不能部署，也不能实施，岂不是大错而特错了吗？认为人性本善，就会否定圣王、否定礼义，认为人性本恶则会推崇圣王、推崇礼义。檃栝的发明是因为有弯木，绳墨的使用是因为木材不直，设立君主、彰明礼义，是因为人本性恶。由此看来，人之性恶是很明显的，善是后天人为的结果。

笔直的木头不待矫正就是直的，因为它本来就是直的；弯曲的木头必须经过矫正或烘烤才能变直，是因为它本来不是直的。人性本是恶的，经过圣王的治理、礼义的教化才逐渐向善。由此看来，人之性恶是很明显的，善是后天人为的结果。

有人问："可以通过积累善行而达到圣人的境界，但一般人都达不到，这是为什么呢？"回答是：可以做到，但不能强迫人去做。小人可以成为君子，却不肯做君子；君子可以成为小人，但不肯做小人。君子、小人可以相互对换，但他们不肯相互对换，可以做到而不能强迫人去做。所以，说普通人都可以成为禹那样的圣人，这是对的；说普通人一定都能成为禹那样的圣人，却未必如此。没有成为禹那样的人，并不意味着不能成为禹那样的人，正如徒步可以走遍天下，但却没有徒步走遍天下的人一样。工匠、农民、商人，从事不同职业的人也是可以相互交换职业身份的，但他们并没有这样做。由此看来，可以做到，未必一定能够做到；没有做到，并不说明不可以做到。所以，"能不能够"与"可不可以"是大不相同的，是不能混为一谈的。

【品鉴】

凡论者，贵其有辨合，有符验

荀子指出，任何思想、观点、主张的提出，都必须言之有物、持之有据、论之成理，都必须能够经得起实践的检验，而不能强词夺理或信口开河。

事实上，以事实、经验为依据，以功效为标准，这也是传统认识论的特点。荀子之前的墨子就提出了"三表法"作为判断认识正确与否的标准，"三表"即"上本之于古者圣王之事"，"下原察百姓耳目之实"，"废（发）以为刑政，观其中国家百姓人民之利"（《墨子·非命上》）。墨子已初步认识到实际效果是检验真理的标准。承继荀子的思想，法家韩非子说得更透彻："无参验而必之者，愚也；弗能必而据之者，诬也。"（《韩非子·显学》）由此他提出了"循名实而定是非，因参验而审言辞"（《韩非子·奸劫弑臣》）的著名观点。汉代扬雄、王充也都对此有进一步的发挥。扬雄说："君子之言，幽必有验于明，远必有验于近，大必有验乎小，微必有验乎著。无验而言之谓妄。"（《法言·问神》）王充道："事莫明于有效，论莫定于有证。"（《论衡·薄葬》）据此王充驳斥、批判了泛滥一时的天人感应、鬼神迷信思想。王充自述其作《论衡》的目的就是"疾虚妄"，即以事实为依据，批驳与客观事实相违背的命题。他说："凡论事者，违实不引效验，则虽甘义繁说，众不见信。"（《论衡·知实》）这种精神确是贯穿于《论衡》全书的。

以事实、经验为依据，也就是一种"实事求是"的精神，这种精神贯穿于中国文化当中。"实事求是"一词最早出现在汉代，与之相对立的正是"虚饰浮夸"："修身齐家平天下，凡能实事求是者必兴，而虚饰浮夸者鲜有不败。"（《汉书·河间献王传》）《资治通鉴》卷十八《汉纪十》也称赞献王"修学好古，实事求是"。

"实事求是"四个字的真正引人注目，是民国时期的事情了。赵天麟任北洋大学校长时，总结了北洋大学的办学经验，概括为"实事求是"四个字作为校训，并绘制在"国立北洋大学"的校旗上。1914年，宾步程出任湖南公立工业学校校长并将学校迁到岳麓书院，他手谕"实事求是"作为校训，旨在陶冶教育学生从客观事实出发、追求真理。而今，

"实事求是"的匾额依然高高地悬挂在岳麓书院的讲堂上。

宾步程在中国教育史上的名气并不很大,但他所提倡的"实事求是"的校训影响却极为深远。1918 年 6 月和 1919 年 8 月,毛泽东两次寓居岳麓书院半学斋,研究社会政治,探讨学术和国家前途,"实事求是"四个字深深铭刻在他脑海里。1937 年,毛泽东在延安效仿岳麓书院,手书"实事求是"四字作为延安抗日军政大学即今中央党校的校训。在后来漫长的革命实践中,毛泽东不断赋予"实事求是"以新的内涵,使之成为中国革命的指导思想即毛泽东思想的精髓。

坐而言之,起而可设,张而可施行

荀子认为,任何思想主张不仅要言之有理、持之有据,更要能够放到现实中去实践,要能够经得起实践的检验,即"起而可设,张而可施行",荀子对坐而论道的空谈者嗤之以鼻。

涂之人可以为禹

在中国文化中,圣贤或理想人格有神圣性,却并不是脱离现实的纯粹的神。

孟子从性善论出发,提出了"人皆可以为尧舜"。荀子由人性恶立论,导出了"涂之人可以为禹"。孟、荀从相左的命题出发,走向了同一个终点上。当然,孟子说"人皆可以为尧舜",是因为他认为人是善良的。荀子说"涂之人可以为禹",则是因为他认为人是智慧的。荀子认为圣人是可学而致的,"圣人者,人之所积而致矣",只要积善而不息"。潜心学习,修德积善,就能够达到"通于神明,参于天地"的圣人境界。这就从人性论的根底上为道德修养的必要性和必然性做了充分铺垫。可见,无论性善、性恶论,导出的都是丰富的道德修养理论,导出的都是作为主体的人对道德的自我追求和自我完善。

儒家主张人格的修养要以圣贤为楷模,"见贤思齐、见不贤而内自省"(《论语·里仁》)就成为人格修养上的必然要求。由士而贤,由贤而圣,这是传统士人提升道德、完善人格之路。所以宋代大儒周敦颐有"圣希天,贤希圣,士希贤"之说。《康熙教子庭训格言》道:"千古圣贤与我同类人,何为甘于自弃而不学?苟志于学,希贤希圣,孰能御之?"故宫博物馆养心殿的西暖阁,原名温室,后改为三希堂,是清高宗乾隆皇帝的书房。"三希堂"之取名蕴含着两层意义:一是此处收藏了晋代王羲之的《快雪帖》、王献之的《中秋帖》、王珣《伯远帖》,三件法书遗迹皆为稀世珍品;二是寓意"圣希天,贤希圣,士希贤",勉励自己勤勉努力、不懈追求。

冯友兰先生提出人生有四个境界,这四个境界由低到高依次为:自然境界、功利境界、道德境界、天地境界。其中,与自然境界相对应的是依本能生活的人,与功利境界相对应的是常人,与道德境界相对应的是贤人,而与天地境界相对应的就是圣人。

可以而不可使也

传统文化强调自我道德修养的自觉性。孔子反问道:"为仁由己,而由人乎哉?"(《论语·颜渊》)意即仁德的养成与践履都是自我的事情。荀子直言:"可以而不可使也。"意即虽然常人都能够通过积累善行而达到圣人的境界,但不能强迫他们去做,正像"小人可以为君子,而不肯为君子;君子可以为小人,而不肯为小人"一样。

传统文化强调自我在道德修养中的主体性作用和主导性力量,强调道德的养成、道德的践履、道德境界和道德人格的提升,主要不是依靠"外烁",而是依靠"内化"。他律是辅助性的,自律才是决定性的。

所以，传统道德修养的基本方法还是"反求诸己""反躬自问""三省吾身""慎独"等内省方式。

可以为，未必能也

"可以为"，是指客观的条件是具备的；"未必能也"是指主观的努力是否到位。事业的成功，是主观和客观的相应合。不具备客观条件，却执意为之，往往事倍功半，甚至徒劳无功；客观条件具备了，也必须有主观的努力才能水到渠成，期望"天上掉馅饼"只能是虚妄之想。

第二十四章

君子篇

本篇的"君子"实指天子。篇中论述了为君之道,概括起来还是荀子反复强调的几点:推行礼义制度,强调"等贵贱,分亲疏,序长幼",建立社会等级秩序;推行法制,强调"刑不过罪",反对以族论罪;尚贤使能,强调"爵不逾德",反对"以世举贤"。这几点主张贯穿于荀子政治思想的始终。

刑罚不怒罪
爵赏不逾德

【原文】

　　圣王在上，分义行乎下，则士大夫无流淫之行，百吏官人无怠慢之事，众庶百姓无奸怪之俗，无盗贼之罪，莫敢犯大上之禁，天下晓然皆知夫盗窃之人不可以为富也，皆知夫贼害之人不可以为寿也，皆知夫犯上之禁不可以为安也。由其道，则人得其所好焉；不由其道，则必遇其所恶焉。是故刑罚綦省而威行如流。世晓然皆知夫为奸则虽隐窜逃亡之由不足以免也，故莫不服罪而请。

　　故刑当罪则威，不当罪则侮；爵当贤则贵，不当贤则贱。古者刑不过罪，爵不逾德。故杀其父而臣其子，杀其兄而臣其弟。刑罚不怒罪，爵赏不逾德，分然各以其诚通。是以为善者劝，为不善者沮，刑罚綦省而威行如流，政令致明，而化易如神。《传》曰："一人有庆，兆民赖之。"此之谓也。乱世则不然：刑罚怒罪，爵赏逾德，以族论罪，以世举贤。故一人有罪而三族皆夷，德虽如舜，不免刑均，是以族论罪也。先祖当贤，后子孙必显，行虽如桀、纣，列从必尊，此以世举贤也。以族论罪，以世举贤，虽欲无乱，得乎哉！《诗》曰："百川沸腾，山冢崒崩，高岸为谷，深谷为陵。

哀今之人，胡憯莫惩！"此之谓也。

论法圣王，则知所贵矣；以义制事，则知所利矣。论知所贵，则知所养矣①；事知所利，则动知所出矣②。二者，是非之本，得失之原也。故成王之于周公也，无所往而不听，知所贵也。桓公之于管仲也，国事无所往而不用，知所利也。吴有伍子胥而不能用，国至于亡，倍道失贤也。故尊圣者王，贵贤者霸，敬贤者存，慢贤者亡，古今一也。故尚贤使能，等贵贱，分亲疏，序长幼，此先王之道也。故尚贤使能，则主尊下安；贵贱有等，则令行而不流③；亲疏有分，则施行而不悖；长幼有序，则事业捷成而有所休④。

【注释】

① 养：取。
② 此处"动"字为衍文。
③ 流：通"留"，停滞。
④ 捷：快，速。

【译文】

圣明的帝王在社会上倡扬、推行礼义制度，卿士大夫就不会有放肆淫逸的行为，群臣百官就不会有玩忽职守的事情，平民百姓就不会有邪恶怪僻的习俗，不会有偷窃抢劫的罪行，没有人敢触犯君主的禁令。人人都知道盗窃是不可能发财致富的，残害别人是不可能长寿的，触犯了君主的禁令是不得安宁的。遵规守矩就会受到人们的尊敬；不守规矩，必然遭到人们的厌恶。所以刑罚虽少，但威力却如流水一般所向披靡。人人都清楚为非作歹后即使隐匿逃窜也难逃惩罚，所以无不主动伏法认罪。

刑罚与罪行相当就有威力，否则法律就会受到轻忽；官爵和德才相配才显示爵位尊贵，否则爵位就会被人轻看。古代刑罚与罪行相当，官爵与德行相配，所以杀其父并不妨碍重用其子，杀其兄并不妨碍重用其弟。刑罚不超过罪行，赐爵不超过德行，不能凭自己的感情好恶和情绪好坏而滥赏滥罚、刑赏过度，使为善者得到奖励，作恶者受到惩戒。所以虽然没有严刑峻法，但令行禁止，政令畅通，教化成效卓著。《尚书》上说："天子有善行，亿万百姓就有所仰赖"，说的就是这种情况。乱世则不是这样。刑罚与罪行不相当，官爵与德行不相配，而是以宗族论罪，以门第举贤。一人犯罪，诛杀三族，即使德行美如舜帝，也同样受刑，这就是以宗族论罪；祖先贤能，子孙便显赫，即使德行恶如桀、纣，地位也尊贵，这就是以门第举贤。以宗族论罪，以门第举贤，却希望社会安定，可能吗？《诗经》中吟道："滔滔江河在沸腾，巍巍高山在崩裂，山崖变成深谷，峡谷化为山陵，可叹当今的执政者，为什么还不警醒？"说的就是这种情况。

讨论效法圣王，就知道什么是最可贵的；以义来裁决判断事物，就知道什么是最有利的。明白了最可贵的，也就知道什么是可取的；明白了最有利的，也就知道了什么是可做的。这二者是判断是非的根本、衡量得失的准绳。所以，成王对于周公言听计从，是因为他知道什么是最可贵的；齐桓公把国家所有的事务都交给管仲，是因为他知道什么是最有利的；吴国有伍子胥而不用，以至于国家覆亡，是因为违背了正道失掉了贤人。所以，尊崇圣人的，可以称王天下；尊重贤人的，可以称霸天下；尊敬贤人的，国家可以保存；轻视贤人的，国家必然灭亡，这是古今不易的规律。

崇尚、重用贤能，使贵贱有高低之等，亲疏有远近之分，长幼有上下之序，这就是古代圣王统御天下之道。崇尚重用贤能，君主就会尊贵，臣民就会安分；贵贱有高低之等，政令就能畅通无阻；亲疏有远近之分，恩惠就能泽及众人而不违背情理；长幼有上下之序，就能事半功倍成就卓著。

【品鉴】

刑当罪则威，不当罪则侮；爵当贤则贵，不当贤则贱

"夫赏者，所以喜众，令士忘死也；罚者，所以正乱，令民畏上也。"（《孙膑兵法·威王问》）先秦时期思想家认为刑赏所能达到的最理想的效果是："杀一人而三军震者杀之，赏一人万人喜者赏之。"（《尉缭子·武议第八》）当然，刑罚的震慑性是以刑罪相当为前提的，如果滥用刑罚，无论过与不及，刑罚都会失去威严，无法服人。官爵和德才相配，爵位的尊贵才能得以彰显，如果视爵位如礼物，不论德才，随意赐赠，爵位也就会被轻忽。所以必须审慎地使用赏罚："赏不欲僭，刑不欲滥"（《荀子·致士》），做到赏罚张弛有度、恰如其分。反过来，若赏罚不当，"则庆赏虽重，民不劝也；杀戮虽繁，民不畏也。"（《管子·法法》）因而，公正，即"刑当罪""爵当贤"，就成为刑显示其威慑力量、爵显示其尊贵地位的基本要求。

刑罚不怒罪，爵赏不逾德

"高岸为谷，深谷为陵"的春秋大变革时代，社会秩序的整饬与重建是思想家面临的共同任务，而社会秩序的重建在一定意义上也可以说是社会政治、经济利益的重新分配问题。由此，新兴社会力量在要求以赏善罚恶来整饬社会秩序的同时，也要求以爵不逾德、唯贤是举来打破旧的利益格局。平等、公正成为这个时代强有力的呼声。

"赏莫如厚，使民利之；誉莫如美，使民荣之；诛莫如重，使民畏之；毁莫如恶，使民耻之。"（《韩非子·八经》）在先秦思想家看来，赏

是一种正强化，其目的就是使民众"利之""荣之"，借赏以奖善扬善；罚是一种负强化，其目的就是要使民众"畏之""耻之"，借罚以惩恶儆恶。所以荀子说："赏不行，则贤者不可得而进也；罚不行，则不肖者不可得而退也。"(《荀子·富国》)

当然，赏罚必须是公正的。这种公正包含着两方面的内容：

第一，赏善者，罚恶者。受到奖赏的人一定是善人或有功之人，受到惩罚的人一定是恶人或有罪之人，这是赏罚公正最起码的要求。只有"善人赏而暴人罚"才能得民心，否则，"赏无功之人，罚不辜之民"或"誉所罪，毁所赏"(《韩非子·外储说左下》)，都会使赏罚失去威力与成效。由此，荀子认为"杀其父而臣其子，杀其兄而臣其弟"是很正常的，他猛烈地抨击了"以族论罪，以世举贤"的不公正。

第二，赏当功，罚当罪。仅仅停留在赏有功、罚有罪的层次上还不能保证赏罚的公正，因为还有一个赏罚有度问题。如果小功大赏、小罪大罚，或大功小赏、大罪轻罚，同样也不能起到劝善禁恶的作用。先秦思想家尤其反对君主的"妄予""妄诛""上妄予则功臣怨，功臣怨而愚民操事妄作，愚民操事妄作，则大乱之本也""上妄诛则民轻生，民轻生暴人兴，曹党起而乱贼作矣"(《管子·法法》)。管子特别强调君主不能凭自己的好恶或一时的感情冲动实施赏罚，认为"喜以赏，怒以杀，怨乃起，令乃废。骤令不行，民心乃外"(《管子·法法》)，他主张"喜无以赏，怒无以杀"(《管子·法法》)，这与荀子的"刑罚不怒罪，爵赏不逾德"的主张是一致的。

以族论罪，以世举贤，虽欲无乱，得乎哉

与"刑不过罪，爵不逾德"相一致，荀子不仅反对"以世举贤"，即按照等级门第推举选用官员的世袭制度，也反对"以族论罪"，认为"一

人有罪，而三族皆夷"的株连制度是乱世的暴政。荀子将以族论罪和以世举贤并论，用法治来充实礼制，体现了新的时代精神，也为儒家思想注入了鲜活的生命力。

尊圣者王，贵贤者霸，敬贤者存，慢贤者亡，古今一也

当政者的胸怀宽狭和重贤与否，往往关系到大业成败，荀子"尊圣者王，贵贤者霸，敬贤者存，慢贤者亡"可以说是治国安邦的至理名言。

正面的例子，如齐桓公信任、重用管仲，终成霸业；刘邦无将才，却有善用将之才；用张良而"运筹策帷帐之中，决胜于千里之外"，用萧何而"镇国家，抚百姓，给馈饷，不绝粮道"，用韩信而"战必胜，攻必取"，终一统天下（《史记·高祖本纪》）。魏征辅佐唐太宗17年，以"犯颜直谏"而著称，魏征死后，李世民"亲临恸哭"并对侍臣说："夫以铜为镜，可以正衣冠；以古为镜，可以知兴替；以人为镜，可以明得失。朕常保此三镜，以防己过。今魏征殂逝，遂亡一镜矣！"《贞观政要·论任贤第三》正是这种尊贤者的胸怀、纳忠言的开明大度，才赢来了贞观盛世。反面的例子，如吴王夫差疏离伍子胥，项羽唯我独尊不听范增的忠告，李自成、洪秀全进城后的独断专行、居功自傲，都是酿成众叛亲离、国破家亡的直接因素。

第二十五章

大略篇

"大略"意为大概、概要。本篇汇集了荀子各个方面的思想、言论,内容上与其他篇章有重复,但都是点到即止,没有展开论述,所以句式简短,概括性强。由于本篇文字简单易懂,故略去翻译。

学者非必为仕
而仕者必如学

【原文】

　　君人者，隆礼尊贤而王，重法爱民而霸，好利多诈而危。

　　欲近四旁，莫如中央，故王者必居天下之中，礼也。

　　水行者表深，使人无陷；治民者表乱，使人无失。礼者，其表也。先王以礼表天下之乱。今废礼者，是去表也。故民迷惑而陷祸患，此刑罚之所以繁也。

　　夫行也者，行礼之谓也。礼也者，贵者敬焉，老者孝焉，长者弟焉，幼者慈焉，贱者惠焉。

　　亲亲、故故、庸庸、劳劳，仁之杀也[①]。贵贵、尊尊、贤贤、老老、长长，义之伦也。行之得其节，礼之序也。仁，爱也，故亲。义，理也，故行。礼，节也，故成。仁有里，义有门。仁，非其里而虚之，非礼也。义，非其门而由之，非义也。推恩而不理，不成仁；遂理而不敢，不成义；审节而不和，不成礼；和而不发，不成乐。故曰：仁、义、礼、乐，其致一也[②]。君子处仁以义，然后仁也；行义以礼，然后义也；制礼反本成末，然后礼也。三者皆通，然后道也。

为人臣下者，有谏而无讪，有亡而无疾，有怨而无怒③。

礼者，人之所履也，失所履，必颠蹶陷溺。所失微而其为乱大者，礼也。

礼之于正国家也，如权衡之于轻重也，如绳墨之于曲直也。故人无礼不生，事无礼不成，国家无礼不宁。

文貌情用，相为内外表里，礼之中焉。能思索谓之能虑。

礼者，本末相顺，终始相应。

礼者，以财物为用，以贵贱为文，以多少为异。

下臣事君以货，中臣事君以身，上臣事君以人。

士有妒友，则贤交不亲；君有妒臣，则贤人不至。蔽公者谓之昧，隐良者谓之妒，奉妒昧者谓之交谲④。交谲之人，妒昧之臣，国之薉孽也。

口能言之，身能行之，国宝也。口不能言，身能行之，国器也。口能言之，身不能行，国用也。口言善，身行恶，国妖也。治国者敬其宝，爱其器，任其用，除其妖。

不富无以养民情，不教无以理民性。故家五亩宅，百亩田，务其业而勿夺其时，所以富之也。立大学，设庠序，修六礼，明七教，所以道之也⑤。《诗》曰："饮之食之，教之诲之。"王事具矣。

有法者以法行，无法者以类举。以其本知其末，以其左知其右，凡百事异理而相守也。

庆赏刑罚，通类而后应；政教习俗，相顺而后行。

孟子三见宣王不言事。门人曰："曷为三遇齐王而不言事？"孟子曰："我先攻其邪心。"

今夫亡箴者⑥，终日求之而不得。其得之，非目益明也，眸而见之也⑦。心之于虑亦然。

义与利者，人之所两有也。虽尧、舜不能去民之欲利，然而能使其欲利不克其好义也。虽桀、纣亦不能去民之好义，然而能使其好义不胜其欲利也。故义胜利者为治世，利克义者为乱世。上重义则义克利，上重利则利克义。故天子不言多少，诸侯不言利害，大夫不言得丧，士不通货财；有国之君不息牛羊，错质之臣不息鸡豚⑧，冢卿不修币⑨，大夫不为场园⑩，从士以上皆羞利而不与民争业，乐分施而耻积藏。然故民不困财，贫窭者有所窜其手⑪。

多积财而羞无有，重民任而诛不能，此邪行之所以起，刑罚之所以多也。

上好羞，则民暗饰矣⑫；上好富，则民死利矣。二者，乱之衢也。民语曰："欲富乎？忍耻矣，倾绝矣，绝故旧矣，与义分背矣⑬。"上好富，则人民之行如此，安得不乱！

天之生民，非为君也；天之立君，以为民也。故古者列地建国，非以贵诸侯而已；列官职，差爵禄，非以尊大夫而已。

主道知人，臣道知事。故舜之治天下，不以事诏而万物成。农精于田而不可以为田师，工贾亦然。

以贤易不肖，不待卜而后知吉。以治伐乱，不待战而后知克。

君子之学如蜕，幡然迁之。故其行效，其立效，其坐效，其置颜色、出辞气效。无留善，无宿问⑭。

善学者尽其理，善行者究其难。

君子立志如穷，虽天子三公问正，以是非对。

君子隘穷而不失，劳倦而不苟，临患难而不忘细席之言。岁不寒无以知松柏，事不难无以知君子无日不在是。

雨小，汉故潜⑮。夫尽小者大，积微者著，德至者色泽洽，行尽而声问远。小人不诚于内而求之于外。

言而不称师谓之畔，教而不称师谓之倍⑯。倍畔之人，明君不内，朝士大夫遇诸涂不与言⑰。

曾子曰："孝子言为可闻，行为可见。言为可闻，所以说远也⑱；行为可见，所以说近也。近者说则亲，远者说则附。亲近而附远，孝子之道也。"

曾子行，晏子从于郊，曰："婴闻之：君子赠人以言，庶人赠人以财。婴贫无财，请假于君子，赠吾子以言：……正君渐于香酒，可谗而得也。君子之所渐，不可不慎也。"

人之于文学也，犹玉之于琢磨也。《诗》曰："如切如磋，如琢如磨。"谓学问也。和之璧，井里之厥也，玉人琢之，为天子宝。子赣、季路，故鄙人也，被文学，服礼义，为天下列士。

学问不厌，好士不倦，是天府也。

君子疑则不言，未问则不立，道远日益矣。

多知而无亲，博学而无方，好多而无定者，君子不与。

少不讽诵，壮不论议，虽可，未成也⑲。

君子壹教，弟子壹学，亟成⑳。

君子进则能益上之誉而损下之忧。不能而居之，诬也；无益而厚受之，窃也。学者非必为仕，而仕者必如学。

国将兴，必贵师而重傅，贵师而重傅则法度存。国将衰，必贱师而轻傅；贱师而轻傅则人有快；人有快则法度坏。

不自嗛其行者，言滥过㉑。古之贤人，贱为布衣，贫为匹夫，食则饘粥不足，衣则竖褐不完，然而非礼不进，非义不受，安取此㉒？

子夏贫，衣若县鹑㉓。人曰："子何不仕？"曰："诸侯之骄我者，吾不为臣；大夫之骄我者，吾不复见。柳下惠与后门者同衣而不见疑，非一日之闻也。争利如蚤甲而丧其掌㉔。"

君人者不可以不慎取臣，匹夫不可以不慎取友。友者，所以相有也。道不同，何以相有也？均薪施火，火就燥；平地注水，水流湿。夫类之相从也，如此之著也，以友观人，焉所疑？取友善人，不可不慎，是德之基也。《诗》曰："无将大车，维尘冥冥。"言无与小人处也。

蓝苴路作，似知而非㉕。偄弱易夺，似仁而非。悍戆好斗，似勇而非。

仁义礼善之于人也，辟之若货财粟米之于家也，多有之者富，少有之者贫，至无有者穷。故大者不能，小者不为，是弃国捐身之道也。

凡物有乘而来，乘其出者，是其反者也。

流言灭之，货色远之。祸之所由生也，生自纤纤也，是故君子蚤绝之。

言之信者，在乎区盖之间。疑则不言，未问则不立。

知者明于事，达于数，不可以不诚事也。故曰："君子难说，说之不以道，不说也。"

语曰："流丸止于瓯、臾，流言止于知者。"此家言邪说之所以恶儒者也。是非疑则度之以远事，验之以近物，参之以平心，流言止焉，恶言死焉。

无用吾之所短遇人之所长，故塞而避所短，移而从所仕。疏知而不法，察辨而操僻，勇果而亡礼，君子之所憎恶也。

多言而类，圣人也；少言而法，君子也；多言无法而流喆然，虽辩，小人也。

饮而不食者，蝉也；不饮不食者，浮蝣也。

虞舜、孝己孝而亲不爱，比干、子胥忠而君不用，仲尼、颜渊知而穷于世。劫迫于暴国而无所辟之，则崇其善，扬其美，言其所长而不称其所短也。

惟惟而亡者，诽也；博而穷者，訾也；清之而俞浊者，口也㉕。

君子能为可贵，不能使人必贵己；能为可用，不能使人必用己。

【注释】

① 亲亲：敬爱亲近父母。故故：不忘朋友。庸庸：按功论功。庸：功。劳劳：按劳论劳。杀（shài）：差等。

② 致：目标。

③ 讪：毁谤。亡：离开，出走。疾：同"嫉"，嫉恨。

④ 蔽公：隐蔽公道。昧：昏暗。交谲：狡猾、诡诈。

⑤ 六礼：冠礼、昏（婚）礼、丧礼、祭礼、乡礼、相见礼，见《礼记王制》。七教：父子、兄弟、夫妇、君臣、长幼、朋友、宾客。道：教育、教导。

⑥ 亡：丢失。箴：同"针"。

⑦ 眸：通"瞀"（mào），低头看。

⑧ 错质之臣：指出使大臣。错：同"措"。息：繁殖。

⑨ 冢卿：上卿。修币：钻营钱财。

⑩ 场园：当为"场圃"，种菜蔬曰"圃"。

⑪ 窭（jù）：贫穷。窬：放置。

⑫ 羞：这里指羞无有、羞贫，以贫为羞。饰：修饰，讲排场。

⑬ 忍耻：不顾廉耻。倾绝：不顾性命。分背：背道而行。

⑭ 无留善：有善即行，无留滞。无宿问：当时即问。

⑮ 汉：疑为衍文。潜：深。

⑯ 畔：同"叛"。倍：同"背"。

⑰ 涂：同"途"。

⑱ 说：通"悦"。

⑲ 讽诵：指学习《诗经》、《尚书》。

⑳ 壹：专心。亟：同"急"，迅速。

㉑ 嗛：同"歉"，不足。

㉒ 贱：卑贱。布衣、匹夫：指百姓。饘粥：较稠的粥。竖褐：短小的粗布衣服。不完：破烂。

㉓ 县：通"悬"。

㉔ 柳下惠：鲁贤人公子展之后，名获，字禽，居于柳下。后门者：守后门的人，指至贱者。本句意为柳下惠安于贫贱，混迹于贫贱者中。

㉕ 蓝苴：过分傲慢。路作：喜欢显示自己。

㉖ 惟惟：同"唯唯"，顺从的样子。博而穷：知识广博却处境困窘。訾：诋毁。俞：同"愈"。口：口舌，这里指被人说三道四。

【品鉴】

为人臣下者，有谏而无讪，有亡而无疾，有怨而无怒

"子以不问于其父母者为孝，臣以下不非其君上为忠。"（《后汉书·范升传》）君臣、父子有尊卑上下之分，这是礼的要求，是等级制度的要求，故臣对君要"有谏而无讪""有怨而无怒"。古人还有"颂而无谄，谏而无骄"的说法，也是强调臣对君的恭敬、顺从，即使谏诤，也不能疾言厉色，即使满腹委屈，也不能恼恨君主。也就是说，君主无论英明与否，作为臣子都要毕恭毕敬、和颜悦色，这是为臣的本分。此足以体现古代社会等级之森严。

下臣事君以货，中臣事君以身，上臣事君以人

根据才德的不同，荀子把臣分为下臣、中臣、上臣三个等次。在他看来，这三类臣子服务于君主的方式是不相同的：下等的臣子把财物进献给君主，中等的臣子以生命来维护君主，上等的臣子推荐人才来辅助君主。

士有妒友，则贤交不亲；君有妒臣，则贤人不至

明朝时宦官专权，尤其是"内官朝夕在陛下左右"，足以影响皇帝视听，所以"大臣无耻者多与内官交结，或馈以金银珠宝，或加以奴颜婢膝"。只要"心意"到了，不管才德如何，"内臣便以为贤，朝夕称美之"；反过来，"有正大不阿，不行私谒者，便以为不贤，朝夕谗谤之"（明·余继登《典故纪闻》）。奸诈好利的小人环绕在君主之侧，政治的黑暗、官场的腐败也就在所难免了。

不富无以养民情，不教无以理民性

《论语》中记载了一段孔子到卫国时与其弟子的对话。弟子问：卫国这么多人，怎么治理呢？孔子答：让他们富裕起来！弟子再问：富裕以后怎么办呢？孔子答：教育他们！

富民、教民，这是传统民本思想的重要内容，也是儒家推崇的治国之道。早在春秋时期，管仲就深刻地认识到"王者以民为天，民以食为天，能知天之天者，斯可矣"，因而"仓廪实而知礼节，衣食足而知荣辱"，也就成为齐国自强求富的指导思想。以发展经济为目的，管仲厉行改革，使府库财富充盈，百姓生活富裕，由此才有了齐桓公的"九合诸侯，一匡天下"。

有坚实的物质保障，才能满足、调节人的欲望；以礼义施教，才能

化性起伪，约束、改变人的恶性。因而，富民、教民仍然是治国理政的头等要务。荀子的富以养民情、教以理民性的思想与儒家民本传统一脉相承。

义胜利者为治世，利克义者为乱世

自孔孟开始，义利之辨就成为传统思想文化史上的重要话题。从孔子的"君子喻于义，小人喻于利"，到孟子的"曰仁义而已矣，何必曰利"，再到荀子的"先义后利者荣，先利后义者辱"，义利既是君子与小人人格的分水岭，又是王道与霸道相区别的标志，还是衡量荣与辱的价值标尺。

这里，荀子把义利之辨与社会的治乱联系起来，提出了"义胜利者为治世，利克义者为乱世"的观点。短短一句断语，荀子把义利之辨提升为判断治世与乱世的社会历史标准。

"义胜利者为治世，利克义者为乱世。"以义利之辨为盛世、乱世的判断标准，显示出儒家对"义"的推崇、对道德的推崇已达到无以复加的高度。

天之生民，非为君也；天之立君，以为民也

上天生育百姓，不是为了君主；上天设置君主，是为了百姓。

虽然处于大一统前夕的荀子尊君重礼，极力宣扬君主至高无上的权威："君者，国之隆也；父者，家之隆也。隆一而治，二而乱。"但他仍然坚守着儒学"民为邦本"的民本传统。继孟子"民为贵，社稷次之，君为轻"（《孟子·尽心下》），荀子的"天之生民，非为君也；天之立君，以为民也"，进一步明确了民作为国家、社会的主体地位。与孟子一样，荀子认为，如果君主不能尽其天职的话，就可废可诛，君主是咎由自取，

"臣或弑其君，下或杀其上，粥其城，倍其节，而不死其事者，无他故焉，人主自取之。"这一点与孟子的"诛一夫"之论如出一辙。

主道知人，臣道知事

荀子一向认为"聪明君子者，善服人者也"，尤其是君主，更是"以官人为能者也"(《荀子·王霸》)，这里荀子所谓"主道知人，臣道知事"就是重申自己的观点，认为君主的要务就在于发掘贤才，任之以职，委之以事，即"贤主劳于求贤，而逸于治事"(《吕氏春秋·士节》)。只要用人得当，并能充分授权而各司其职，君主甚至可以坐观其成，成为无为而治的圣君，"故舜之治天下，不以事诏而万物成。"

承继荀子，法家进一步强化了君治人、臣治事的观念，为法治张本。韩非子明确指出，"明主治吏不治民""人君无为，臣下无不为"(《韩非子·解老》)。慎子说："君臣之道，臣事事而君无事，君逸乐而臣任劳，臣尽智力以善其事，而君无与焉，仰成而已。"(《慎子·民杂》)这已经有点道家"无为而治"的味道了。

实际上，儒家后学在"无为而治"这一点上确实有援道入儒、援法入儒的倾向，而舜则是儒家"无为而治"的圣人，"故王者劳于求人，佚于得贤。舜举众贤在位，垂衣裳恭己无为而天下治。"(《新序·杂事四》)东汉王充讲了孔子弟子这样一件轶事，"蘧伯玉治卫，子贡使人问之：'何以治卫？'对曰：'以不治治之。夫不治之治，无为之道也。'"(《论衡·自然》)这已俨然是道家的口气了。由此亦可见儒道文化的相融相通。

善学者尽其理，善行者究其难

读书不能浮光掠影、囫囵吞枣，善于学习者能够学思结合，透彻地了解事物的道理、准确地把握事物的规律。做事不能浅尝辄止、见难而退，善于实践者能够运用所学知识探究、解决疑难问题。

君子隘穷而不失，劳倦而不苟，临患难而不忘细席之言

孟子认为艰辛挫折是磨练意志、砥砺节操、玉汝于成的最好途径，"天将降大任于斯人也，必先苦其心志，劳其筋骨，饿其体肤，空乏其身，行拂乱其所为，所以动心忍性，增益其所不能。"(《孟子·告子下》)荀子认为君子应当做到，身陷困厄而不失志失节，辛苦劳累而不苟且偷安，危险患难而不食言失信，即"不为穷变节，不为贱易志，惟仁之处，惟义之行"(《盐铁论·地广》)。

孟子"富贵不能淫，贫贱不能移，威武不能屈"(《孟子·滕文公下》)的大丈夫人格鼓舞了中国历史上无数的仁人志士，荀子"隘穷而不失，劳倦而不苟，临患难而不忘细席之言"的君子人格同样让世人景仰。

岁不寒无以知松柏，事不难无以知君子无日不在是

孔子道："岁寒，然后知松柏之后凋也。"(《论语·子罕》)风霜凌厉、万木凋零，唯松柏傲然挺立，其风骨卓尔不群可为世人作范。孔子以松柏为喻，赞扬了社会动荡、变迁之际君子的铮铮傲骨和顽强不屈、坚忍不拔的气节，为中华民族留下了一个永恒的经典精神意象。后世多以松柏寓意君子独立高洁、不屈不挠的人格，如"疾风知劲草，岁寒见后凋""疾风知劲草，板荡识诚臣""流而不返者，水也；不以时迁者，松柏也"等。陈毅元帅也有"要知松高洁，待到岁寒时"的诗句。

君子赠人以言，庶人赠人以财

荀子在《非相》篇中曾道："赠人以言，重于金石珠玉。"此处借晏子之口再道："君子赠人以言，庶人赠人以财。"

关于晏子"赠人以言"的故事，《孔子家语》的记载更为详尽：

> 曾子从孔子之齐，齐景公以下卿之礼聘曾子，曾子固辞。将行，晏子送之曰："吾闻之，君子遗人以财，不若善言。……夫君子居必择处，游必择方，仕必择君，择君所以求仕，择方所以修道，迁风移俗者，嗜欲移性，可不慎乎？"孔子闻之曰："晏子之言，君子哉！依贤者固不困，依富者固不穷，马蚿斩足而复行，何也？以其辅之者众。"（《孔子家语·六本》）

不能而居之，诬也；无益而厚受之，窃也

荀子主张选贤任能，无德者不贵，无能者不官，无功者不赏，无罪者不罚，特别强调"德必称位，位必称禄，禄必称用"（《荀子·富国》）。所以，在荀子看来，无德无才而身居要职，这种尸位素餐的行为无异于欺诈；无功无劳而受禄领赏，这种不知廉耻的行为无异于偷盗。

学者非必为仕，而仕者必如学

《论语》中有"仕而优则学，学而优则仕"（《论语·子张》）一语，意即做官与学习相辅相成、两不相误，做好了官，有余力就学习；学习好了，有余力就去做官。朱熹对此作了进一步的诠释，"仕与学理同而事异，故当其事者，必先有以尽其事，而后可及其余。然仕而学，则所以资其仕者益深；学而仕，则所以验其学者益广。"（《四书章句集注》）针对孔子之言，荀子作了一个补充：学者不一定要去做官，但做官的人却一定要学习。相比之下，孔子的话易发生歧义而导向"读书做官论"，而荀子的话对我们今天的学者和官员更富有启发意义。

没有丰厚的学识学养，可能做不了好官；拥有丰厚的学识学养，就一定要去做官、就一定能做好官吗？学富五车并不意味着必然才高八斗。荀子"学者非必为仕，而仕者必如学"一语今天尤为值得我们深思。

国将兴，必贵师而重傅

在以德治国的传统下，尊师重教是必然的。传统社会，"师"与天、地、君、亲相提并论，是百姓厅堂上的崇拜祭祀对象。"贵师而重傅"既是国道昌盛的象征，也是培育人才、富民强国的必然要求。

不自嗛其行者，言滥过

人贵有自知之明。看不到自己不足的人，一定会夸夸其谈，言过其辞。

争利如蚤甲而丧其掌

争夺指甲般大的蝇头小利，很可能要付出失去手掌的代价。这是衣衫褴褛的子夏对"子何不仕"问话的回答，是子夏不肯做官的原因。

在人人孜孜以求利的时代背景下，如子夏这般固守其志、不与世俗相沉浮的行为方式，构成了一种独特的景象。他们处乱世之患，内省而不穷于道，临难而不失其德，伏匿而隐处，无意于削长补短，但自知无力矫拂世风，权宜听任自然而独立于世俗之外，作隔世观而自得其乐，"古之得道者，穷亦乐，通亦乐。所乐非穷通也，道德于此，则穷通为寒暑风雨之序矣。"（《庄子·让王》）

当然，要想与世俗外界完全隔开，是不可能的。这些君子贤者所追求的"穷通"，其实只是乱世中的自我保护，是在维持基本生存权下力求保持精神上的自尊，所以他们所能采取的方式大都是十分消极的躲避世俗或隐居埋逸，"贤者辟世，其次辟地，其次辟色，其次辟言。"（《论语·宪问》)最理想的是避开浊乱社会的隐居,其次是求能够择地而处,再次则求能够避免见到趋炎附势者的脸色,最次则求能够回避恶言诽语。

匹夫不可以不慎取友。友者,所以相有也

友与师一样,也是一个人学习效法的榜样、改过迁善的明鉴。柳宗元说:"不师如之何?吾何以成?不友如之何?吾何以增?"(柳宗元《师友箴》)程颢说:"古者,自天子达于庶人,必须师友以成其德业。"(《二程文集》卷一《论十事札子》)清代李惺也认为,"师以质,友以析疑。"(《西沤外集·冰言补》)近朱者赤、近墨者黑,所以交友不得不慎。古人尝道:"学非师而功益劳,友非人而过益滋。"(宋·黄晞《煦陽子·生学篇》)求学没有好的老师会疲于用功,交友不当只能增加过错。荀子认为,交友的原则是"志同道合",朋友就是要相互给与、相互帮助。孔子认为志趣或意见不同就无法共事,"道不同不相为谋"(《论语·卫灵公》),更遑论成为朋友。《周易·乾》中也有"同声相应,同气相求"之说。

志同道合方能于患难时同舟共济,于光明处相得益彰。《三国志》议道:"伊尹之为媵臣,至贱也;吕尚之处屠钓,至陋也。乃其见举于汤武、周文,诚道合志同,玄漠神通,岂复假近习之荐,因左右之介哉。"(《三国志·魏志·陈思王植传》)伊尹之于汤武,吕尚之于周文,不仅因"道合志同"而成就了一段君臣朋友的佳话,更成就了一份彪炳千秋的事业。

古人曾对交友之道进行了如下总结:"博弈之交不日,饮食之交不月,势利之交不年,意气声名之交不世,惟道义之交万古一堂也、四海如一室也。"

以友观人，焉所疑

山水相依，见山之峻秀而慕水之灵动；海天一色，观海之澄碧而仰天之清朗。物以类聚，人以群分，故见其外而知其内，观其友而知其人。

流言灭之，货色远之

流言蜚语灭而绝之，声色财利拒而远之。

祸之所由生也，生自纤纤也。是故君子蚤绝之

千里之堤，溃于蚁穴。祸都是由微而积、由小而生的，所以必须常怀惕惧之心，防微杜渐。

流丸止于瓯、臾，流言止于知者

飞射的弹丸飞到瓦器中就会停止，谣言传到明白人那里就会平息。

战国时期诸侯互相攻伐，为了遵守信约，各国常将太子交给对方作为人质。据《战国策》记载，魏国大臣庞恭要陪太子到赵国去作人质，临行前问魏王说："如果有一个人说街市上有老虎，您信吗？"魏王摇头。庞恭再问："如果是两个人说呢？"魏王说："那我就要疑惑了。"庞恭又问："如果三个人都这样说呢？"魏王答道："那我就相信了。"庞恭说："显然，您知道街市上是不会有老虎的，但是三个人都这样说，就像真有老虎了。如今赵国远离故土，议论我的人肯定不止三个，希望您能明察秋毫。"魏王点头称是，庞恭告辞而去。不出所料，对庞恭的各种议论很快传到魏王那里，魏王果然对庞恭心生疑虑了。这就是"三人成虎"的故事。无独有偶，有个与孝子曾参同名的人杀了人，当有两个人跑去告诉曾母时，曾母仍坚信儿子，但当第三个人也这样说时，曾母也就信以为真了。"夫以曾参之贤与母之信也，而三人疑之，则慈母不能信也。"

(《战国策·秦策》)可见,"止流言"单凭信任是不够的,还需要极大的智慧。

所以荀子指出,智者不听信、不传播无稽之谈。在遇到疑惑之事、听到流言蜚语时,要用心分析、考察、鉴别,"度之以远事,验之以近物,参之以平心",如此则流言自止。

无用吾之所短遇人之所长

不要用自己的短处去和别人的长处较量。鸡蛋碰石头,碰之前结果就已注定了。田忌赛马得以取胜的奥秘,就是在知彼知己的基础上权衡利弊,巧妙算计,以己之所长、遇人之所短。

塞而避所短,移而从所仕

智者要扬长避短。遇到障碍时要努力回避自己的短处,举事则要尽量发挥自己的长处。

第二十六章

宥坐篇

"宥坐之器"即放在座位右边的一种器皿。这种器皿空时就会倾斜，注满水则会倾覆，只有水注得不多不少时才端正。把"宥坐之器"放在座位右边，提醒人要持守中正之道。本篇主要记载了孔子的一些言行事迹，既表明了荀子对孔子人格的仰慕和对孔子思想的继承，也借孔子之口表达了志向与追求。

居不隐者思不远
身不佚者志不广

【原文】

孔子观于鲁桓公之庙,有欹器焉①。孔子问于守庙者曰:"此为何器?"守庙者曰:"此盖为宥坐之器。"孔子曰:"吾闻宥坐之器者,虚则欹,中则正,满则覆。"孔子顾谓弟子曰:"注水焉。"弟子挹水而注之,中而正,满而覆,虚而欹,孔子喟然而叹曰:"吁!恶有满而不覆者哉!"子路曰:"敢问持满有道乎?"孔子曰:"聪明圣知,守之以愚;功被天下,守之以让;勇力抚世,守之以怯;富有四海,守之以谦。此所谓挹而损之之道也②。"

孔子为鲁摄相,朝七日而诛少正卯。门人进问曰:"夫少正卯,鲁之闻人也,夫子为政而始诛之,得无失乎?"孔子曰:"居!吾语女其故。人有恶者五,而盗窃不与焉:一曰心达而险,二曰行辟而坚,三曰言伪而辩,四曰记丑而博,五曰顺非而泽。此五者有一于人,则不得免于君子之诛,而少正卯兼有之。故居处足以聚徒成群,言谈足以饰邪营众,强足以反是独立,此小人之桀雄也,不可不诛也。"

孔子为鲁司寇③,有父子讼者④,孔子拘之,三月不别⑤。其父请止，孔子舍之。季孙闻之不说⑥，曰："是老也欺予，语予曰：'为国家必以孝。'今杀一人以戮不孝⑦，又舍之。"冉子以告。孔子慨然叹曰："呜呼！上失之，下杀之，其可乎？不教其民而听其狱⑧，杀不辜也。三军大败，不可斩也；狱犴不治⑨，不可刑也，罪不在民故也。嫚令谨诛⑩，贼也；令生也有时，敛也无时，暴也；不教而责成功，虐也。已此三者，然后刑可即也。"故先王既陈之以道，上先服之；若不可，尚贤以綦之；若不可，废不能以单之⑫；綦三年而百姓从往矣⑬。邪民不从，然后俟之以刑⑭，则民知罪矣。……是以威厉而不试，刑错而不用⑮，此之谓也。今之世则不然：乱其教，繁其刑，其民迷惑而堕焉，则从而制之，是以刑弥繁而邪不胜。三尺之岸而虚车不能登也，百仞之山任负车登焉，何则？陵迟故也。数仞之墙而民不逾也，百仞之山而竖子冯而游焉，陵迟故也。今夫世之陵迟亦久矣，而能使民勿逾乎。

孔子观于东流之水。子贡问于孔子曰："君子之所以见大水必观焉者是何？"孔子曰："夫水，大遍与诸生而无为也，似德。其流也埤下⑯，裾拘必循其理⑰，似义。其洸洸乎不淈尽⑱，似道。若有决行之，其应佚若声响⑲，其赴百仞之谷不惧，似勇。主量必平，似法。盈不求概⑳，似正。淖约微达㉑，似察。以出以入，以就鲜絜㉒，似善化。其万折也必东，似志。是故君子见大水必观焉。"

孔子曰："吾有耻也，吾有鄙也，吾有殆也。幼不能强学，老无以教之，吾耻之。去其故乡，事君而达，卒遇故人，曾无旧言㉓，吾鄙之。与小人处者，吾殆之也。"

孔子曰："如垤而进㉔，吾与之；如丘而止，吾已矣。"今学曾未如肬赘㉕，则具然欲为人师。

孔子南适楚，厄于陈、蔡之间㉖，七日不火食，藜羹不糁㉗，弟子皆有饥色。子路进问之曰："由闻之为善者天报之以福，为不善者天报之以祸，今夫子累德、积义、怀美，行之日久矣，奚居之隐也？"孔子曰："由不识，吾语女㉘。女以知者为必用邪？王子比干不见剖心乎㉙！女以忠者为必用邪？关龙逢不见刑乎㉚！女以谏者为必用邪？吴子胥不磔姑苏东门外乎㉛！夫遇不遇者㉜，时也；贤不肖者，材也；君子博学深谋不遇时者多矣。由是观之，不遇世者众矣，何独丘也哉！"且夫芷兰生于深林，非以无人而不芳。君子之学，非为通也；为穷而不困，忧而意不衰也，知祸福终始而心不惑也㉝。夫贤不肖者，材也；为不为者，人也；遇不遇者，时也；死生者，命也。今有其人不遇其时，虽贤，其能行乎？苟遇其时，何难之有？故君子博学、深谋、修身、端行以俟其时。孔子曰："由！居！吾语女。昔晋公子重耳霸心生于曹㉞，越王勾践霸心生于会稽㉟，齐桓公小白霸心生于莒㊱。故居不隐者思不远，身不佚者志不广㊲。女庸安知吾不得之桑落之下㊳！"

【注释】

① 欹器：一种易于倾斜的器皿。欹：通"攲"，倾斜。

② 挹：通"抑"。损：减少。

③ 司寇：官名，主管司法的官吏。据《史记·孔子世家》记载，孔子在鲁定公九年（公元前501年）至鲁定公十四年（公元前496年）任鲁国司寇。

④ 讼：诉讼，打官司。

⑤ 别：判决。

⑥ 季孙：鲁国大夫，掌握着鲁国大权。说：通"悦"，高兴。

⑦ 戮：羞辱，侮辱。

⑧ 狱：罪案，官司。

⑨ 狱犴（àn）：古代乡亭的牢狱，引申为狱讼之事，亦作"岸狱"。

⑩ 嫚：通"慢"，松弛，废弛。

⑪ 綦：通"惎"（jì），教导，劝导。

⑫ 单：通"惮"，震慑，警惧。

⑬ 綦：极，最多。

⑭ 俟：对待。

⑮ 错：通"措"，放置，搁置。

⑯ 埤：城上矮墙，这里意为低下。

⑰ 裾拘：通"倨句（gōu）"，弯曲，曲折。古代钝角形的称"倨"，锐角形的称"句"。

⑱ 洸洸：水流汹涌磅礴的样子。湿（gǔ）：枯竭。

⑲ 佚：通"逸"，奔腾。

⑳ 概：古代刮平斗、斛用的小木板。

㉑ 淖约：通"绰约"，柔弱的样子。

㉒ 絜：通"洁"。

㉓ 卒：通"猝"，突然。

㉔ 垤（dié）：蚂蚁做窝时堆在洞口的土。

㉕ 肬赘：又称赘肬、疣赘，即俗称的瘊子。肬：通"疣"。

㉖ 适：到。厄于陈、蔡之间：公元前489年，楚国派人聘请孔子入楚，陈、蔡两国害怕楚国重用孔子而威胁到自己，就派人把孔子围困在陈、蔡之间的荒野上，直到楚昭王派兵前来迎接，孔子一行才得以脱险。厄：阻塞，围困。

㉗ 藜：一年生草本植物，嫩叶可吃。糁：通"糁"，谷类制成的

小渣。

㉘ 女：通"汝"。

㉙ 比干：商纣王的叔父，商王文丁的儿子，故称王子，因力谏纣王而被剖腹挖心。

㉚ 关龙逢：夏桀的大臣，因规谏夏桀而被桀所杀。

㉛ 子胥：即伍子胥，吴国大夫，帮助吴王阖闾攻破楚国，成就霸业。其后又屡屡劝谏吴王夫差，夫差一怒之下赐剑逼他自杀，他的头颅被割下挂在国都城门上示众，吴国遂为越国所灭。磔（zhé）：古代一种酷刑，把肢体分裂。姑苏：今江苏苏州市。

㉜ 遇：遇到贤明的君主，这里指被重用。

㉝ 始终：指生死。

㉞ 这里指的是晋公子重耳在外流亡途经曹国时，曹国国君曾对他很无礼，因此激怒重耳，并奋发图强，最终成就霸业。

㉟ 这里指的是吴王夫差攻入越国后，越王勾践奔逃而被围困于会稽山上，其后卧薪尝胆，发奋图强，后来终于灭了吴国，成就霸业。

㊱ 这里指的是齐桓公继位前曾逃亡到莒国，受到无礼待遇，继位后重用管仲，成就霸业。小白，指齐桓公。莒（jǔ）：今山东莒县一带。

㊲ 佚：失，这里指流亡。

㊳ 庸：岂，怎么。桑落：桑叶枯落，这里指困厄境地。

【译文】

孔子到鲁桓公庙里参观，看到一只倾斜的器皿。孔子问守庙者："这是什么器皿呢？"守庙者答道："这是君主放在座位右边来警诫自己的器皿。"孔子说："我听说君主座位右边的器皿空着时会倾斜，注入一半水时会端正，灌满水就会翻倒。"孔子回头对弟子说："往里面注水吧！"弟子舀水注了一半就端正了，灌满后就翻倒了，水倒空后又倾斜着。孔子喟然叹道："唉！哪有满了而不倾覆的呢？"弟子子路说："请问有什么办法能够保持满而不覆吗？"孔子答道："聪明圣智，要以愚拙来保持；功高盖世，要以谦让来保持；勇力过人，要以怯弱来保持；富甲天下，要用节俭来保持。这就是所谓抑制贬损以保持满而不覆的办法。"

孔子任鲁国司寇时，上任七天就杀了少正卯。弟子不解地问："少正卯是鲁国的著名人物，您上任伊始就杀了他，这合适吗？"孔子说："坐下，我细细告诉你。人有五种罪恶，这还不包括盗窃在内。第一种是聪明睿智但用心险恶，第二种是行为邪僻而又固执己见，第三种是持歪理邪说却还头头是道，第四种是专以记诵诡秘怪异之事而自认为能，第五种是善恶不辨而又文过饰非。这五种罪恶，人居其一则当杀，而少正卯兼而有之。他的住处聚徒成群，他混淆黑白、邪说惑众，他意志刚强，自行其是，他是一个奸雄，所以不能不杀。"

孔子做鲁国司寇时，有父子之间打官司的，孔子把儿子拘留长达三个月却迟迟不判决。父亲请求停止诉讼，孔子就释放了他的儿子。季孙听到这件事后很不高兴地说："这老先生欺骗我。他曾告诉我说：'治理国家一定要用孝道。'现在可以杀掉一个不孝之子以儆天下，却又把他放了。"弟子冉求把季孙的话转告了孔子。孔子感慨道："唉！上面有错，却杀下面的人，行吗？不去教育民众而只是判决处置他们，这是残杀无辜啊！三军打了败仗，不能把他们统统斩首。法制混乱，不能滥施刑罚，因为罪责不在民众身上。政令废弛而刑罚严厉，这是残杀；农作物生长有季节限制，而征收赋税却无时无度，这是暴政；不教育百姓而对其求全责备，这是狂虐。禁止了这三种行为，才可以动用刑罚。"古代圣王把治国之道公布于天下，并率先垂范；如果还达不到目的，就推举贤良之人来教导民众；再达不到目的，则废黜无能的人来震慑民众。至多三年，百姓就都顺从教化了。若还有奸邪悖逆之人，则绳之以法，他们也就知罪了。……因此，刑罚虽然有权威有震慑力，但不能动辄使用刑罚。现在的社会却不是这样。教化混乱不堪，刑法五花八门。民众善恶不明落入法网后，就严厉惩罚他们，因此刑罚虽然繁多，却不能制止犯罪。三尺高的陡坡空车上不去，而百丈高的山崖上却有负重的车行走，什么原因呢？坡度是缓缓上升的；几尺高的墙百姓不去攀，而几百丈高的山上却如信步漫游，是什么原因呢？那是一步步慢慢走上去的！当今社会法度废弛由来已久，老百姓能不逾越法度吗？

孔子伫立岸边观看河水滔滔东去，弟子子贡问道："君子钟情于观看浩渺的大水，这是为什么呢？"孔子答道："水流浩大，无声无息地泽及万物，恰如君子之德操。水往低处流，不管遇到多少曲折，总是坚韧不拔地走自己的路，恰如君子之节义。水浩浩荡荡，无穷无尽，恰如君子所崇之道。若掘开堤岸，则涛声震天、奔涌向前，无所畏惧地腾入万丈深渊，恰如君子之勇敢。水注入量器中一定是平的，恰如君子所守之法度。水盈满时自然中正，恰如君子之公正。水柔弱细微无处不至，恰如君子之明察。万物经过水的涤荡，都变得鲜亮洁净，恰如君子之善于教化。水千回万转，百折不挠东流入海，恰如君子之意志。这就是君子钟情于观看浩浩流水的原因啊！"

孔子说："我有自感羞耻、鄙下、危险的事情。少时没有勤奋学习，老了没有什么东西教给别人，我感到羞耻。离家侍奉君主而地位显贵了，遇到过去的老朋友，竟然无话可说，我感到鄙下。与小人厮混在一起，我感到危险。"

孔子说："虽然成绩微不足道，但只要不断进取，就是可取的；即使功成名就，若止步不前，也是不可取的。"现在，有些人自己的学识并不丰富，却总是傲慢自大、好为人师。

孔子前往楚国，被围困在陈国、蔡国之间，七天没吃熟食，野菜羹中粒米皆无，弟子们都饿得面黄肌瘦。子路问孔子道："我听说行善者天赐之福，作恶者天降之祸，您一直行善积德，为什么还处境窘迫呢？"孔子答道："你不懂吗，我来告诉你！你以为有才智就一定能得到重用吗？比干不是被剖心了吗？你以为忠义之臣必然得到重用吗？关龙逢不是被杀了吗？你以为谏诤之臣必然得到重用吗？吴国子胥不是被碎尸于姑苏城外了吗？能否得到赏识重用，这是时运；贤良或不肖，这是人的资质。学识广博、谋虑深远而生不逢时的人，却太多了！可见，怀才不遇者不可胜数，哪里只有我一个人呢？"白芷、兰草生长在深山老林中，并不因为没有人观赏就不散发芬芳。君子所学并非为了显达于世，而是为了在贫困时志不穷、在忧患时意不衰，懂得祸福死生的道理而心里不迷惑。贤良与不肖在于资质，做与不做在于自己，能否得到重用在于机遇，生与死在于命运。有的人生不逢时，纵然才德出众，能施展抱负吗？如果生逢其时，何难之有？所以，君子勤勉学习、深入思考、修心养性、端正品行，以等待时机的来临。孔子接着道："坐下，我告诉你！晋公子重耳的称霸之心产生于流亡曹国之时，越王勾践的称霸之心产生于被困会稽山之时，齐桓公小白的称霸之心产生于逃亡莒国之时。可见，处境不窘迫的人往往不能高瞻远瞩，没经过失败挫折的人往往志向狭小，你怎么知道此时困窘的我将来不会得志于世呢？"

【品鉴】

虚则欹，中则正，满则覆

中国文化中劝人谦虚的格言警句不可胜数，说的都是"虚则欹，中则正，满则覆"的道理：山峭者崩，泽满者溢；自损者益，自益者损；

不自满者受益，不自是者博闻；虚心则随处能得益；气忌盛，心忌满，才忌露；山鹰高飞无响，麻雀低飞叽喳喳。

聪明圣知，守之以愚；功被天下，守之以让；勇力抚世，守之以怯；富有四海，守之以谦

荀子这里所谓的"挹而损之之道"，是儒家中庸之道与道家藏愚守拙的集合。

儒家认为过犹不及，主张不偏不倚，凡事要"执其两端"而用之。两端，即事物相对立的两个方面，如轻重、智愚、宽严、刚柔等。所以，"轻当矫之以重，浮当矫之以实，偏当矫之以宽，躁当矫之以缓，刚暴当矫之以温柔，浅露当矫之以沉潜，尖刻当矫之以浑厚。"(《荀子·非十二子》)道家从其自然无为思想出发，主张大智若愚，"知其白，守其黑，知其荣，守其辱"，因而要和光同尘、抱残守缺，"不敢为天下先"。

不教其民而听其狱，杀不辜也

儒家坚持以仁义行政，主张富而后教之，德教为先、刑罚为后，德教为主刑罚为辅，"邪民不从，然后俟之以刑"。儒家尤其强调，爱民恤民、教化百姓是君主、百官的职责。认为"政令废弛而刑罚严厉，这是残杀；征收赋税无时无度，这是暴政；不教育百姓而要求其行善，这是狂虐"。庶民触犯刑律，首先是君主百官的失职，若再处之以刑罚，无疑于滥杀无辜，罪上加罪。

见大水必观焉

儒家把君子比德于玉，道家把至人比德于水，道家因"水善利万物而不争"而有"上善若水"之说。

孔子对水也情有独钟,他曾伫立岸边观看河水滔滔东流,留下了"逝者如斯夫,不舍昼夜"的千古慨叹。孔子以水喻德、以水寓志:水之泽及万物如君子德操,水之坚韧不拔如君子之节义,水之浩浩荡荡如君子之大道,水之奔流不息如君子之勇往直前,水之公平如君子坚守之法度,水之中正如君子之公正,水之细微如君子之明察,水之润洁万物如君子之教化,水之百折不挠如君子之意志。

孔子以水描述了他理想中的君子人格,涉及到德、义、道、勇、法、正、察、志等道德范畴。可以看出,儒家之崇水与道家之崇水虽有某些相似之处,但各不相同也是显而易见的:道家所崇之水是"静"的,而儒家所崇之水则是"动"的。一动一静之间,蕴含着儒与道的差异与互补,也为中国文化增添了内在的活力。

芷兰生于深林,非以无人而不芳

内圣外王是古人所孜孜以求的人生理想,但人生的际遇是复杂的,有达也有穷。通达顺畅时固然能够施展抱负,时运不济、身处困境时更能显君子本色。荀子这里所谓"芷兰生于深林,非以无人而不芳",也是以深山兰草喻不得志之君子,以明独善其身之心志。

人生穷达由"时"而定,是个人所无法把握的。但"为仁由己",修道立德却是自己的事,如孔子认为君子在穷困时能安守节操,小人则会为所欲为:"君子固穷,小人穷斯滥矣。"(《论语·卫灵公》)

真正的君子应如芷兰一样"幽径无人独自芳",而不能妄自菲薄,更不能与世俗同流合污。更何况,桃李不言,下自成蹊,有真才实学者原不必自吹自擂,"有麝自然香,何必当风立"(清·钱大昕《恒言录》)。郭店楚墓竹简《穷达以时》篇也以幽谷芝兰喻志的说法:

动非为达也,故穷而不怨;隐非为名也,故莫之知而不吝。

芝兰生于幽谷，非以无人嗅而不芳。……穷达以时，德行一也。

《孔子家语》中表达更为详尽：

> 芝兰生于深林，不以无人而不芳；君子修道立德，不为困厄而改节。为之者人也，生死者命也。是以晋重耳之有霸心生于曹、卫，越王勾践之有霸心生于会稽。故居下而无忧者，则思不远；处身而常逸者，则志不广。庸知其终始乎？（《孔子家语·在厄》）

虽然被后世封为圣人而尽享荣耀，但孔子在世时其实也是空负治国平天下的一腔热情而不见用于诸侯，但他不怨天不尤人，不为贫苦、失意所动摇，"发愤忘食，乐以忘忧"（《论语·述而》），在困境中还"慷慨讲诵，弦歌不衰"，以"知其不可为而为之"的坚韧精神守住了自己的追求。

君子博学、深谋、修身、端行以俟其时

古人认为，成功依赖于天时、地利、人和，"天时"即机遇不是个人所能够控制的。三十年河东，四十年河西，所以古代士大夫，尤其是怀才不遇的士大夫常借"待时而动"以自勉。如孟子坚信"彼一时，此一时也"（《孟子·公孙丑下》），《周易·系辞下》曰："君子藏器于身，待时而动，何不利之有？"诸葛亮之于卧龙岗躬耕苦读以待天时，遇刘备而得以施展宏图、建立大业。这种安时处顺以韬光养晦的达观，使得很多人即使际遇坎坷仍然保持着乐观向上的情怀与坚韧不懈的追求。

居不隐者思不远，身不佚者志不广

没经过窘迫困厄的人往往不能高瞻远瞩，没经过失败挫折的人往往志向狭小。本句同于前文所引《孔子家语》中的"居下而无忧者则思不远，处身而常逸者则志不广"。诸葛亮的《诫子书》可作为本句最好的诠释，兹录《诫子书》全诗如下：

> 夫君子之行，静以修身，俭以养德。非淡泊无以明志，非宁静无以致远。夫学须静也，才须学也，非学无以广才，非志无以成学。淫慢则不能励精，险躁则不能治性。年与时驰，意与日去，遂成枯落，多不接世，悲守穷庐，将复何及！

女庸安知吾不得之桑落之下

儒家积极入世、百折不挠的精神，在孔子和孟子身上体现得最为充分。孔子称："天之未丧斯文也，匡人其如予何？"(《论语·先进》)"天生德于予，桓魋其如予何？"(《论语·述而》)孟子慨然道："夫天未欲平治天下也，如欲平治天下，当今之世，舍我其谁也？"(《孟子·公孙丑下》)孟子充满责任感、使命感，而孔子"女庸安知吾不得之桑落之下"则洋溢着乐观与自信。

第二十七章

子道篇

孝道是中国传统德性文化、伦理精神的典型表达，崇尚孝道是中国文化最突出的特色之一。本文是荀子论孝的专篇，其中有许多内容与《礼记》重复，但荀子所谓"孝子所以不从命有三""子从父，奚子孝"等内容仍格外引人瞩目，尤其是其"从道不从君，从义不从父"不啻于一声呐喊，振聋发聩。作为先秦儒家忠孝之道最高的原则，"从道不从君，从义不从父"是荀子对儒家孝道最积极的贡献，在孝道发展史上乃至在中国思想史上闪烁着耀眼的光辉。

从道不从君
从义不从父

【原文】

　　入孝出弟①，人之小行也；上顺下笃，人之中行也；从道不从君，从义不从父，人之大行也。

　　孝子所以不从命有三：从命则亲危，不从命则亲安，孝子不从命乃衷②；从命则亲辱，不从命则亲荣，孝子不从命乃义；从命则禽兽，不从命则修饰，孝子不从命乃敬。故可以从而不从，是不子也；未可以从而从，是不衷也。明于从不从之义，而能致恭敬、忠信、端悫以慎行之③，则可谓大孝矣。传曰："从道不从君，从义不从父。"此之谓也。故劳苦雕萃而能无失其敬④，灾祸患难而能无失其义，则不幸不顺见恶而能无失其爱，非仁人莫能行。《诗》曰："孝子不匮⑤。"此之谓也。

　　鲁哀公问于孔子曰："子从父命，孝乎？臣从君命，贞乎？"三问，孔子不对。孔子趋出，以语子贡曰："乡者君问丘也，曰：'子从父命，孝乎？臣从君命，贞乎？'三问而丘不对，赐以为何如？"子贡曰："子从父命，孝矣；臣从君命，贞矣。夫子有奚对焉⑥？"孔子曰："小人哉！赐不识也。昔万乘之国有争臣四人，则封疆不削；千乘之国有争臣三人，则社稷不危；百乘之家有争臣二人，则宗庙不毁。父有争子，不行无礼；士有争友，不为不义。故子从父，奚子孝？臣从君，奚臣贞？审其所以从之之谓孝、之谓贞也。"

子路盛服而见孔子，孔子曰："由，是裾裾何也[7]？昔者江出于岷山[8]，其始出也，其源可以滥觞[9]；及其至江之津也，不放舟[10]、不避风则不可涉也。非维下流水多邪？今女衣服既盛，颜色充盈，天下且孰肯谏女矣？由！"子路趋而出，改服而入，盖犹若也[11]。孔子曰："志之！吾语汝。奋于言者华，奋于行者伐，色知而有能者，小人也。故君子知之曰知之，不知曰不知，言之要也；能之曰能之，不能曰不能，行之至也。言要则知，行至则仁。既知且仁，夫恶有不足矣哉！"

子路入，子曰："由，知者若何？仁者若何？"子路对曰："知者使人知己，仁者使人爱己。"子曰："可谓士矣。"子贡入，子曰："赐，知者若何？仁者若何？"子贡对曰："知者知人，仁者爱人。"子曰："可谓士君子矣。"颜渊入，子曰："回，知者若何？仁者若何？"颜渊对曰："知者自知，仁者自爱。"子曰："可谓明君子矣。"

子路问于孔子曰："君子亦有忧乎？"孔子曰："君子，其未得也，则乐其意，既已得之，又乐其治。是以有终身之乐，无一日之忧。小人者，其未得也，则忧不得；既已得之，又恐失之。是以有终身之忧，无一日之乐也。"

【注释】

① 弟：通"悌"，敬爱哥哥，引申为顺从尊长。

② 亲：指父母亲。衷：同"忠"。

③ 端悫（què）：正直、诚实。

④ 雕萃：通"憔悴"。

⑤ 匮：缺乏。

⑥ 有：通"又"。

⑦ 裾裾：穿着整齐的样子。裾：指衣服的大襟。

⑧ 江：指长江。

⑨ 滥：流水漫溢。觞：古代酒器。

⑩ 放舟：把两只船并在一起。

⑪ 犹若：宽舒的样子。

【译文】

在家孝敬父母，出外敬顺尊长，这是做人的基本道德；对上顺从，对下诚恳，这是做人的一般道德；坚持真理而不是盲从君主，坚持道义而不是盲从父亲，这是做人的最高道德。

孝子不服从父母命令的情况有三种：服从命令就会陷父母于危险境地，不服从命令父母则平安无事，那么孝子不服从命令就是忠；服从命令就会给父母带来耻辱，不服从命令则给父母带来荣耀，那么孝子不服从命令就是义；服从命令就会陷父母于不仁不义，不服从命令则会使父母的行为合于礼义，那么孝子不服从命令就是敬。应该服从而不服从，这是不孝敬父母；不应该服从而服从，这是不忠于父母。明白了这一点，并且能恭恭敬敬、实实在在地付诸行动，就可以称为大孝了。古书上说："坚持真理而不是盲从君主，坚持道义而不是盲从父亲。"说的就是这个道理。所以，劳苦憔悴时能够保持对父母的恭敬，遭遇灾祸患难时能够坚守对父母的道义，即使被父母憎恶仍能不丧失对父母的爱，如果不是仁德之人是做不到的。《诗》云:"孝子的孝心是不会枯竭的。"说的就是这个道理。

鲁哀公问孔子说:"儿子服从父亲的命令就是孝顺吗?臣子服从君主的命令就是忠贞吗?"问了三次,孔子都不应声。孔子疾步出来后对子贡说:"刚才国君问我:'儿子服从父亲的命令就是孝顺吗?臣子服从君主的命令就是忠贞吗?'问了三次我都没有回答,你怎么看?"子贡说:"儿子服从父亲的命令就是孝顺,臣子服从君主的命令就是忠贞,您又能怎样回答呢?"孔子说:"年轻人,你不懂啊!拥有万辆兵车的大国若有四个诤谏之臣,就不会被敌国侵犯了;拥有千辆兵车的小国若有三个诤谏之臣,政权就稳定了;拥有百辆兵车的大夫之家若有两个诤谏之臣,宗族就延续不绝了。父亲若有个诤谏之子,就不会有不合礼义之举;士人若有诤谏之友,就不会做不合道义之事。所以,儿子一味地盲从父亲,怎能说这是孝顺?臣子一味地附和君主,怎能说这是忠贞?只有弄清楚了什么时候该顺从,什么时候不该顺从,才能真正做到孝顺、忠贞。"

子路衣衫华美去见孔子,孔子说:"为什么要这样衣冠楚楚呢?长江发源于岷山,在其源头水小得可以浮起酒杯,等到汇聚到渡口时,如果不把船并在一起并避开大风,就不能渡江,不就是因为下游水大吗?现在你衣衫华美,又满面春风,谁还肯规劝你呢?"子路赶紧换了衣服过来,显得舒缓平易。孔子说:"记住!夸夸其谈者华而不实,趾高气扬者自以为是,百般炫耀自己才能的人是小人啊!君子知道的就说知道,不知道的就说不知道,这是说话的原则;能做的就说能做,不能做的就说不能做,这是做事的原则。说话合乎这个原则就是明智,做事合乎这个原则就是仁爱。明智而仁爱,还有什么不完美呢?"

子路走进来,孔子问他:"睿智的人如何?仁爱的人如何?"子路答道:"睿智的人让人了解自己,仁爱的人让人爱自己。"孔子说:"你堪称为士人了。"子贡走进来,孔子问他:"睿智的人如何?仁爱的人如何?"子贡答道:"睿智的人能了解别人,仁爱的人会爱别人。"孔子说:"你堪称为君子了。"颜渊走进来,孔子问道:"睿智的人如何?仁爱的人如何?"颜渊答道:"睿智的人有自知之明,仁爱的人能自尊自爱。"孔子说:"你堪称为贤明君子了。"

子路问孔子说:"君子也有忧虑吗?"孔子说:"君子没有职位时,以自己心怀天下为乐,得到职位之后,又以施展抱负为乐,因而终身快乐,没有一天的忧虑;小人没有职位时为得不到职位而忧心忡忡,得到职位后又为保住职位而担惊受怕,因而终身忧虑,没有一天的快乐。

【品鉴】

从道不从君,从义不从父

虽然提倡臣对君忠、子对父孝,但道义始终是先秦儒家思想的最高原则,忠、孝是以道义为基础的,在两者发生冲突时,"从道不从君,从义不从父"是唯一的选择。所以,孔子决绝地称:"以道事君,不可则止。"(《论语·先进》)盲从、愚孝,是先秦儒家反对的。曾参以孝著称,但孔子就曾批评曾参过于顺从其父,乃至听任其父亲施暴、一味委曲求全:"今参事父,委身以待暴怒,殪而不避身,死而陷父于不义,其不孝孰大焉?"(《韩诗外传》卷八)在孔子看来,使父亲身陷不义之地,就是最大的不孝。《孝经》也称:"故当不义,则子不可以不争于父。"(《孝经·谏诤章》)这与《荀子》"从道不从君,从义不从父"的思想一脉相承。

万乘之国有争臣四人，则封疆不削；千乘之国有争臣三人，则社稷不危；百乘之家有争臣二人，则宗庙不毁

鲁穆公问子思曰："何如而可谓忠臣？"子思曰："恒称其君之恶者，可谓忠臣矣。"（楚简《鲁穆公问子思》）这里的"忠臣"，其实是"争臣""诤臣"，亦即直言谏君之过失的大臣。

《孝经·谏诤》篇道："昔者天子有诤臣七人，虽无道，不失其天下；诸侯有诤臣五人，虽无道，不失其国；大夫有诤臣三人，虽无道，不失其家。"与荀子所说如出一辙。

父有争子，不行无礼；士有争友，不为不义

孔子说益者三友、损者三友："结交正直的朋友、诚信的朋友、知识广博的朋友是有益的，结交谄媚逢迎的人、阳奉阴违背后诽谤人的人、花言巧语的人是有害的。"（《论语·季氏》）诤友就是正直的朋友。

当局者迷，旁观者清。诤友就是自己的镜子，坦诚相见，勇于暴露自己的过失，敢于为头脑发热的自己泼冷水。"砥砺岂必多，一璧胜万珉。"交朋友不在多，贵在交诤友以取善辅仁，而对那些投其所好、专好"吹喇叭""抬轿子"之人则要多些戒心。

领导干部身边更需要诤友。当然，身边有没有诤友，关键还在于自己。

奋于言者华，奋于行者伐，色知而有能者，小人也

以"君子欲讷于言而敏于行"（《论语·里仁》）"巧言令色，鲜矣仁"《论语·学而》为基本判断，儒家对嘉言伐善者抱持着一种鄙夷的态度："人誉我谦，又增一美；自夸自败，还增一毁"（吕坤《续小儿语》）。荀子说："夸夸其谈者往往华而不实，趾高气扬者往往自以为是，百般矜夸炫耀自己的往往是小人。"所以，当孔子让弟子畅谈自己的志向时，颜渊称"愿无伐善，无施劳"(《论语·公冶长》)。《韩诗外传》上也有"慎于言者不华，慎于行者不伐"之语。

知之曰知之，不知曰不知，言之要也

荀子在《儒效》篇中也说："知之曰知之，不知曰不知，内不自以诬，外不自以欺，以是尊贤畏法而不敢怠傲，是雅儒也。"《论语·为政》曰："知之为知之，不知为不知，是知也。"可为佐证。

能之曰能之，不能曰不能，行之至也

与"知之曰知之，不知曰不知"一样，能做到的就说能做到，做不到的就坦率地说做不到。"内不自以诬，外不自以欺"，这是儒家提倡的做人原则。

第二十八章

法行篇

荀子认为本篇所述的行为都是值得效法的,所以本篇称为"法行"。篇中主要通过孔子等圣贤的言行,阐发了为人处事的道理。

夫玉者
君子比德焉

【原文】

公输不能加于绳,圣人莫能加于礼。礼者,众人法而不知,圣人法而知之。

曾子曰:"无内人之疏而外人之亲①,无身不善而怨人,无刑已至而呼天。内人之疏而外人之亲,不亦远乎!身不善而怨人,不亦远乎!刑已至而呼天,不亦晚乎!《诗》曰:'涓涓源水,不雝不塞。毂已破碎,乃大其辐。事已败矣,乃重大息。'其云益乎!"

曾子病②,曾元持足,曾子曰:"元志之!吾语汝。夫鱼鳖鼋鼍犹以渊为浅而堀其中③,鹰鸢犹以山为卑而增巢其上④,及其得也,必以饵。故君子苟能无以利害义,则耻辱亦无由至矣。"

子贡问于孔子曰:"君子之所以贵玉而贱珉者⑤,何也?为夫玉之少而珉之多邪?"孔子曰:"恶!赐,是何言也!夫君子岂多而贱之,少而贵之哉!夫玉者,君子比德焉。温润而泽,仁也;栗而理,知也;坚刚而不屈,义也;廉而不刿⑥,行也;折而不桡,勇也;瑕適并见⑦,情也;扣之,其声清扬而远闻,其止辍然,辞也。故虽有珉之雕雕,不若玉之章章。《诗》曰:'言念君子,温其如玉。'此之谓也。"

曾子曰："同游而不见爱者，吾必不仁也；交而不见敬者，吾必不长也；临财而不见信者，吾必不信也。三者在身，曷怨人？怨人者穷，怨天者无识。失之己而反诸人，岂不亦迂哉！"

南郭惠子问于子贡曰："夫子之门，何其杂也？"子贡曰："君子正身以俟，欲来者不距⑧，欲去者不止。且夫良医之门多病人，檃栝之侧多枉木，是以杂也。"

孔子曰："君子有三恕⑨：有君不能事，有臣而求其使，非恕也；有亲不能报，有子而求其孝，非恕也；有兄不能敬，有弟而求其听令，非恕也。士明于此三恕，则可以端身矣。"

孔子曰："君子有三思，而不可不思也。少而不学，长无能也；老而不教，死无思也；有而不施，穷无与也。是故君子少思长则学，老思死则教，有思穷则施也。"

【注释】

① 无：通"毋"，下同。

② 病：重病，古代病情轻的称为"疾"。

③ 堀（kū）：同"窟"，洞穴。

④ 鸢：鹰的一种。卑：低。

⑤ 珉：珉石，美玉的一种。

⑥ 廉：堂屋的侧边，喻棱角。刿：刺伤。

⑦ 瑕：玉上的斑点。適：通"瓋"，也是玉上的斑点。

⑧ 距：通"拒"。

⑨ 恕：以自己的心推想别人的心。

【译文】

公输般（即鲁班）辨别木料曲直的能力不会超越绳墨，圣人的言行也不会比礼的要求更完美。但众人只是依礼行动而不明就里，圣人既遵循礼又明白其所以然。

曾参说："不要疏远亲人而去亲近外人，不要自己不好而去怨恨别人，不要刑罚及身才呼天喊地。疏远家人而亲近外人，不是违背情理了吗？自己不好而埋怨别人，不是距善更远了吗？刑罚及身才呼天喊地，不是悔之已晚了吗？《诗》云：'涓涓水源，不去堵塞；车毂破碎了，才去加大车辐；败局已定，才长叹不已。'这不是无济于事吗？"

曾参重病在身，其子曾元抱着他的脚。曾子说："曾元你记住！鱼鳖鼋鼍犹嫌深渊浅而在渊中掘洞安身，鹰鸢犹嫌峻岭低而在上面筑巢垒窝，但最终却禁不住诱饵而被人捕获。所以，君子能够不因财利而损害道义，也就无从遭受耻辱了。"

子贡问孔子："君子为什么珍视宝玉而轻视珉石呢？是因为宝玉少而珉石多吗？"孔子说："这是什么话！君子怎么会因为珉多就轻视珉、玉少就珍视玉呢？玉石，君子是用来比拟品德的：它温润而富有光泽，恰如君子之仁；它坚实而纹理清晰，恰如君子之智；它刚毅而不屈，恰如君子之义；它有棱角而不伤人，恰如君子之行；它即使折断也不弯曲，恰如君子之勇；它不隐匿瑕疵缺陷，恰如君子之真情；敲它，声音清越悠扬，戛然而止，恰如君子言辞之美。所以，即使珉石纹理绚丽，也比不上玉石的明洁清亮。《诗经》上说：'想念君子啊，温和得就像宝玉。'说的就是这道理。"

曾子说："与人交往而不被人喜爱，那肯定是自己缺乏仁爱；与人相处而不被人敬重，那必然是自己没有敬重别人；接近财物而不被人信任，那肯定是自己缺乏诚信。问题都出在自己身上，怎么能怪怨别人呢？怪怨别人者会陷入困境，怪怨上天者没有见识。过错在于自己却反而去责备别人，岂不是太荒唐了么？"

南城的惠子问子贡："孔夫子的门下为什么形形色色的人都有呢？"子贡说："君子自己品行端正，对于求学者想来的不拒绝，想走的不阻拦。况且良医门前多病人，正木器旁多弯木，所以先生门下的人就庞杂啊！"

孔子说："君子要有三种推己及人之心。自己没有侍奉君主，却要指使臣下侍奉自己，这不符合恕道；自己没有报答父母的养育之恩，却要求自己的子女孝顺自己，这不符合恕道；自己不敬顺兄长，却要求弟弟敬顺自己，这不符合恕道。具备了这三种推己及人之心，品行就可以端正了。"

孔子说："有三种思虑，君子必须认真对待。年少时不学习，长大了就没有才能；年老时不教诲别人，死后就没人怀念；富裕时不施舍别人，贫困时就没有人周济。因此，年少时考虑到长大以后的事，就会勤奋学习；年老时考虑到死后的景况，就会教诲别人；富裕时考虑到贫困时的处境，就会施舍别人。"

【品鉴】

内人之疏而外人之亲，不亦远乎

血缘宗法制度是儒家立论的社会基础，也是儒家学说"独尊"两千年的重要原因，而亲亲、尊尊是血缘宗法制度的内在要求，也是维护专制等级制度的伦理需要。所以，在亲亲、尊尊这一点上，儒家是毫不含糊的。"亲亲"就是由孝亲开始，进而由亲及疏、由近及远推行仁爱以至天下，也就是孟子所谓的亲亲、仁民、爱物的"推恩"路径。孝由此而成为百德之首、百行之先、百善之始。"内人之疏而外人之亲"恰与亲亲精神背道而驰，因此坚持"为我"的杨朱和主张"兼爱"的墨子都被孟子斥为"禽兽"："杨氏为我，是无君也；墨氏兼爱，是无父也。无父无君，是禽兽也。"(《孟子·滕文公下》)

身不善而怨人，不亦远乎

内省、反求诸己，这是传统道德修养的基本方式。"身不善而怨人"，自己的错却诿过于人，就如同缘木求鱼、南辕北辙，只会越走越远。荀子接下来又道："怨人者穷，怨天者无识。失之己而反诸人，岂不亦迂哉！"

刑已至而呼天，不亦晚乎

欧阳修在《新五代史·伶官传序》中记述了后唐庄宗在平定天下后以为可以高枕无忧了，便失去了警戒之心，沉溺于声色之中，最后死在自己宠幸的伶人手里，在"逸豫"中葬送了自己，也葬送了国家。欧阳修在文章最后慨叹："夫祸患常积于忽微，而智勇多困于所溺。"

庄宗不是一朝而蹈死的，"祸之所由生也，生自纤纤也"(《荀子·大略》)，所以要常反躬自省，防微杜渐，"事已败矣，乃重太息"是无济于事的，锒铛入狱或国破家亡时再呼天喊地，悔之晚矣！

君子苟能无以利害义，则耻辱亦无由至矣

义利之辨是衡量荣辱的标准，以义胜利则获荣，以利害义则致辱。作为君子，能正确处理义利关系，绝不会因谋私利而妨害公义，更不会见利忘义，因此也就不会因追名逐利而辱没人格。

夫玉者，君子比德焉

君子比德于玉，这在中国的传统文化中历史悠久，意蕴深厚。

关于君子比德于玉，《管子》和《礼记》中都有一段与《荀子》类似的记述。《管子》以君子九德比玉，即：

> 夫玉温润以泽，仁也；邻以理者，知也；坚而不蹙，义也；廉而不刿，行也；鲜而不垢，洁也；折而不挠，勇也；瑕适皆见，精也；茂华光泽，并通而不相陵，容也；叩之，其音清抟彻远，纯而不淆，辞也。(《管子·水地》)

《礼记》中比附的玉德有十一项之多：

> 君子比德于玉焉，温润而泽，仁也；缜密以栗，知也；廉而不刿，义也；垂之如队，礼也；叩之，其声清越以长，其终诎然，乐也；瑕不掩瑜，瑜不掩瑕，忠也；孚尹旁达，信也；气如白虹，天也；精神见于山川，地也；圭璋特达，德也；天下莫不贵者，道也。(《礼记·聘礼》)

《荀子》则以七德比玉：

> 温润而泽，仁也；栗而理，知也；坚刚而不屈，义也；廉而不刿，行也；折而不挠，勇也；瑕适并见，情也；扣之，其声清扬而远闻，其止辍然，辞也。

到了东汉许慎的《说文解字》，玉之德集中体现为五：

> 润泽以温，仁之方也；䚡理自外，可以知中，义之方也；其声舒扬，专以远闻，智之方也；不挠而折，勇之方也；锐廉而不忮，洁之方也。

无论如何，玉作为美好品德的象征，君子常常佩玉在身，以此自比自勉，所以有"古之君子必佩玉""君子无故玉不去身"的说法。

君子正身以俟，欲来者不距，欲去者不止

孔、孟、荀都是教育家，坚持奉行"有教无类"的教育原则，所以

"正身以俟"，开门办学，来去自由，以致有人发出了"夫子之门何其杂也"的疑问。这反映了当时私学繁荣的盛况，也是其时社会开放、思想自由的表现。

孔子创办私学，打破官府垄断教育的局面，扩大了教育对象，由"学在官府"发展为"学在四夷"，开创了中国古代教育的新局面。孔子收徒不受贵贱、贫富、年龄、国籍的限制，来者不拒，所以孔门的确很"杂"。其"杂"表现有三：其一，孔门弟子主要来自齐、鲁两国，除此以外，还有从楚、晋、秦、陈、吴等国所属地慕名而来的，几乎遍及了当时的各诸侯国；其二，弟子中既有贵族子弟如孟懿子等，也有被人称为"贱人"的仲弓父和"鄙家"子弟子张等；既有以货殖致富、家累千金的子贡，也有蓬户瓦牖、捉襟见肘的原思和穷居陋巷、箪食瓢饮的颜渊等；其三，弟子品行高下不一、才能良莠不齐，"弟子三千，七十二圣贤"。

孔子从"三十而立"，一直到七十三岁去世，即使在鲁国从政和出游列国的时候，都以"诲人不倦"的精神循循善诱地教诲学生，被后世誉为"万世师表"。

良医之门多病人，檃栝之侧多枉木

医术精湛，患者就会慕名而来，故良医门前多病人；正木器旁堆放的一定都是弯曲待矫正的木头。孔子门下之所以弟子三千，就是因为孔子的思想博大精深，孔子品格卓立天地，具有巨大的感召力。

有亲不能报，有子而求其孝，非恕也

孔子认为"君子有三恕"：自己没有事君以忠，却要求臣下对自己忠；自己没有事父母以孝，却要求子女对自己孝；自己没有事兄以悌，

却要求弟弟敬顺自己，这些都是不符合恕道的。

忠恕之道是儒家一个极其重要的思想，其核心就是推己及人，即"己欲立而立人，己欲达而达人""己所不欲，勿施于人"。荀子这里借孔子之言讲的"三恕"就是"恕道"，即要求别人的自己要先做到，自己没做到的，就不要要求别人。

君子少思长则学，老思死则教，有思穷则施也

孔子说"君子有三虑"：少壮不努力，老大徒伤悲，年少时若能虑及将来，就一定会勤勉学习；年迈时若能想到死后无人怀念的景况，就一定会诲人不倦；富有时若能考虑到自己也有贫困的时候，就一定会施舍财物周济他人。就是说，人不能只顾眼前、只顾自己，一定要设身处地地为将来打算、为他人着想。

孔子还曾说"君子有三戒：少之时，血气未定，戒之在色；及其壮也，血气方刚，戒之在斗；及其老也，血气既衰，戒之在得。"(《论语·季氏》) 年轻时戒色，中年时戒斗，年老时戒贪。孔子的总结言简意赅，但对人情的分析可谓入木三分，对人生有极大的警示意义。

第二十九章

哀公篇

本篇主要记述了孔子与鲁哀公的对话，涉及忧患意识、选贤任能、爱民恤民等多方面的内容。

明主任计不信怒
暗主信怒不任计

【原文】

孔子曰："人有五仪：有庸人，有士，有君子，有贤人，有大圣。"

鲁哀公问于孔子曰："寡人生于深宫之中，长于妇人之手，寡人未尝知哀也，未尝知忧也，未尝知劳也，未尝知惧也，未尝知危也。"孔子曰："君之所问，圣君之问也。丘，小人也，何足以知之？"曰："非吾子无所闻之也。"孔子曰："君入庙门而右，登自阼阶①，仰视榱栋②，俯见几筵③，其器存，其人亡，君以此思哀，则哀将焉而不至矣？君昧爽而栉冠④，平明而听朝，一物不应，乱之端也，君以此思忧，则忧将焉而不至矣？君平明而听朝，日昃而退⑤，诸侯之子孙必有在君之末庭者，君以思劳，则劳将焉而不至矣？君出鲁之四门以望鲁四郊，亡国之虚则必有数盖焉⑥，君以此思惧，则惧将焉而不至矣？且丘闻之：君者舟也；庶人者水也。水则载舟，水则覆舟，君以此思危，则危将焉而不至矣？"

鲁哀公问于孔子曰："请问取人？"孔子对曰："无取健，无取诎⑦，无取口啍⑧。健，贪也；诎，乱也；口啍，诞也⑨。故弓调而后求劲焉，马服而后求良焉，士信悫而后求知能焉。士不信悫而有多知能⑩，譬之其豺狼也，不可以身尔也⑪。语曰：'桓公用其贼，文公用其盗⑫，故明主任计不信怒⑬，暗主信怒不任计。计胜怒则强，怒胜计则亡。"

定公问于颜渊曰："东野毕之善驭乎⑭？"颜渊对曰："善则善矣。虽然，其马将失。"定公不悦，入谓左右曰："君子固谗人乎⑮！"三日而校来谒⑯，曰："东野毕之马失。两骖列，两服入厩⑰。"定公越席而起曰："趋驾召颜渊⑱！"颜渊至，定公曰："前日寡人问吾子，吾子曰：'东野毕之驭，善则善矣。虽然，其马将失。'不识吾子何以知之？"颜渊对曰："臣以政知之。昔舜巧于使民而造父巧于使马焉。舜不穷其民，造父不穷其马，是以舜无失民，造父无失马也。今东野毕之驭，上车执辔，衔体正矣；步骤驰骋，朝礼毕矣；历险致远，马力尽矣。然犹求马不已，是以知之也。"定公曰："善！可得少进乎？"颜渊对曰："臣闻之，鸟穷则啄，兽穷则攫⑲，人穷则诈。自古及今，未有穷其下而能无危者也。"

【注释】

① 胙（zuò）阶：大堂前东边的台阶。胙：通"阼"。
② 榱：椽子。栋：房屋的脊檩。
③ 几筵：这里指供奉神主、摆放供品的桌子。几：小或矮的桌子。筵：竹席。
④ 昧爽：拂晓。栉：梳头。
⑤ 日昃（zè）：太阳偏西。旧时称颂帝王勤于政事、太阳偏西时才吃饭、天未亮就穿衣为"昃食宵衣"。
⑥ 虚：通"墟"，废墟。

⑦ 拑（gàn）：通"钳"，钳制，用强力制服。

⑧ 口啍（zhūn）：能说会道。啍：通"谆"。

⑨ 诞：欺诈，虚妄。

⑩ 有：通"又"。

⑪ 尔：通"迩"，接近。

⑫ 贼：这里指管仲。盗：这里指里凫须。

⑬ 任：根据，凭。计：计算，计较，指权衡得失利害。信：任凭。怒：愤怒，这里泛指人的各种感情。

⑭ 东野毕：姓东野，名毕，战国时期一个善于御马驾车的人。

⑮ 逸人：进谗言，说人坏话。

⑯ 校：养马的人。谒：见。

⑰ 骖：古代驾车时用三匹或四匹马，两侧的马叫"骖"，中间的马叫"服"。列：通"裂"，这里指马挣脱缰绳。厩：马棚。

⑱ 趋：通"促"，赶快。

⑲ 攫：用爪子抓取。

【译文】

孔子说："人可以分为五类：有普通人，有士，有君子，有贤人，有圣人。"

鲁哀公对孔子说："我出生在深宫之中，在妇人的呵护下长大，从来不知道什么是悲哀、什么是忧虑、什么是劳苦、什么是恐惧、什么是危险。"孔子说："您问的都是圣明的君主所问的问题。我一介书生哪里懂得这些？"哀公说："除了您，我就无人可问了。"孔子说："您步入宗庙，登台入室，抬头看见橡梁，低头看见灵位，物犹在，人已非，您这样想想，悲哀之情不就油然而生了吗？您黎明就起来梳洗，天亮就上朝听政，一件事情处理不当就可能引发祸乱，您这样想想，忧虑之情不就油然而生了吗？你天亮就上朝，日落西山才退朝，那些逃亡而来的诸侯子孙还恭候在堂前，您这样想想，劳苦之情不就油然而生了吗？您登上城楼遥望四郊，亡国之废墟星星点点地散落着，您这样想想，恐惧之情不就油然而生了吗？我听过这样的说法：'君主好比船，百姓好比水，水能载船，水也能翻船。'您这样想想，危险之情不就油然而生了吗？"

鲁哀公问孔子："请问怎样选取人才？"孔子答道："不要选那些争强好胜者，不要选那些恃强凌弱者，不要选那些花言巧语者。争强好胜者往往会贪得无厌，恃强凌弱者往往会犯上作乱，花言巧语者往往会弄虚作假。弓首先要调正，才能求其强劲有力；马首先要驯服，才能求其成为良马；人首先要诚信忠厚，才能求其才智双全。一个不诚信忠厚却才智过人者就如同一只豺狼，是不能靠近的。有人说：'齐桓公任用逆贼，晋文公任用强盗。'英明的君主是根据得失利害来选人，而不是感情用事，昏庸的君主凭感情来选人而不权衡得失利害。权衡得失利害而不是感情用事，国家就会强盛；感情用事而不权衡得失利害，国家就会灭亡。"

鲁定公问颜渊："东野毕车驾得好吗？"颜渊回答说："好倒是好，只怕他的马将要跑光了。"定公心中不悦，对近臣说："君子也说别人的坏话呀！"三天以后，养马的官员前来拜见说："东野毕的马都跑了。车两旁的马脱缰而去，中间的马跑回马棚中了。"定公吃惊地说："赶快驾车召颜渊来！"颜渊来后，定公说："前天你说'东野毕驾车好倒是好，只怕他的马将要跑光了。'请问你是怎么预见到的？"颜渊答道："我是根据政事活动预见到的。从前舜善于役使民众，造父善于御马驾车。但舜不会把民众逼上绝境，造父也不会把马逼上绝境，因此舜的民众没有逃跑，造父的马也没有逃跑。而今东野毕驾车，手握缰绳，把马嚼子和马身都调正了，慢走快跑驱赶奔驰，历尽险阻到达远方，马已经筋疲力尽，他还不罢休,所以我知道他的马一定会逃跑。"定公说:"说得好!能再展开说说吗?"颜渊道:"我听说过这样的话:'鸟被逼急了会乱啄,兽走投无路时就会狂抓,人处于绝境时就会尔虞我诈。'从古到今,还没有把臣民逼上绝路而不危及自身的君主啊。"

【品鉴】

人有五仪:有庸人,有士,有君子,有贤人,有大圣

儒家依据德性修养的层次,由低到高,把人分为普通人、士人、君子、贤人、圣人。贾谊曾道:"守道者谓之士,乐道者谓之君子。知道者为之明,行道者谓之贤,且明且贤,此谓圣人。"《新书·道术》由普通人,经由士人、君子,到达贤人、圣人的境界,这也是儒家所设计的修养道德的途径、提升人格的次序。

才德全尽、仁智兼备者谓之圣人。通览《论语》,孔子没有明确地说出圣人的人格内涵,然而他却较具体地指出圣人是尧、舜、禹、汤、文、武六人,他们都是王道的推行者。孟子从儒家的伦理道德本位出发,进一步明确地指出圣人的人格内涵就是"仁且智",而且认为:"规矩,方圆之至也;圣人,人伦之至也。"《孟子·离娄上》圣人是道德的楷模、天下的表率,是人类伦常最完满的体现。

值得注意的是,儒家非常尊崇圣人人格形象,孔子说:"若圣与仁,则吾岂敢?"《论语·述而》在孔子的视域里,圣人人格不是一般人所能达到的,连他自己也不能。至于后世尊奉孔子为"至圣先师",这是连孔子自己也不曾想到的。除"至圣"孔子之外,与孔子同享后人祭祀的还有儒家其他四圣,即:复圣颜回、宗圣曾参、述圣子思、亚圣孟子。

当然,从根本意义上讲,圣人就像神仙一样,是根本不存在的,只是一个高山仰止、可望而不可及的标杆,连孔子自己也说:"圣人,吾不

得见之矣；得见君子者，斯可矣。"《论语·述而》也就是说，圣人是终极的理想人格标准，君子才是现实的最高人格标准，士则为古代德育培养的一般标准，所以荀子讲："学恶乎始？恶乎终？……其义则始乎为士，终乎为圣人。"（《荀子·劝学》）朱熹也说："古之学者，始乎为士，终乎为圣人。此言知所以为士，则知所以为圣人矣。"（《朱子大全》卷七十四《杂著·策问》）所以，学习、修养首先是从学习为"士"开始的。

无论如何，圣人这种才德完备、完美无瑕的理想人格，是士君子修养道德的永恒目标和持久动力，即司马迁所谓"高山仰止，景行行止。虽不能至，然心向往之。"（《史记·孔子世家》）

无取健，无取讦，无取口啍。健，贪也；讦，乱也；口啍，诞也

当鲁哀公向孔子请教关于人才选拔的问题时，孔子直言告诫他：争强好胜者往往会贪得无厌，恃强凌弱者往往会犯上作乱，花言巧语者往往会弄虚作假，这样的人是不能任用的。这些标准对我们今天选拔干部也有一定的借鉴意义。

弓调而后求劲焉，马服而后求良焉，士信悫而后求知能焉

在选贤任能的标准上，儒家主张德才兼备，在德与才二者之间，又把德放在首位。人首先要诚信忠厚，而后才求其才智双全。一个不诚信忠厚却才智过人者就如同一只豺狼，一旦为非作歹，就会祸国殃民，危害更大。

明主任计不信怒，暗主信怒不任计

人才的选拔和任用事关国家兴衰安危，绝不能感情用事，一定要全面考察、认真分析，用其长避之短，因才因位而职之，使人才与职位实现最佳的搭配，方可人尽其才，才尽其用。孔子甚至把是否在人才选拔和使用上感情用事提高到国家盛衰存亡的高度："计胜怒则强，怒胜计则亡。"

鸟穷则啄，兽穷则攫，人穷则诈。自古及今，未有穷其下而能无危者也

这里以东野毕"善驭"而"马失"的故事申明了"官逼民反"的道理：自古及今，还没有把百姓逼到绝路而政权还安稳如泰山的。

官逼民反，这也是历代农民起义的共同特点。

明朝吕坤在其《直陈天下安危圣躬祸福疏》中，直言国家社稷危在旦夕，皇上"如坐漏船，水未湿身；如卧积薪，火未及体"。他在疏中把天下可能犯上作乱、造反夺权之民分为四种：

一曰"无聊之民"，即无法生存下去的人。其特点是："饱温无繇，身家俱困，安贫守分未必能生，世变兵兴或能苟活。因怀思乱之心，以缓须臾之死。"

二曰"无行之民"，即为非作歹之人。其特点是："气高性悍，玩法轻生，或结党而占窝开场，或呼群而鬪鸡走狗。居常爱玉帛子女，为法所拘，有变则劫掠奸淫，惟欲是遂。"

三曰"邪说之民"，即信奉邪教者。其特点是："白莲结社，黑夜相期。教主传头，名下成千成万。越乡隔省，密中独往独来，情若室家，义同生死。倘有招呼之首，此其归附之人。"

四曰"不轨之民"，即图谋不轨、阴谋篡权者。其特点是："怀图帝图王之心，为乘机启衅之计，或觌天变而煽惑人心，或因民心而收结众志。惟幸目前有变，不乐天下太平。"

吕坤认为，这四种人是任何朝代都存在的。如果皇上英明，"约己爱人，损上益下"，则"无聊者思归，无行者守法，邪说者无售其奸，不轨者不得行智"，如此则"四民者皆我赤子"，否则，"一失其心而隳其计，四民者皆我寇仇。"

吕坤最后忧心忡忡地道："望陛下之速登岸，而急起卧也。不然积于千日，决于一旦，陛下虽有千箱锦绣、千笥金珠，岂能独厚享哉？前代覆车，后人永鉴。盖人心得则天下吾家，人心失则何处非仇？"

吕坤的分析可谓透彻，结论可谓精辟，吕坤的担忧也并非杞人忧天。吕坤此疏，对于我们今天促进社会稳定、建设和谐社会，仍有警策意义。

第三十章

尧问篇

本篇内容繁杂,涉及治国理政、立身处世等多个方面,本篇篇名取自正文开头两字。最后一节是荀子之后的学者对荀子的赞美和评价。

自为谋而莫己若者亡

【原文】

尧问于舜曰："我欲致天下①，为之奈何？"对曰："执一无失，行微无怠，忠信无倦，而天下自来。执一如天地，行微如日月，忠诚盛于内，贲于外②，形于四海，天下其在一隅邪！夫有何足致也？"

魏武侯谋事而当，群臣莫能逮③，退朝而有喜色。吴起进曰④："亦尝有以楚庄王之语闻于左右者乎？"武侯曰："楚庄王之语何如⑤？"吴起对曰："楚庄王谋事而当，群臣莫能逮，退朝而有忧色。申公巫臣进问曰⑥：'王朝而有忧色，何也？'庄王曰：'不穀谋事而当⑦，群臣莫能逮，是以忧也。其在中蘬之言也⑧，曰："诸侯自为得师者王，得友者霸，得疑者存，自为谋而莫己若者亡。"今以不穀之不肖而群臣莫能逮，吾国几于亡乎！是以忧也。'楚庄王以忧，而君以憙。"武侯逡巡再拜曰⑨："天使夫子振寡人之过也⑩。"

伯禽将归于鲁，周公谓伯禽之傅曰："汝将行，盍志而子美德乎？"对曰："其为人宽，好自用，以慎。此三者，其美德已。"周公曰："呜呼！以人恶为美德乎？君子好以道德，故其民归道。彼其宽也，出无辨矣，女又美之。彼其好自用也，是所以窭小也。君子力如牛，不与牛争力；走如马，不与马争走；知如士，不与士争知。彼争者，均者之气也，女又美之。彼其慎也，是其所以浅也。"

夫仰禄之士犹可骄也，正身之士不可骄也。彼正身之士，舍贵而为贱，舍富而为贫，舍佚而为劳，颜色黎黑而不失其所，是以天下之纪不息，文章不废也。

语曰：缯丘之封人⑪，见楚相孙叔敖曰⑫："吾闻之也。处官久者士妒之，禄厚者民怨之，位尊者君恨之。今相国有此三者而不得罪于楚之士民，何也？"孙叔敖曰："吾三相楚而心愈卑，每益禄而施愈博，位滋尊而礼愈恭，是以不得罪于楚之士民也。"

子贡问于孔子曰："赐为人下而未知也。"孔子曰："为人下者乎？其犹土也⑬。深抇之而得甘泉焉⑭，树之而五谷蕃焉，草木殖焉，禽兽育焉⑮，生则立焉，死则入焉，多其功而不得⑯。为人下者，其犹土也。"

昔虞不用宫之奇而晋并之⑰，蔡不用子马而齐并之⑱，纣刳王子比干而武王得之。不亲贤用知⑲，故身死国亡也。

为说者曰："孙卿不及孔子。"是不然。孙卿迫于乱世，鳅于严刑⑳，上无贤主，下遇暴秦，礼义不行，教化不成，仁者绌约，天下冥冥，行全刺之，诸侯大倾。当是时也，知者不得虑，能者不得治，贤者不得使，故君上蔽而无睹，贤人距而不受㉑。然则孙卿怀将圣之心，蒙佯狂之色，视天下以愚。《诗》曰："既明且哲，以保其身。"此之谓也。是其所以名声不白，徒与不众，光辉不博也。今之学者，得孙卿之遗言余教，足以为天下法式表仪，所存者神，所过者化。观其善行，孔子弗过。世不详察，云非圣人，奈何！天下不治，孙卿不遇时也。德若尧、禹，世少知之；方术不用，为人所疑。其知至明，循道正行，足以为纪纲。呜呼！贤哉！宜为帝王。天地不知，善桀、纣，杀贤良，比干剖心，孔子拘匡，接舆避世，箕子佯狂，田常为乱，阖闾擅强。为恶得福，善者有殃。今为说者又不察其实，乃信其名。时世不同，誉何由生？不得为政，功安能成？志修德厚，孰谓不贤乎！

【注释】

① 致：这里指赢得天下人心。

② 贲（bì）：文饰，装饰得很好。

③ 魏武侯：魏文侯之子，名击，公元前396年继魏文侯位，公元前370年卒。逮：及，赶上。

④ 吴起：卫国左氏（今山东省定陶，一说曹县东北）人，战国初期著名的政治改革家、卓越的军事家。著有《吴子》，后世把他和孙子连称"孙吴"，《吴子》与《孙子》又合称《孙吴兵法》。

⑤ 楚庄王：芈姓，名旅，又称熊侣，春秋时期楚国君主，春秋五霸之一，在位期间（公元前613年—公元前591年）重视选择人才，先后得到伍参、苏从、孙叔敖、子重等卓有才能的文臣武将的辅佐。

⑥ 申公巫臣：姓屈，名巫或巫臣，字子灵，亦称屈巫，楚国申县（今河南南阳北）县尹，"公"为楚对县尹的尊称。

⑦ 不榖：君主自己的谦称。

⑧ 中虺：同"仲虺"，仲虺为奚仲之后，商汤之左相，居于薛（在今山东省滕县南四十里）。"中虺之言"当指《书·仲虺之诰》中的话。

⑨ 逡（qūn）巡：有所顾忌而徘徊。逡：退却，退让。

⑩ 振：救助。

⑪ 缯丘：鄫国的旧地。缯：同"鄫"，是春秋时期的一个小国，故地在今湖北随县一带。封人：被分封在边界的官员。

⑫ 孙叔敖：春秋时期（公元前770年—公元前476年）楚国政治家、军事家和水利家，楚庄王时官至令尹（相当于宰相）。孙叔敖施政教民，执政宽缓不苛却有禁必止。司马迁把他列为《史记·循吏列传》之首，称赞他是一位奉职守法、善施教化、仁厚爱民的好官吏。

⑬ 土：指土地、大地。

⑭ 扣（hú）：发掘。

⑮ 蕃：茂盛，繁多。殖：滋长。

⑯ 得：通"德"，功德。

⑰ 虞：春秋时期的一个诸侯国，公元前655年，虞国国君贪图晋献公的宝马珍玉，借道给南下伐虢的晋国军队，晋军灭虢回师途中顺手牵羊灭亡了虞国。宫之奇：春秋时政治家，深知"虞之与虢，唇之与齿，唇亡则齿寒"，劝说虞君联虢抗晋，虞君不听劝谏，招灭亡之灾。

⑱ 蔡：春秋战国时代的一个诸侯国，国君为姬姓，建都于蔡，辖地大致为今河南驻马店上蔡县一带。子马：蔡国贤臣，即《左传》的正舆子，字子马。

⑲ 知：同"智"。

⑳ 鰌：通"遒"，逼迫。

㉑ 距：通"拒"。

【译文】

尧问舜："我想让天下归心，该怎么办呢？"舜答道："专心致志地主持政务而无过失，即使做小事也兢兢业业而不懈怠，待人忠诚守信而不厌倦，那么天下人自然会趋之若鹜。专心致志于政务如同天地永恒长久，不懈怠地做事如同日月运行不息，忠诚充盈于内心、体现于行为、普及于四海之内，那么天下人岂不就如同一家人一样？哪里还需要去招引人心呢？"

魏武侯谋虑政事周密而得当，群臣望尘莫及，退朝后他暗自得意。吴起进言道："可曾有人把楚庄王的话说给您听吗？"武侯问："楚庄王说什么了？"吴起答道："楚庄王谋虑政事周密得当，群臣都自叹弗如，楚庄王退朝后面带忧色。申公巫臣上前询问：'大王退朝后神情忧虑，为什么呢？'庄王说：'我谋划政事周密得当，群臣都不如我，我因此而忧心忡忡。正如仲虺所说：诸侯能得到名师指点的可以称王天下，能得到朋友辅助的可以称霸天下，能得到贤能之士质疑的可以保存国家，自行谋划而又没有人比自己强、能够辅助自己的只能灭亡。现在以我之无能，而大臣们竟然不及我，我的国家恐怕难以自保了！我为此而忧虑啊。'楚庄王因此而忧虑，而您却因此而高兴！"武侯悚然一惊，拱手再拜道："是上天派您来挽救我的过失啊！"

伯禽即将回到他的封地鲁国去，周公对伯禽的老师说："你要走了，何不谈谈你的弟子的美德呢？"伯禽的老师答道："他为人忠厚，喜欢独自处理事务，做事谨慎，这三点堪称他的美德。"周公说："哎！你这是把弱点当美德啊！君子遵守道德，百姓才能归于正道。伯禽宽厚，是不分是非，你却赞赏！他喜欢独自处理事务，是其器量狭小。人力气如牛，却不会与牛比力气；行走如马，却不会与马竞速度；睿智如士人，却不会与士人争聪明。那些争强好胜者是小人的气度，你却赞赏！伯禽行事谨慎，是因为浅陋。"

对那些依靠俸禄为生的人可以傲慢，而对那些以道德立身的人则不能骄横无礼。以道德立身者，舍弃尊贵而安守卑贱，舍弃富裕而安守清贫，舍弃安逸而甘愿辛苦，虽然面色黝黑但坚持其追求，这就是天下治国纲纪之不绝、典章之不废的原因。

传说缯国边疆地方的一个官员拜见楚国丞相孙叔敖时问道："我听说过这样的话：'居官长久就会招致士人嫉妒，俸禄丰厚就会招致民众怨恨，地位尊贵就会招致君主憎恶。现在您三者兼备，却并没有得罪楚国的士人民众，为什么呢？"孙叔敖说："我三次任楚国相国，而心里却越发谦卑；俸禄增加了，而施舍周济的人也更多了；地位越发尊贵，而礼节也越发恭敬了，所以才不会得罪楚国的士人民众啊。"

子贡对孔子说："我想对人谦恭谦让，却不知道该怎样做。"孔子说："谦恭谦让么？那就要像大地一样。向大地深处挖掘即可得到甘美的泉水，五谷在大地上生长成熟，草木在大地上滋长蔓延，禽兽在大地上繁衍生息，人活着时生活在地上，死后埋葬在地下。大地对万物有载育之功却不居德自矜。谦虚的人就应该像大地一样。"

过去，虞君不重用不听从宫之奇的劝谏而被晋国兼并，蔡君不听从子马的劝谏而被齐国兼并，商纣王诛杀了王子比干而被武王夺得天下。不亲近贤良、重用有智之士，所以落得个国破身亡的下场。

有人说："荀卿不如孔子"，这是不对的。荀卿身处乱世，受时势所制约；其前无贤德君主，后适逢暴虐之秦；礼制道义不能推行，道德教化无以实施；仁人智士被驱逐罢黜，普天之下昏昏沉沉；德行优异者遭排挤讥讽，诸侯相互倾轧兼并。在这样的时代，有智慧的人不能谋划政事，有能力的人不能治理国家，有道德的人得不到重用。所以君主受到蒙蔽而看不清善恶贤愚，德才兼备者遭到拒绝而无用武之地。荀卿虽然志怀高远，却不得不佯狂卖傻。《诗》云："明智又聪慧，用来保全自身。"说的就是这种人啊。这就是荀卿名声不显赫、门徒不众多、影响不广泛的原因。现在的人若能得到荀卿片言只语的教诲，就可以成为天下人的楷模。遵照荀卿的学说，社会即能得到治理，教化即能得到实施。荀卿的美德懿行堪与孔子相媲美。世人不明就里，说他不是圣人，有什么办法呢？没有实现天下大治，是因为荀卿没有机会施展抱负。荀卿的德行高如尧禹，世人却不了解；其治国方略得不到采纳，反被人们怀疑无能；他智慧过人，遵循正道，德行端正，足以垂范世人。唉呀！贤能之士啊！他应该成为帝王。天地不公，竟然善待桀纣而杀害贤良。比干被剖腹挖心，孔子被围困在匡地，接舆被迫隐逸，箕子假装发疯，田常犯上作乱，阖闾独断专行。作恶的得福，行善的反遭殃。现在有些人又不考察辨别实际情况，竟然相信那些虚名诞说。时势不同，名誉由何而生？不能施展抱负，功业由何而成？荀卿志向美好、德行敦厚，谁说他不贤明？

【品鉴】

自为谋而莫己若者亡

领导才高八斗智虑过人，部下望尘莫及、自叹弗如，这是值得炫耀的好事吗？

荀子以"楚庄王谋事而当，群臣莫能逮，退朝有忧色"为例，阐明了"自为谋而莫己若者亡"这样一个深刻的道理。

荀子多处强调，领导的职责就是选贤任能，做事则是属下的事，手下都是精兵强将，领导自可"垂拱而治"，因而，最"闲"的领导才是好领导。

仰禄之士犹可骄也，正身之士不可骄也

可以对追求高官厚禄者骄横无礼，但对不慕富贵、不图安逸、坚持

自身信念的"正身之士"则要心怀敬意。

《吕氏春秋》上就记载了这样一段骄"仰禄之士"而不骄"正身之士"的趣事：

> 魏文侯见段干木，立倦而不敢息。反见翟璜，踞于堂而与之言。翟璜不悦。文侯曰："段干木官之则不肯，禄之则不受。今女欲官则相位，欲禄则上卿，既受吾实，又责吾礼，无乃难乎？"

（《吕氏春秋·下贤》）

魏文侯对段干木执礼甚恭，对翟璜却很不礼貌。论学问才能，翟璜不在段干木之下。翟璜举荐西门豹、乐羊，其功劳更在段干木之上。但魏文侯认为，段干木不肯仕宦受禄，理应受到尊礼，而翟璜既已仕宦受禄，就是君王的臣下，不应再要求特殊的礼遇。韩非更是把君臣关系归结为一种赤裸裸的政治交易："主卖官爵，臣卖智力"（《韩非子·外储说右下》），"臣尽死力以与君市，君重爵禄以与臣市。君臣之际，非父子之亲也，计数之所出也。"（《韩非子·难一》）既然是算计、交易关系，一个愿打一个愿挨，买卖公平，当然也就不必拘泥于礼节了。

当然，在各国争夺人才的竞争中，王侯屈身尊礼"正身之士"其实也是一种政治投资。《吕氏春秋》对此曾一语点破："若此则名号显矣，德行彰矣""士虽骄之，而己愈礼之，士安得不归之？士所归，天下从之。"（《吕氏春秋·下贤中》）比如魏文侯就因尊崇贤士而称誉天下："秦尝欲伐魏，或曰：'魏君贤人是礼，国人称仁，上下和合，未可图也。'文侯由此得誉于诸侯。"（《史记·魏世家》）

处官久者士妒之，禄厚者民怨之，位尊者君恨之

一般认为，久居高位，则会招人妒忌；俸禄丰厚，就会招人怨恨；位尊人仰，君主（或上司）就会嫉恨。但楚相孙叔敖是个例外。孙叔敖

自述其官居高位而能不招怨谤的为官之道曰:"吾爵益高,吾志益下;吾官益大,吾心益小;吾禄益厚,吾施益博。"他所遵循的其实正是孔子所谓的"挹而损之之道"。

为人下者,其犹土也

《人物志》称:"宽栗而柔立,土之德也。"(《人物志·九征第一》)《周易》曰:"地势坤,君子以厚德载物。"五谷在大地上生长成熟,草木在大地上滋长蔓延,禽兽在大地上繁衍生息,大地对万物有载育之功却不居德自矜。人以地为榜样,就要有大地那样博大谦虚的胸怀,博施万物,广济天下。

其实,大地之德也就是老子所推崇的道的本性:"生而不有,为而不恃,长而不宰,功成而弗居。"(《道德经》)所以老子说:"自见者不明,自是者不彰,自伐者无功,自矜者不长。"这种谦恭辞让已沉淀为中华民族的优秀品格,这种"厚德载物"的情怀也已凝聚为中华民族精神的一个重要方面,是中华文化绵延不绝、中华民族生生不息的源泉。

参考书目

1. 《荀子集解》(上下)，王先谦撰，沈啸寰、王星贤点校，中华书局1988年9月版。

2. 《荀子简释》，梁启雄著，中华书局1983年1月版。

3. 《荀子校注》，张觉校注，岳麓书社2006年4月版。

4. 《荀子译注》，高长山译注，黑龙江人民出版社2003年1月版。

5. 《〈荀子〉选评》，惠吉兴撰，上海古籍出版社2006年4月版。

6. 《荀子评传》，孔繁著，南京大学出版社2003年3月版。

后记

为本书画上句号，掩卷之际，本该长舒一口气，涌上心头的却是一种意犹未尽、怅然若失的感觉。

那是一种不舍，与朋友告别时的那种依依不舍。

本书的写作像命题作业。研究出版社策划出版一套先秦诸子经典丛书，张加才教授邀我参加，我没有踌躇就选择了《荀子》。因为，《荀子》是先秦儒家的集大成之作，与《论语》《孟子》相比，《荀子》在治国理政方面的见解更深刻，更务实，因而也更具现实的借鉴意义。深入系统地研究《荀子》，是我一直以来的一个愿望。

品读《荀子》，仿佛是同古圣先贤的一场心灵对话。随着阅读的深入，我对荀子的理解也不断加深，一个卓尔不群的形象栩栩如生地在我的眼前浮现出来。与荀子高洁的品格、过人的智慧、非凡的才情相伴随的，还有他对"为恶得福，善者有殃"不平现实的愤激，他"迫于乱世""不遇时也"的孤寂，他"方术不用""不得为政"的无奈，以及他"名声不白，徒与不众，光辉不博"的不甘。最终，荀子"怀将圣之心，蒙佯狂之色"，留下了《荀子》这部经典，奠定了自己在中国思想史上百家争鸣总结者、先秦思想集大成者的地位。

品读《荀子》，你禁不住为书中层出迭现、辞约意丰的名言警句拍案叫绝，为荀子忧国忧民、愤世嫉俗的情怀所打动，为荀子博古通今、大气磅礴的才学所折服，为荀子洞察幽明、高屋建瓴的思想所触发，为荀子精辟独到、惊世骇俗的论断所倾倒，为荀子纵横捭阖、鞭辟入里的论辩所牵引，为书中呈现的思想的力量、理性的光辉、恢宏的气势所陶醉。《荀子》一书还展现了汉语言无与伦比的魅力，荀子那铿锵激越、富有韵律、行云流水般的语言，使本可能艰涩的阅读之旅变得轻松愉快，令人欲罢不能，成为一次愉快的精神收获与享受之旅。

感谢先哲的遗言余教，让我再次领略到传统经典经久不衰的魅力。也感谢出版社同道的高瞻远瞩与辛勤付出，让众多读者能够分享传统文化这笔焕发着永久生命活力的精神财富。

真要与《荀子》道别了。当然，告别只是暂时的，《荀子》从此会成为我案头必备、常读常新的经典。

朱　岚

2022 年 1 月于北京